物业企业多种经营

从战略到执行

杜超/著

Property management enterprises value added business

Strategy to Execution

物业多种经营Dmti模型

基于DESIGN设计 · MODEL模型 · TEST测试 · ITERATE迭代

经济管理出版社

ECONOMY & MANAGEMENT PUBLISHING HOUSE

图书在版编目（CIP）数据

物业企业多种经营：从战略到执行 / 杜超著 . —北京：经济管理出版社，2023.9
ISBN 978-7-5096-9341-4

Ⅰ.①物…　Ⅱ.①杜…　Ⅲ.①物业管理企业—企业管理—研究　Ⅳ.①F293.33

中国国家版本馆 CIP 数据核字（2023）第 189234 号

组稿编辑：杨国强
责任编辑：杨国强
责任印制：黄章平
责任校对：蔡晓臻

出版发行：经济管理出版社
　　　　　（北京市海淀区北蜂窝 8 号中雅大厦 A 座 11 层　100038）
网　　　址：www.E-mp.com.cn
电　　　话：（010）51915602
印　　　刷：北京晨旭印刷厂
经　　　销：新华书店
开　　　本：720 mm × 1000 mm/16
印　　　张：16
字　　　数：288 千字
版　　　次：2023 年 10 月第 1 版　2023 年 10 月第 1 次印刷
书　　　号：ISBN 978-7-5096-9341-4
定　　　价：68.00 元

这是一个算法的时代
这是一个数据的时代
我们一边逃离一边享用
我们不想被算计
但同时也在计算
远在须弥山
近在股掌中
拥有的是否既是扬弃的
当虚拟比真实更多
我们应回归到人性的需求
更多地给予

感谢韩萍使我走上经营之路
感谢闫岩为本书提供专业咨询

2011 年 3 月，《求是》杂志发表了一篇文章，标题是《关键在于落实》，文中内容写到"空谈误国，实干兴邦"。反对空谈、强调实干、注重落实。

制度的生命力在于执行，知而不行等于不知。

仅停留在会议或 PPT 中的目标，企业虽然能够融资但倒塌时同样迅速。物业经营是依靠多种链接建立的良性生态系统，项目单位执行、职能协同、供应商匹配这三者在相互信任的平台上同步创新发展才能激发出新动能，这也是物业经营发展中注重落地实践的核心任务。

一花独放不是春，百花齐放春满园。

我们要获得公司层面的统一发展而不是单一项目的成功经营。

新事物落地势必带来阻力，公司层面有效支持与新利益间构成未知压力，"不做反而不会错"的思想会形成一部分阻力，"但求无过无所作为"是企业经营中最大的错，通过真诚沟通使项目单位充分理解公司战略，理解创新发展的意义，才能有的放矢克服阻力。目标推进能够在业务过程中解决问题、建立标准，对于当期开展业务有支撑作用，但按部就班不利于创新，没有创新突破，企业未来发展就会停滞不前，通过迁移、节流等只能解决部分问题，但创新业务发展能带来的是跨越式进步。

业务推进施行后见到成效，在业务部署前不需要"拉拢"关系，因为成果会吸引后续发展的浪潮。

改革不容许犯错误，但经营活动要给予试错机制，如果没有风险，不容失误，就没有经营必要性，实验新场景下的新模式，只有通过尝试产生数据后，才能逐渐成形。

经营过程影响既得利益者，应克服阻力，推动改革，要成功、有效培养新利益产生新模式，因为新利益增长是对公司最有效战略决策支持。

新业务需要执行，而制度落地需要人操控，有完善组织竞聘制度，但执行团队是否有能力执行？因此要有退出标准。

但求无过、无所作为是经营中最大的错！

中国的发展，从改革开放到现在成为全球第二大经济体，我们用 40 多年的时间走完了发达国家百年所走的路。

截至 2021 年，我国进出口总量为 38 万亿元，进口总量为 17 万亿元，出口总量为 21 万亿元，我们与世界第一大经济体贸易顺差长达 7 年。随着工业文明的发展，现代工业体系中，中国已完成 41 个工业大类，207 个中类和 666 个小类，是全世界唯一拥有产业分类中所列全部工业门类的国家。工业增加值从 1952 年的 120 亿元增加到 2018 年的 30 多万亿元。以钢铁为例，1949 年钢产量只有 15.8 万吨，只占当年世界产钢量的 0.1%，2018 年钢产量已经超过 9 亿吨，增长 5799 倍，占全球钢铁产量的一半以上。

中国建成了全球规模最大的信息通信网络，成立 2019 年，我国光缆长度超过 4500 万千米，电话用户总规模达 17 亿户，互联网宽带接入用户达 4.4 亿户，网民数量达 8.54 亿。

第二大经济体从资产主体产生效益变为运营资产增加产能，从粗犷型管理到使用模型工具进行管理，从向欧洲、日韩学习先进技术、金融衍生品到全世界目光聚焦中国而借鉴发展道路，通过资产运营升级为高科技管理运营。有些国家依靠掠夺获取了巨大资本，在黄金、白银、石油、矿产的基础上进行发展，而中国依靠自身，依靠民族精神，坚实正确地走到今天，在每一个细分领域进行深挖升级。

物业领域同样迎来了前所未有的发展阶段。物业公司从 20 世纪 80 年代成立到今天，其间经历了保安、保洁、园区绿化服务等模式，随着社会进步，物业行业开启了全新的发展征程。

根据第七次全国人口普查结果，2020 年 11 月 1 日 0：00，我国人口的基本情况为：全国总人口为 1443497378 人（14.4350 亿人）。全国人口中，居住在城镇的人口为 901991162 人，占 63.89%（2020 年我国户籍人口城镇化率为 45.4%）；居住在乡村的人口为 509787562 人，占 36.11%[①]。

① 数据来源：七普数据：中国城镇化率超全球平均城镇人口创新高！

2014 年 3 月 16 日，《国家新型城镇化规划（2014—2020 年）》发布。该《规划》包括规划背景、指导思想和发展目标、有序推进农业转移人口市民化、优化城镇化布局和形态、提高城市可持续发展能力、推动城乡发展一体化、改革完善城镇化发展体制机制、规划实施等内容。

2020 年，中国商品房销售面积和销售额分别为 17.6 亿平方米和 17.36 万亿元[1]。

我国物业管理面积逐年递增，2018 年增长至 279.3 亿平方米，同比增长 13.24%；2019 年中国物业管理面积达到 310 亿平方米，同比增长 10.99%；2020 年中国物业管理面积达 350 亿平方米，同比增长 12.9%[2]。

---

[1] 数据来源：国家统计局。
[2] 数据来源：观研天下整理。

第一章　物业经营概况

一、物业企业三大业务

基础物管业务，包括主要针对业主保洁、保安、绿化、秩序、安保、设备设施维护等基础管理。

业主增值业务，利用场地、人员，通过线上线下等渠道开展的围绕业主需求产生价值的业务，如房屋经纪、家政养老、金融服务等。

非业主增值业务，包括前期介入、案场服务、工程服务、顾问咨询等服务内容。

二、物业企业营业收入来源

物业企业营业收入是指从事物业服务和其他经营活动（包括非业主增值服务和社区增值服务）所取得的各项收入，如物业服务费收入和多种经营收入，其中，物业服务费收入是大部分物业服务企业收入的主要来源。

三、物业企业营收排行

2020 年中国上市物业企业营收 TOP10：

碧桂园服务，156 亿元。

恒大物业，105.09 亿元。

绿城服务，101.06 亿元。

雅生活服务，100.26 亿元。

招商积余，86.35 亿元。

保利物业，80.37 亿元。

华润万象生活，67.79 亿元。

中海物业，54.80 亿元。

世茂服务，50.26 亿元。

融创服务，45.23 亿元 [1]。

---

① 数据来源：《2021 年中国物业管理行业分析报告——市场规模与未来规划分析》。

四、经营的本质 [①]

（1）不为私心所困。受困与私心，而最终会对自己和他人产生消极的影响。

（2）倾听。以谦虚谨慎的态度来倾听大家的建议。

（3）宽容。大家心平气和地相处，就能充分发挥自己的特点，我们的生活也会变得更加顺利。

（4）识真相。我们的知识、学问有限，若任由把个人意见和感情作为判断事物的标准，则很难看到事情的真相。

（5）明大义。视野开阔，高瞻远瞩，着眼全局，深明大义。

（6）虚心好学。任何事情的发展都是一种经验、一种学习，如果能这样想的话，就能在成长过程中学到很多知识，将能拥有无尽的前进动力。

（7）随机应变。在紧要关头不可一味追求适合自己的做法，而应努力寻求更加合理的办法顺应变化，以扭转形势。

（8）平常心。丧失沉着而慌乱不安，丧失平静而过度亢奋，都是由于内心受到外界环境的困扰。

（9）懂得价值。如果人们不能将有价值的东西充分利用起来，就是一种浪费，便不能实现更好的发展。

（10）博爱的心。人类本身渴望与他人彼此珍惜，携手共进，相互谅解、同舟共济，我们天生就有一颗博爱、仁慈的心。

（11）做该做的事。人们要做好该做的事，要有摒弃私心付诸行动的魄力，有些事情要冒着付出自己性命的风险才能实现。

（12）如愿以偿。人们总希望事情顺利发展得偿所愿，能让我们感到愉快。但现实生活中，人们往往各有各自的心思，事情也很难总是按照我们的愿望发展，于是总不免争吵，烦恼。

（13）不固执。无论别人怎么说、无论发生什么事情，我们都不应心存芥蒂，耿耿于怀。

（14）与时俱进。人们往往容易安于现状，而随着时光流逝，世事不断变迁，我们也应该顺应这些变化，大胆创新。

（15）化祸为福。遇到困难不要动摇，应勇敢地去解决，让事情向好的方向发展，为了实现更好的共同生活而奋斗。

（16）谨慎。接受了他人的馈赠，很容易使自己的判断失去公平。

---

① 松下幸之助.经营的本质［M］.张红；等译.海口：南海出版公司，2010.

（17）平和的心态。利益冲突是争执产生的原因之一，人们总是维护自己的利益不愿意受一点损失，由此产生的争端和冲突较多。

（18）辨别善恶。不为私利和感情所束缚，能够冷静客观地做判断，对事物进行思考和判断时，很容易受到个人立场利益以及感情的影响。避免个人好恶等来自情感的影响，能够客观而公正地判断是非。

（19）人尽其才。每个人都可以充分发展自己特质，发挥自己的优势，能够在岗位上一显身手。

（20）保持健康。搞清事实，洞察真相，领悟其中的道理，避免片面的、自我中心的思考方式，否定以个人感情和私人利益为重的价值取向。

五、物业企业多种经营

物业企业多种经营指物业公司利用所管理项目资源，通过体系运营开展的物业收费以外经营活动所产生的收益。物业企业可运营资产相对于地产行业或实体制造业较少，除商业物业管理收取租金、物业费以外，项目主要对人、物、设备进行运营管理，资本产出少，边际成本高。

物业项目运营时间与收益成反比，随着项目运营时间的增加，人工成本逐年上升，招聘成本、人员养老、医疗等压力逐年攀升，项目设备运转维护维修、能耗等成本逐步上升，园区绿化、修缮、保洁等业务稳步增加，使得物业项目处于亏损运营或利润较低运营状态。

物业企业借助裁员、迁移、缩减成本等方式减少支出，如果没有创新多种经营业务，则增长缓慢。经营的必然性在于物业项目单位进入运营阶段，可增加多种经营收益，冲抵运营亏损，增加企业利润，利用现有项目资源增加产能，调动员工积极性，增加业主服务，为物业公司贡献营收。

六、物业经营条例

物业企业开展多种经营需符合相关法律法规与地方管理条例。在开展经营时，熟悉相关条例可以更好地帮助企业开展经营工作，避免经营风险。本书对较为典型地区法律法规进行摘录，中国城市较多，不做全部摘录，所摘录城市排名不分先后。

（一）法律法规

2020 年 5 月 28 日，十三届全国人大三次会议表决通过了《中华人民共和国民法典》，自 2021 年 1 月 1 日起施行。

民法典中关于物业经营部分摘录：

第二编　物权

第一章　一般规定

第二百零六条　国家坚持和完善公有制为主体、多种所有制经济共同发展，按劳分配为主体、多种分配方式并存，社会主义市场经济体制等社会主义基本经济制度。

国家巩固和发展公有制经济，鼓励、支持和引导非公有制经济的发展。

国家实行社会主义市场经济，保障一切市场主体的平等法律地位和发展权利。

第六章　业主的建筑物区分所有权

第二百七十一条　业主对建筑物内的住宅、经营性用房等专有部分享有所有权，对专有部分以外的共有部分享有共有和共同管理的权利。

第二百七十二条　业主对其建筑物专有部分享有占有、使用、收益和处分的权利。业主行使权利不得危及建筑物的安全，不得损害其他业主的合法权益。

第二百七十三条　业主对建筑物专有部分以外的共有部分，享有权利，承担义务；不得以放弃权利为由不履行义务。

业主转让建筑物内的住宅、经营性用房，其对共有部分享有的共有和共同管理的权利一并转让。

第二百七十四条　建筑区划内的道路，属于业主共有，但是属于城镇公共道路的除外。建筑区划内的绿地，属于业主共有，但是属于城镇公共绿地或者明示属于个人的除外。建筑区划内的其他公共场所、公用设施和物业服务用房，属于业主共有。

第二百七十五条　建筑区划内，规划用于停放汽车的车位、车库的归属，由当事人通过出售、附赠或者出租等方式约定。占用业主共有的道路或者其他场地用于停放汽车的车位，属于业主共有。

第二百七十六条　建筑区划内，规划用于停放汽车的车位、车库应当首先满足业主的需要。

第二百七十八条　下列事项由业主共同决定：

（一）制定和修改业主大会议事规则；

（二）制定和修改管理规约；

（三）选举业主委员会或者更换业主委员会成员；

（四）选聘和解聘物业服务企业或者其他管理人；

（五）使用建筑物及其附属设施的维修资金；

（六）筹集建筑物及其附属设施的维修资金；

（七）改建、重建建筑物及其附属设施；

（八）改变共有部分的用途或者利用共有部分从事经营活动；

（九）有关共有和共同管理权利的其他重大事项。

业主共同决定事项，应当由专有部分面积占比三分之二以上的业主且人数占比三分之二以上的业主参与表决。决定前款第六项至第八项规定的事项，应当经参与表决专有部分面积四分之三以上的业主且参与表决人数四分之三以上的业主同意。决定前款其他事项，应当经参与表决专有部分面积过半数的业主且参与表决人数过半数的业主同意。

第二百七十九条 业主不得违反法律、法规以及管理规约，将住宅改变为经营性用房。业主将住宅改变为经营性用房的，除遵守法律、法规以及管理规约外，应当经有利害关系的业主一致同意。

第二百八十二条 建设单位、物业服务企业或者其他管理人等利用业主的共有部分产生的收入，在扣除合理成本之后，属于业主共有。

第二百八十三条 建筑物及其附属设施的费用分摊、收益分配等事项，有约定的，按照约定；没有约定或者约定不明确的，按照业主专有部分面积所占比例确定。

（二）条例

《物业管理条例》首次生效时间为 2003 年 9 月 1 日，最新修订时间为 2018 年 3 月 19 日。修订历史，根据 2018 年 3 月 19 日《国务院关于修改和废止部分行政法规的决定》第三次修订。

第四十五条

物业管理区域内，供水、供电、供气、供热、通信、有线电视等单位应当向最终用户收取有关费用。

物业服务企业接受委托代收前款费用的，不得向业主收取手续费等额外费用。

第五十五条

利用物业共用部位、共用设施设备进行经营的，应当在征得相关业主、业主大会、物业服务企业的同意后，按照规定办理有关手续。业主所得收益应当主要用于补充专项维修资金，也可以按照业主大会的决定使用。

第五十八条

违反本条例的规定，建设单位擅自处分属于业主的物业共用部位、共用设施设备的所有权或者使用权的,由县级以上地方人民政府房地产行政主管部门处 5 万元以上 20 万元以下的罚款;给业主造成损失的,依法承担赔偿责任。

第六十五条

违反本条例的规定,未经业主大会同意,物业服务企业擅自改变物业管理用房的用途的,由县级以上地方人民政府房地产行政主管部门责令限期改正,给予警告,并处 1 万元以上 10 万元以下的罚款;有收益的,所得收益用于物业管理区域内物业共用部位、共用设施设备的维修、养护,剩余部分按照业主大会的决定使用。

(三)通知

《住房和城乡建设部等 8 部门关于持续整治规范房地产市场秩序的通知》

发文机关:住房和城乡建设部 国家发展和改革委员会 公安部 自然资源部 国家税务总局 国家市场监督管理总局 中国银行保险监督管理委员会 国家互联网信息办公室

物业服务,未按照物业服务合同约定内容和标准提供服务;未按规定公示物业服务收费项目标准、业主共有部分的经营与收益情况、维修资金使用情况等相关信息;超出合同约定或公示收费项目标准收取费用;擅自利用业主共有部分开展经营活动,侵占、挪用业主共有部分经营收益;物业服务合同依法解除或者终止后,无正当理由拒不退出物业服务项目。

(四)地区物业相关条例

1. 北京

《北京市物业管理条例》已由北京市第十五届人民代表大会常务委员会第二十次会议于 2020 年 3 月 27 日通过,现予公布,自 2020 年 5 月 1 日起施行。

第二章 物业管理区域

第十五条 物业管理区域的划分应当符合法律法规的规定,综合考虑建设用地宗地范围、共用设施设备、建筑物规模和类型、社区建设等因素,以利于服务便利、资源共享、协商议事。

规划城市道路、城市公共绿地、城市河道等公共区域不得划入物业管理区域。

第十六条 新开发建设项目的土地使用权划拨、出让前,住房和城乡建设主管部门应当就物业管理区域的划分提出意见,纳入区域规划综合实施方案、土地出让合同或者划拨文件,并向社会公布。

建设单位应当在房屋买卖合同中明示核定的物业管理区域。

第十七条 已投入使用、尚未划分物业管理区域或者划分的物业管理区域确需调整的，物业所在地的街道办事处、乡镇人民政府会同区住房和城乡建设或者房屋主管等部门，结合物业管理实际需要，征求业主意见后确定物业管理区域并公告。

第十八条　新开发建设项目，一个物业管理区域内应当配建独立且相对集中的物业服务用房，满足物业管理设施设备、办公及值班需求，具体面积按照本市公共服务设施配置指标执行。物业服务用房的面积、位置应当在规划许可证、房屋买卖合同中载明。

已投入使用但是未配建物业服务用房的，建设单位或者产权单位应当通过提供其他用房、等值的资金等多种方式提供；建设单位和产权单位已不存在的，由街道办事处、乡镇人民政府统筹研究解决。

第四章　业主、业主组织和物业管理委员会

第二十六条　物业管理区域内的以下部分属于业主共有：

（一）道路、绿地，但是属于城市公共道路、城市公共绿地或者明示属于私人所有的除外；

（二）占用业主共有的道路或者其他场地用于停放汽车的车位；

（三）建筑物的基础、承重结构、外墙、屋顶等基本结构部分，通道、楼梯、大堂等公共通行部分，消防、公共照明等附属设施、设备，避难层、架空层、设备层或者设备间等；

（四）物业服务用房和其他公共场所、共用设施；

（五）法律法规规定或者房屋买卖合同依法约定的其他共有部分。

第五章　物业服务

第七十四条　物业服务人利用共用部分从事经营活动的，应当将公共收益单独列账。

公共收益归全体业主所有。专项维修资金余额不足首期应筹集金额百分之三十的，百分之五十以上的公共收益金额应当优先用于补充专项维修资金，剩余部分的使用由业主共同决定。

第六章　物业的使用和维护

第八十条　物业管理区域内规划用于停放车辆的车位、车库，应当首先满足业主的需要。用于出售的，应当优先出售给本物业管理区域内的业主；不出售或者尚未售出的，应当提供给本物业管理区域内的业主使用。满足业主需要后仍有空余的，可以临时按月出租给物业管理区域外的其他人。

第七章　法律责任

第九十六条　违反本条例第七十四条规定，物业服务人挪用、侵占公共收益的，由区住房和城乡建设或者房屋主管部门责令退还，并处挪用、侵占金额二倍以下的罚款。

第九十九条　违反本条例第八十条规定，将车位、车库提供给业主以外的其他人的，由区住房和城乡建设或者房屋主管部门责令限期改正，有违法出租所得的，责令退还违法所得，按每个违法出租车位处五千元以上一万元以下的罚款；拒不改正的，按每个违法出租车位处每月二千元的罚款。

2. 上海

《上海市住宅物业管理规定》

（2004 年 8 月 19 日上海市第十二届人民代表大会常务委员会第十四次会议通过　2010 年 12 月 23 日上海市第十三届人民代表大会常务委员会第二十三次会议修订　根据 2018 年 11 月 22 日上海市第十五届人民代表大会常务委员会第七次会议《关于修改〈上海市住宅物业管理规定〉的决定》修正　根据 2020 年 12 月 30 日上海市第十五届人民代表大会常务委员会第二十八次会议《关于修改本市部分地方性法规的决定》第二次修正）

第四十三条　物业管理区域内的下列配套设施设备归业主共有：

（一）物业管理用房；

（二）门卫房、电话间、监控室、垃圾箱房、共用地面架空层、共用走廊；

（三）物业管理区域内按规划配建的非机动车车库；

（四）单独选址、集中建设的共有产权保障住房、征收安置住房小区的停车位；

（五）物业管理区域内的共有绿化、道路、场地；

（六）建设单位以房屋销售合同或者其他书面形式承诺归全体业主所有的物业；

（七）其他依法归业主共有的设施设备。

建设单位申请房屋所有权首次登记时，应当提出前款规定的配套设施设备登记申请，由不动产登记机构在不动产登记簿上予以记载，但不颁发不动产权属证书。建设单位应当在物业管理区域内显著位置公开业主共有配套设施设备的位置、面积等信息。

第五十一条　利用物业共用部分从事广告、商业推广等活动的，应当经业主大会或者共同拥有该物业的业主同意，并在物业管理区域内公告。业主大会可以授权业主委员会同意利用全体业主共用部分从事相关活动。

公共收益归全体业主或者共同拥有该物业的业主所有，并应当单独列账。

公共收益应当主要用于补充专项维修资金，也可以按照业主大会的决定使用。公共收益主要用于补充专项维修资金的，应当按季度补充专项维修资金，补充比例应当高于百分之五十；剩余部分应当按照业主大会或者共同拥有该收益业主的决定，用于业主大会和业主委员会工作经费、物业管理活动的审计费用、拥有该收益业主的物业维护费用或者物业管理方面的其他需要。

第八十二条 违反本规定第五十一条规定，业主委员会委员、物业服务企业、自行管理执行机构或者代理记账机构挪用、侵占公共收益的，由区房屋行政管理部门追回挪用、侵占的公共收益，并归还业主，没收违法所得，并处挪用、侵占金额二倍以下的罚款；挪用、侵占公共收益构成犯罪的，依法追究直接负责的主管人员和其他直接责任人员的刑事责任。

3. 深圳

《深圳经济特区物业管理条例》经市第六届人民代表大会常务委员会第三十五次会议于2019年8月29日修订通过，现予公布，自2020年3月1日起施行。

深圳市人民代表大会常务委员会

2019年9月4日

第二章 物业管理区域及共用设施设备

第九条 建设单位应当在物业管理区域无偿提供符合功能要求的业主委员会办公用房、物业服务办公用房、物业管理设施设备用房等物业管理用房。

业主委员会办公用房、物业服务办公用房、物业管理设施设备用房属于业主共有，应当办理产权登记并具有正常使用功能，任何单位和个人不得将其分割、转让、抵押，不得擅自变更用途。

第五章 物业服务

第六十二条 物业服务企业及其工作人员不得有下列行为：

（一）挪用、侵占业主共有资金；

（二）擅自改变物业管理用房等共有物业用途；

（三）违规泄露业主信息；

（四）其他违反相关规定，损害业主利益的行为。

第六章 业主共有资金管理

第七十条 业主共有资金包括：

（一）共有物业收益；

（二）物业专项维修资金；

（三）物业管理费；

（四）业主依据管理规约或者业主大会决定分摊的费用；

（五）其他合法收入。

未经业主大会决定或者授权，任何单位和个人不得使用业主共有资金。

业主共有资金监督管理办法由市住房和建设部门另行制定。

第八章　监督管理

第一百零四条　鼓励物业服务企业加入物业服务行业协会，加强自律管理，规范行业经营行为，促进行业健康发展。

4. 广州

《广州市物业管理条例》

广州市第十五届人民代表大会常务委员会公告（第 66 号）

广州市第十五届人民代表大会常务委员会第四十二次会议于 2020 年 10 月 28 日通过的《广州市物业管理条例》，业经广东省第十三届人民代表大会常务委员会第二十六次会议于 2020 年 11 月 27 日批准，现予公布，自 2021 年 1 月 1 日起施行。

广州市人民代表大会常务委员会

2020 年 12 月 8 日

第八十五条　利用共用部位、共用设施设备进行经营的，应当征得相关业主、业主大会、物业服务人的同意后，依法办理有关手续。

利用物业服务区域内业主共有的道路或者其他场地设置临时停车场的，机动车停放服务收费标准应当经本条例第二十二条规定比例的业主同意。

第九十四条　物业服务区域内依法属于全体业主所有的共有资金包括：

（一）利用共用部位、共用设施设备经营产生的收入，在扣除合理成本之后所得收益；

第一百零五条　违反本条例第八十三条第一款、第八十四条第一款、第八十五条规定，擅自改变共用部位、共用设施用途，擅自挖掘道路、绿地、其他场地，或者擅自利用共用部位、共用设施设备经营的，由区房屋行政主管部门责令限期改正，给予警告，对个人处以一千元以上一万元以下罚款，对单位处以五万元以上二十万元以下罚款。所得收益，用于物业服务区域内共有部分的维修、养护，剩余部分按照业主大会的决定使用。

5. 成都

《成都市物业管理条例》，共六章九十九条（含附则），自 2008 年 1 月 1 日起施行。这是为了规范物业管理活动，维护业主、物业服务企业及其他管理人的合法权益，根据《中华人民共和国物权法》、国务院《物业管理条例》等法律、法规，结合成都市实际而制定的，适用于该市行政区域内物业的管理、使用、服务及其监督管理活动。

第四十九条 通道、楼梯、物业服务用房等属于业主共有，禁止任何单位、个人侵占、处分或者改作他用。

利用共有部分进行经营的，应当符合法律、法规和管理规约的规定，并由业主大会或者相关业主共同决定。

业主委员会、业主小组应当分别定期公布全体业主共有部分、部分业主共有部分物业经营收益的收支情况。

第五十二条 利用物业共有部分设置机动车停放位的，其车位设置、管理、收费等事项由业主大会决定。

业主大会决定收取场地使用费的，可以委托物业服务企业或者其他管理人收取，并支付一定比例的报酬。业主对机动车辆有保管要求的，可以与物业服务企业或者其他管理人另行约定。

6. 长沙

长沙市城市住宅小区物业管理暂行办法

第十四条 物业管理公司的权利：

（一）根据有关法律、法规、规章和本办法，制定本住宅小区物业管理的具体规定并组织实施；

（六）依法开展多种经营，以其收益补充物业管理经费。

7. 南京

《南京市住宅物业管理条例》已由南京市第十五届人民代表大会第四次会议于 2016 年 1 月 21 日制定，江苏省第十二届人民代表大会常务委员会第二十二次会议于 2016 年 3 月 30 日批准。自 2016 年 7 月 1 日起施行。

第四章 物业管理服务

第四十三条 业主大会或者经业主大会授权的业主委员会与物业服务企业签订物业服务合同，应当载明下列内容：

（五）利用业主共用部位、共用设施设备开展经营活动所得收益的核算和分配办法。

第六章 公共收益与维修资金

第五十七条 业主大会应当建立规范的财务管理制度，住宅专项维修资金、物业共用部位和共用设施设备经营所得收益、业主大会和业主委员会工作经费应当按照财务要求建账、入账并定期在物业管理区域内显著位置公示。业主委员会应当妥善保管财务原始凭证及相关会计资料。

第五十八条 业主对住宅专项维修资金、物业共用部位和共用设施设备经营所得收益、业主大会和业主委员会工作经费的收支情况有异议的，可以要求查询有关财务账簿；经已交付使用物业专有部分占建筑物总面积百分之二十以上且占总人数百分之二十以上的业主提议，业主大会应当按照业主大会议事规则，委托会计师事务所进行审计并将审计报告通报全体业主。业主委员会或者物业服务企业不得转移、隐匿、篡改、毁弃会计凭证、会计账簿、财务会计报告以及其他与财务收支有关的资料。

8. 沈阳

《沈阳市物业管理条例》由沈阳市第十四届人民代表大会常务委员会第二十三次会议于 2010 年 8 月 31 日通过，已经辽宁省第十一届人民代表大会常务委员会第十九次会议于 2010 年 9 月 29 日批准，现予公布，自 2011 年 1 月 1 日起施行。

9. 杭州

2013 年 8 月 23 日杭州市第十二届人民代表大会常务委员会第十二次会议修订 2013 年 11 月 22 日浙江省第十二届人民代表大会常务委员会第六次会议批准。

第二十九条 建设单位应当在办理房屋所有权初始登记前，按照不少于物业实测地上总建筑面积千分之七的比例提供物业管理用房，其中千分之三为办公用房，千分之四为经营用房。但物业管理区域内的物业均为非住宅的，按照不少于物业实测地上总建筑面积千分之三的比例提供物业管理办公用房。城乡规划主管部门批建为商业或者办公用途的地下部分建筑面积计入地上总建筑面积。

物业管理用房的具体位置和面积应当在建设工程规划许可证及附件附图中载明，并在办理物业销售（预售）证之前予以确定。物业管理用房的所有权属于该物业管理区域内的全体业主，其所有权不得分割、转让和抵押，其用途不得擅自改变。

业主委员会成立之前，物业管理用房由区、县（市）房产主管部门代为接收后移交前期物业服务企业使用和经营。前期物业服务企业出租物业经营用房的，租赁期限最长不超过业主委员会成立后十二个月。业主委员会成立后，物业管理用房的使用和经营方案应当经业主委员会同意并公告。

第三十九条 物业服务企业根据物业服务合同约定和有关法律、法规规定，可以对物业管理用房中的经营用房和物业管理区域内共用部位、共用设施设备进行经营，收益归全体业主所有，可用于共用部位、共用设施设备的维修、更新、改造或者补充物业专项维修资金，也可以根据业主大会的决定用于物业管理的其他需要。

物业经营性收益由物业服务企业代管的，应当单独列账；由业主委员会自行管理的，应当以业主委员会名义开设账户，不得以任何个人或者其他组织名义进行管理。

实行物业服务包干制收费方式的物业服务项目，每半年公布一次物业共用部位、共用设施设备以及相关场地经营所得的收支情况；实行物业服务酬金制收费方式的物业服务项目，每年公布一次各项资金收支情况。

前期物业服务期间，建设单位和物业服务企业应当在前期物业服务合同中详细约定物业经营性收益使用管理事项，并向业主公示告知。前期物业服务结束时，物业服务企业应当审计前期物业服务期间物业经营性收益收支情况，并将审计结果在物业管理区域内公示。

10. 苏州

《苏州市住宅区物业管理条例》是2007年9月27日经江苏省第十届人民代表大会常务委员会第三十二次会议批准实施的管理条例。

第三十四条 物业服务企业不得有下列行为：

（二）擅自利用物业共用部位、场地和共用设施设备进行经营；

第五十条 业主、非业主使用人不得违反法律、法规以及临时管理规约、管理规约，将住宅改变为经营性用房。业主、非业主使用人将住宅改变为经营性用房的，除遵守法律、法规以及临时管理规约、管理规约外，应当首先经有利害关系的业主书面同意，并依法办理相关手续。

物业管理区域内禁止下列行为：

（一）将车库用于居住、生产经营。

11. 中国台湾

一二规约：公寓大厦区分所有权人为增进共同利益，确保良好生活环境，经区分所有权人会议决议之共同遵守事项。

第4条 区分所有权人除法律另有限制外，对其专有部分，得自由使用、收益、处分，并排除他人干涉。

12. 中国香港

香港民政事务总署《2007年建筑物管理（修订）条例》（修订条例），将于8月1日生效。

购买、租赁或以其他方式获取动产，作为公用部分的设施，以供业主享用，或借以符合公职人员或公共机构为施行任何条例而作出的规定；在公用部分设置并保养草地、园圃及游乐场；对公用部分进行任何翻新、改善或装饰工程（视属何情况而定）。

七、物业经营发展阶段

物业公司开启多种经营的历程很长，曾分为三个阶段，如今正逐步走向第四阶段（线上线下相融合发展盈利阶段）与未来发展的第五阶段（通过对业主大数据进行分析后抓取需求，使用数据前置业主需求，建立信用分级体系，形成数字货币支付的阶段）。

第一阶段，物业园区形成初期，主要表现为被动经营，像商场售卖商品的形式以坐商的角色出现，等待客户上门，停留在基础物业服务状态，物业仅有秩序、保洁服务单元，并未考虑到物业经营，经营思维意识是从外部进行突破，由外而内形成的经营形态，表现为秩序领班或秩序队长说了算，外部商家通常是单一经营模式的产品提供方，通过在园区内进行摆摊的形式进行物与物交换，场地租赁或广告费的形式极少出现，不签订合同，时间较短（如半天或一天），季节性产品较强，以水果、生鲜、纺织品等为主，主要代表形式为大专院校、医院、大院等人流聚集区进行商品出售。

第二阶段，物业发展正规化，服务多样化，进入质量体系认证阶段，真正意义上多种经营开始形成，商家与物业合作的建立，合约的签订越来越成熟规范，形成了一定的发展规模，进入了相互依存发展的阶段，开展经营模式多样。虽处在商业模式单一尝试与探索阶段，但为物业企业带来了高增长与多种经营收益，物业企业也通过主动开展多种经营业务进行探索，开展形成了收益较高、物业资源合理利用、业主服务为三点支撑的多种经营局面。高收益业务有电商平台、房屋经纪、资产去化、家装业务、家居拎包、汽车服务等。资源利用业务有停车服务、充电能源、餐饮业主食堂、通信运营、社区资源广告等。业主服务业务有旅游、健身会所、到家服务、业主金融理财、教育、新零售等。

第三阶段，随着互联网的发展，"懒人经纪"的流行，物业直接从 PC 端步入线上手机端平台阶段。可以说，在互联网发展阶段，物业公司参与度比较低，导致物业行业整体在 PC 端互联网发展中未建立较大运行平台、门户网站，业务内容集中在业主服务及园区发展，较少依靠互联网发展。依靠 App 端发展进入手机模式平台，物业应抓住平台与 C 端发展的良机，在线上平台与线下场景中进行大力发展，通过平台形成品牌，更加注重业主的心理感受，通过优选产品，为业主把关，成为业主信任的平台，从而更好地利用基础平台功能进行业主端产品与服务的线上平台发展，将前期线下发展的业务移植到线上进行，以带来线上端流量数据，未来可对接资本市场，主要业务有线上商城、预约到家服务、线下新零售店、无人便利店。

第四阶段，即我们正在面对的线上线下相融合发展盈利阶段，业主对物业提供的平台形成依赖，购买产品与服务的路径稳定，真正做到供应链整合，但与产品服务端的打通还需要一段时间。物业企业依赖第三方供应链，面对的问题与客诉都在可运营范围内。但随着客户数量增加，产品带来的线上流量增加，完善的线下门店和售后服务，需要供应链的完善及线上平台支撑，需要更多专业人员的支持。

第五阶段，通过对业主行为以及消费的数据进行分析，程序会自主决策抓取需求，从数据中找到增长点，进行产品的设计与服务设计，当呈现在客户面前时能够被客户所接受。通过线上平台运营策划，推出更多活动，如线上评选比赛等，建立信用评级体系，对服务与产品进行评价以增加品牌形象。还可以进行线上兴趣圈层建设，通过基础物业服务与线上活动结合，如植入小游戏等环节，用户可以赚取数字代币。利用数字代币增加客户在线时长，使用数字代币进行产品或服务置换购买，如物业费缴纳，扩大注册人群形成流量池。数字代币模式的建立，最终形成对产品与服务定价权，即颠覆创新的新阶段。

第二章　战略

一、战略定义

战略一词源于军事谋略，意思是对战争全局的把控。

《隆中对》讲述了刘备三顾茅庐，诸葛亮观天象知汉室衰微，天下大乱而诸侯割据，建议刘备起身，征服周围弱小的诸侯，从而奠定三分天下的功业，这是对三国时期的整体战略决策与解析，是具代表性的战略思维。

二、中国战略

《中华人民共和国国民经济和社会发展第十四个五年规划和 2035 年远景目标纲要》提出，"十四五"时期是我国全面建成小康社会、实现第一个百年奋斗目标之后，乘势而上开启全面建设社会主义现代化国家新征程、向第二个百年奋斗目标进军的第一个五年。其中战略导向："十四五"时期推动高质量发展，必须立足新发展阶段、贯彻新发展理念、构建新发展格局。必须坚持深化供给侧结构性改革，以创新驱动、高质量供给引领和创造新需求，提升供给体系的韧性和对国内需求的适配性。必须建立扩大内需的有效制度，加快培育完整内需体系，加强需求侧管理，建设强大国内市场。必须坚定不移推进改革，破除制约经济循环的制度障碍，推动生产要素循环流转和生产、分配、流通、消费各环节有机衔接。必须坚定不移扩大开放，持续深化要素流动型开放，稳步拓展制度型开放，依托国内经济循环体系形成对全球要素资源的强大引力场。必须强化国内大循环的主导作用，以国际循环提升国内大循环效率和水平，实现国内国际双循环互促共进。

当前背景情况下，国际形势复杂，从原来的国际大循环，到提出国际国内双循环的战略转型，从 20 世纪 80 年代到现在，我们看到了国际开放合作的成果，要重视开放带来的巨大作用，通过市场改革、宏观调控等手段构建中国高质量发展之路。

现阶段中国面临新的挑战，如单边贸易保护主义、逆全球化思潮等复杂问题。中国始终坚定地走发展道路，中国战略随着内外双循环发展而发生转变。

三、物业经营战略

企业的成功 = 战略 × 组织能力

（一）错误的战略

诺基亚 CEO 约玛·奥利拉，在同意微软收购时潸然泪下，"我们并没有做错什么，但不知为什么我们输了。"

诺基亚是芬兰一家伐木起家的公司，成立于 1865 年，经过漫长的发展后，成长为"硬件为王"的手机巨头，2010 年，全球手机终端销量达 16 亿部，销售量全球第一，占比 28.9%，销售 4.6 亿部[①]。

被称为可砸核桃、可挡子弹的诺基亚，把硬件优势当作产品最大的卖点，认为质量才是客户及市场认可的选择。但从后来的市场情况看，操作系统才是最为重要的。当时接受采访时被问及苹果手机的印象，诺基亚的反应是，那只是玩具！成功的案例比比皆是，但失败的案例可以让我们看到盲点。

（二）四渡赤水与物业经营战略

真实的战略决策就是这样制定出来的，在条件复杂，瞬息万变的信息中不断迭代。战略必须适应环境，根据情况的变化随时准备迎接挑战。

在战略制定的最开始，应始终把握总体的战略方向，根据外界因素不断地调整战略，时时回顾不走偏，执行战略落地并依靠组织实现，要相信战略总方向。

物业企业应根据园区的不同进行定位，在运营过程中满足业主需求，在面对不熟悉的场景要通过变换角度、移动发展迎合时代与业主变化，进行战略升级。

北京劲松的一个社区，建于 20 世纪 80 年代，属于具有代表性的老旧小区，存在错综复杂的社区问题，20 余万平方米社区内 3000 多户居民，社区内有学校、幼儿园、社会单位、供暖所、汽车站。相信任何一个了解物业情况的项目经理听到这些都能体会管理难度，物业费不到 0.5 元，收缴率仅有 50%。在寸土寸金的北京黄金地段，没有车位，没有绿化，小区破旧，楼面价与物业费形成了强烈的反差，需求与现状成为了拦路虎，但业主的诉求同样也是解决问题的动力。

当初，这样的项目，没有哪家物业企业愿意承接的，别说达到业主的期望服务，做出一些改变恐怕都是艰难的。正是这样一个大社区变成了未来物业企业盈利的典范，仅仅凭借不到 0.5 元的物业收费，赢得了业主的满意，被称为劲松模式。

[①] 数据来源：GAI TNER2011.2。

物业企业入驻社区后，通过业主访谈、现场调研与社区业主进行面对面的沟通，了解最迫切的需求，同时提供服务。

1. 0.5元物业费如何盈利

一个园区面积越大，需要的保洁人员越多，通常物业企业会根据服务面积与服务标准配备保洁人员及保洁设备，保洁设备、无人设备的投入是一笔巨大的开支，凭借物业费支付并不实际。物业企业想出符合社区发展的办法——再生资源回收。日常生活中很多社区附近都有再生资源回收点。该物业企业利用社区面积大、楼宇多的特点，按照楼划分，一个再生资源回收员负责3栋楼的保洁工作，3栋楼业主的可回收资源让一个人进行回收，每个人发一套物业企业保洁制服，在楼宇旁边建造一个封闭式立体再资源回收处，如此回收的资源可以有地方安放，不会造成园区丢弃垃圾的现象，更帮助居民将垃圾进行分类。物业企业每个月给每位保洁人员发放一定金额的津贴，如此社区保洁问题得到解决。

2. 秩序

改造并升级门禁系统，将原单元门增设面部识别功能，通过智能监控减少人工设备铺装，让社区业主可以放心地居住。同时在楼宇之间设置独立秩序间安排人员值守，利用园区门禁、道闸进行人流车流管理，实现园区行走安全的目的。

3. 绿化，车位

社区中有2000多平方米的绿化带，物业企业看到这样的情况，如果引入绿化公司进行养护、除草、修剪枝叶、施肥、定期浇水，养护设备的投入同样无法支付。物业企业通过对社区的树木进行认养，由业主进行养护工作，如此解决了社区大面积的绿化问题。

该小区绿化带花坛前面都有小片空地，但因缺乏管理，社区空间被侵占，大多是堆放杂物或私搭乱建。通过绿化升级，将私搭乱建进行清理，整体环境有了景观级的改变。同时进行地面铺设，改造成车位，增加了大量车位，解决了业主无法停车的难题。

4. 空置房

社区中有大量低效空间、配套用房与闲置空间，物业企业通过改造，建立社区商业中心，引入品牌与产品以满足社区业主生活需求，改造成居民的生活服务站，开设便民商店、生鲜超市、早餐店、洗衣店等。在社区入住率高的情况下带动租金上涨，出租1000余平方米用于便民服务。

通过打破传统物业园区的运营模式开展社区经营活动，将低效资产进行有效利用。物业企业面对改造前的社区时，并没有想好要如何盈利，如何经营，但通过大胆尝试，创新经营方式做到了业主企业双方满意。

四、物业企业战略

公司级战略，注重长期战略，包括公司如何发展，在哪个领域进行布局。

职能战略，注重如何支撑公司级战略发展，具体如技术战略、人才战略、研发战略、财务战略、差异化战略、竞争战略、联盟战略等，集中力量解决关键业务问题。

战术，通过什么样的方法实现目标，如持续做对的事情，具体落地计划等。

企业的高层是战略设计与制定者，中层负责执行力，将战略落地。以往依靠经验做决策，现在依靠信息做决策，信息的获取与分析是高层战略决策手中的舵。

物业企业需要思考，未来 5 年乃至 10 年后市场是什么样。从而推算如何发展、布局、制订计划，企业应根据经营环境制定企业战略，企业高层通过研判内部与外部环境，制订出针对公司发展方向的管理流程。

企业每一天的发展都需要进步，商业如逆水行舟不进则退。

经济指数的增长必伴随着改革，如果没有改革，仍使用旧模式，则无法带来突破。

每个企业都在展望未来，外部环境与内部环境都在发生剧烈的变化，企业所设的战略应根据自身发展与外部变化进行调整。小米集团在 2018~2019 年经过 5 次战略调整，从四块业务重组成 10 个新的业务部，到国际化将销售与服务部改组中国区、国际业务、手机与生态链业务，再到设置参谋部设立层级制、成立战略委员会、推动战略落地。这个例子告诉我们，一个企业的战略需要实时调整，而不是一成不变。

物业经营最大优势在于获客成本，无论是互联网企业还是实体制造业，获取一个客户已经从电话销售购买名单变为精准客户营销，通过大数据算法由系统进行推送，收集大量客户行为数据是外部企业很难抓取到的，电商最难的部分恰恰是物业最简单的部分。头部互联网企业对用户进行画像时主要是根据大数据。

（一）制定企业战略

制定战略是以客户为导向，了解其他企业怎样对待顾客，跨行业进行对标，并了解其他行业做什么。

用什么方法支撑战略制定、架构变革之前，应学习其他架构，让战略有效落地，提高培养战略制定能力。

（二）企业战略制定数据指引

在多变的商业环境变化中，战略制定同样没有四海皆准的方法。

制定战略时可考虑的情形应根据所收集的信息去调整，公司总体战略绝对服从经营战略发展方向，按月为时间线收集不同指标信息。数据决定了未来发展，可以从以下几方面查看：

（1）物业公司上市数据。

（2）物业扩张发展行业兼并数据。

（3）物业企业跨行业布局。

（4）收购合作生活服务保洁专业公司情况。

（5）收购合作秩序公司情况。

（6）收购合作工程公司情况。

（7）收购合作家装公司情况。

（8）收购合作旅游公司情况。

（9）收购合作科技公司情况。

（10）收购合作设备设施公司情况。

（11）物业地区开设门店数量，包括儿童、新零售、家装、养老、新业态等。

（12）物业企业线上服务号发布不同维度信息文章。

如果某一数据情景超过其他数据情景，公司应考虑加速现有项目进度或启动研发新项目，让战略在环境中有行为导向，而不是一成不变。

五、企业竞争

现阶段，企业竞争具有鲜明的特点，具有以往不存在的信息化与智能化特性。

企业的竞争即信息竞争，当下信息爆炸时期，每家公司每天的信息量都是巨大的、隐性的、潜在的，不稳定性较强，信息成为企业主要资源。企业竞争力表现为信息获取能力，信息处理速度。物业企业要从信息海洋中提取有用的信息、本土信息、政策信息、其他企业信息等。从中找出有利于企业发展的信息值，要成立专门的竞争情报部门处理，信息不能转化为情报将失去企业竞争优势，信息使用能力是竞争的体现。

企业研究与开发，是创造新信息的过程，没有研发就没有创新。

研发经费在1%以下的企业无法生存，2%~5%勉强生存，超过7%才有市场竞争力，联想研发经费为 2.3%，6.39 亿美元。华为研发经费 15.9%，1418 亿元，亚马逊为 226 亿美元。

物业企业的研发更为重要，应更贴近服务，传统物业服务在升级过程中会经过多重尝试，社区店到金融服务，养老服务到儿童教育，业主活动日到酒店式服务，物业企业每年如果提升 5% 的服务水平，5 年就是 25%，将是整个行业的引领者，带来整个行业的转变。这样的改变就发生在我们日常的生活中。现在入住酒店的时候，酒店房间会提供 2 瓶免费瓶装水，这在以前是没有的。以前的会议只提供办公桌椅，现在一场会议开始前，桌面会摆放纸张、铅笔、饮用水。服务就是在最为需要的时候体现我们真实的需求，服务升级就在于此。同类型的服务如果不具备，那么客户会认为你的服务就是不足，甚至是不良的，对原有服务的升级需要从客户需求角度出发，服务的趋同则被视为必要提供的服务，已经无法满足客户需求。

企业竞争方式的创新，现在企业综合竞争如企业品牌、形象、经营方式为要素的竞争手段都表现为电子商务竞争。我们每天 24 小时都可以接受全球信息，要求企业提高利用信息环境的能力。现在的企业竞争更趋向竞合关系。随着企业发展，会进入领域细分市场，市场与产品越来越成熟，竞争出现新的变化，合作模式也变了。虽有战略同盟，但没有任何一家企业可以对市场进行垄断，对行业产品进行自主研发，通过合作取代竞争，才能赢得更大的市场。

第三章 组织

组织能力，是一个团队所发挥的整体战斗力，是一个团队在某方面能够明显超越竞争对手，为客户创造价值的能力 [①]。

一、物业多种经营组织现状

物业企业已全面开展多种经营业务，现阶段分为三级管控。一级管控为物业集团设立经营中心，建立专业经营团队，根据业务进行分工。二级管控为区域级，由总部进行直接管控，集团总部与区域经营人员大多来自物业企业内部，对物业运营与项目管理更为熟悉，市场专业经营人员较少。三级管控为项目单位，项目单位开展多种经营落地业务人员，与项目单位基础物业服务是一个团队，面对工作任务分工、时间成本分摊、经营结果三个维度，项目人员具有两线作战的难度。

当年笔者团队中有个同事是退伍军人，他有一群玩"真人 CS"的朋友。他提议搞一次团建，带着大家体验一把真人 CS。第一场，我和我的同事 20 多人，打他们五六个退伍军人。不到 20 分钟，我的团队成员全部"阵亡"，本人被"活捉"。退伍军人只有一人受"轻伤"。第二场，我们要求将退伍军人和我们团队混合组队。战斗持续了半小时以上，各有"伤亡"。这次团建取得了意外效果，大家都明白了，经营管理也好，市场营销也罢，不是凭感觉、靠人多、拼命干就能赢的。一帮"业余选手"，遇到"专业队"，或许人数越多"死"得越快，专业的人，做专业的事。

二、物业经营与营销的区别

物业经营与市场化营销的区别在于，市场面对的是客户要分析其行为并生成大数据，根据数据导向形成营销路径，以售后服务和产品质量做保障。物业企业根据业主需要开展多种经营业务，依靠物业可运营资产资源进行营销，此时应考虑业主满意度，在提供产品或服务时需要同时满足两个指标，即利润和满意度，这两个指标必须均衡。

---

① 杨国安. 组织能力的杨三角：企业持续成功的秘诀 [M]. 北京：机械工业出版社，2015.

随着信息时代的发展，智能时代的衔接，现阶段人力资源总体生产力下降，物业企业经营人员需要对企业进行思考。物业经营人员很难照搬市场化经营人员或营销人员的模式，我们需要的人才市场区别在于，物业经营人员更懂得业主思维，需要站在业主思维端提供增值服务。业主虽然也是消费人群，但物业还需要面对收费率这一重要的经营指标。如何结合两者的关系？物业企业人员通过学习市场化商业模式自我提升，同时与外部人才结合进行组织打造，通过场景创造新的模式。以前的物业经营没有电梯广告，也没有快递柜。现阶段可以挣到收益，未来能否持续，物业企业需要思考未来五年经营增长点是什么，不抱有甲方思维。现代商业需要通过信息进行决策，如何解读，需要物业企业通过自身去分析。场景化是物业企业的最大优势，面对物业运营空间，能够通过业主需求或商业需求的合并衍生出新的商机。比如市场化经营人员在停车场时可能看到的是车位租赁经营，而物业经营人应该看到，通过车位开设广告。再比如当业主在园区经过大堂，若在大堂提供便捷产品，让业主回家就能够方便取到。

商业模式基于人性需求，每当下雨的时候，都可以看见路边卖 10 元伞的行为。在提供产品时，客户的内心感受可能是，本身已经有很多把伞了，即使伞的价格不贵，也不希望再买一把伞，但假如有共享雨伞可租用，用户内心更愿意为哪种方式埋单？

建立经营人员用人标准。制定人物画像，根据不同服务体系、能力要求制定标准，根据不同业态、住宅、公建、写字楼等不同经营场景、工作标准，配置不同数量经营人员。

三、经营团队建立

物业在技术上的投资往往低于在人才方面的投资，经营人员需要具备的素质如下：

（1）行为诚实，言行一致。经营人员需要更多与外部合作商家协同。

（2）信息进行共享。建立工作组，通过供应商与物业部门进行联通，这样才能产生更大的价值。

（3）新的思路，新的思想。通过不断创新，产生不同以往的模式。乙方企业希望将自己的产品或服务植入项目中为企业进行设计，因物业经营人员更加了解项目情况，了解公司构成，能帮助乙方更好地开展服务。

（4）敢于尝试。希望有新的突破，必须打破原有的路径。以前的房屋设计中书房是独立房间。但现代人生活节奏快，房屋设计时应把娱乐室与客厅、书房相结合，通过超大客厅进行功能分区，这样大人在使用书房功能时兼顾看护儿童。要敢于尝试、突破，打破旧有的行为模式。

（5）团队合作。经营工作中，重要的是项目单位给予的配合。操作过程中，可能实际操作人并不能理解操作内容想要达到的效果，因此需要先进行培训，讲解达到什么样的目的，让各方了解情况，制定达成步骤。因项目人员更加熟悉现场环境，可以根据实际发生而随时调整，这需要良好的团队协作能力。

（6）具有深厚专业领域知识。经营领域知识系统而全面，对各业务很难做到熟悉，因此需要对开展的业务进行深度学习。才能在洽谈中或问题出现时，能够快速处理。只有了解经营，了解项目，了解合作方，才能将单一事件进行整合，创造价值。

（7）经验。经验是当任务发展运行前，可以预判任务发生的过程景象。在任务过程中，经验可以评判任务节点情况。

（8）天下武功，唯快不破。改变与创新的落地，速度是关键，无论是客户，还是服务产品提供方，都希望在短时期内挖掘更大的利益，扩大市场占有率，而稳健的业务支撑是快速发展的关键。

（9）全球化视角。从大视野中寻找发生过的事件与数据，在开展业务的同时，收集整理以往的数据，根据数据进行业务测算，设计业务发展规划，对以往经验进行跟踪学习，通过数据剖析提高业务能力，放眼全球才能对现在所从事的业务有更深的认识，在操作过程中有新的认识，才能给客户呈现更好的产品或服务。

（10）积极。经营人员需要投入目标管理，为了达成目标，要积极地行动，积极的心态不如积极地行动，经营人员唯有行动，才能够呈现目标结果。

（11）客户视角，客户满意。我们提供的产品或服务，需要真实的需求者，而我们产品或服务也是真实的，如果只是为了满足客户短期的需求或喜好，则长期以来可能导致不良结果。美国旧金山有一家智能榨汁机公司Juicero，售卖的榨汁机700美元一台，曾经是硅谷的创新黑马。创始人对榨汁机进行鼓吹，宣称榨汁机有400多个自定义部件，内置扫描仪、微处理器、无线芯片，等等，榨汁机通过购买专用挤压蔬果包，将果汁宝放入榨汁机内进行压榨便出果汁，自然引起投资人的关注，成功获得了硅谷1.18亿美元的投资。但产品真实性被打破了，果汁包实际用手就可以轻松挤压，彻头彻尾是一个披着智能外衣的谎言。

四、人才选拔

企业在招聘经营人员时，考虑的因素很多。一个人的核心能力、价值观、动机、原动力，这些是企业需要了解的。一个人的潜力很难判断，但也不容易改变。适合岗位的判断标准有很多，企业可以使用工具，也可以借助结构化面谈，如给出一个两难的问题，让经营人员出具解决方案，当然没有标准的答案，只是希望通过答案了解到人员的真实想法。

也可以通过模拟场景给被试，利用场景去创造解决方案或不同想法，做出不同于以往的商业规划，同样没有好与坏，正确或者错误，但人在极短的时间内做出的判断最为真实准确，能够体现一个人在特殊环境下独特的见解与方式，能更好地了解经营人员，才能安排匹配度高的岗位。

（一）人才标签

通过组织人力规划设计，对工作内容进行分析与评价，从设计工作流程、岗位职责标准化，到依据规划进行招聘、上岗、培训等。通过员工画像对工作中的流程与内容属性建立标签，并作为管理数据，做到人员数字化，通过数据进行人员管理。

工作发生管理关系的组织或部门、外部变化、内部协同、幸福指数，与误差率、敏捷指数、员工体验、请假考勤、在线学习、业务理解深度等进行指标匹配，从而调整组织人员的"入、转、调、离"，通过数据与场景进行人员匹配，避免用人主观评判。

1. 灵活用工

企业灵活用工渠道很多，包括实习、劳务派遣、零工、业务外包、人才外包等，通过对工作标准的量化、工作结果的跟踪，建立以小时为单位薪酬体系。

随着经济环境复杂变化，碎片化时间增加，企业需要保持组织敏捷与灵活，增加弹性工时的工作内容，改变用工标准，一方面为企业节约成本，另一方面增加了社会就业。

2. 在线参会

随着科技进步，远程居家办公成为常态。居家带来的工作链接属性降低，部门协同效率减低，人员无法跨地域工作，各地区管控标准不统一，受地域限制较大。

3. "00"后

随着"00"后步入职场，"90"后成为职场新力量，对于工作态度与工作本身的理解，对自身价值的体现，"00"后与其他年龄层有着不同的看法与选择。如果使用以往组织人力考核机制，可能并不适用于新一代职场人。通过探索新人力资源用工制度与用人标准，建立针对性竞争用人制度。因为环境与人的因素，企业可以考虑灵活用工，调整并建立符合企业业务发展需求的长期用工策略。

（二）经营业务职责

明确物业企业各地区公司、经营部业务职责，快速落地经营业务，增加物业企业经营产能。物业经营部主要职责：

（1）负责多种经营业务进行审核。

（2）负责建立专业战略供应商并实施管理与维护。

（3）负责业务供方的考察、认证、评审、履约并进行检查。

（4）负责地区公司、项目单位开展多种经营业务进行实时的监测、风险评估、业绩管理。

（5）编写经营业务相关文件，创新研发多种经营业务。

（6）培训、协同地区公司、项目、供应商，开展多种经营业务。

（7）监督检查经营业务开展，对市场多种经营业务进行调研，同行业多种经营业务进行对标。

（8）审核业务范围内合作商户的从业资格及产品质量。

（9）审核开展多种经营业务存在的安全隐患，并提出整改。

（10）经营点位数据统计。

（11）负责经营活动业务落地开展。

（12）创新研发经营业务、增量业务以及战略发展经营业务铺排，依托项目开展社商类、即时服务类业务。

表3-1 多种经营管理职责

一、职位基本信息			
职位名称	多种经营经理	职位编号	00
所属部门	经营部	职位定员	
职位序列	管理序列	职位层级	经理/主管级/总监
直接上级	物业公司	直属下级	主管/经理
二、主要工作内容			
负责根据不同城市、业态、项目客群，研判增值业务发展模式，进行增值业务试点、推广、管理；挖掘社会资源和行业资源，研发可行的多经业务新的模式			

续表

三、具体工作职责
1. 负责建立并优化集团增值业务相关制度、流程并执行落实
2. 负责根据不同城市、业态、项目客群，研判增值业务发展模式，提报可行方案，并进行增值业务试点、推广、管理
3. 负责挖掘社会资源和行业资源，研发可行的多经业务新的模式
4. 负责匹配公司多经业务发展合作方资源的评估、引进与管理
5. 负责掌握各地区物业公司的多经业务项目现场实际情况，根据各地区物业公司业绩指标，合理判定各地区物业公司多经业务具体实施计划的可行性和预算合理性
6. 负责对各地区物业公司多经业务给予工作指导和技术支持，对新业务开展实施的孵化和落地推行工作
7. 负责控制多经业务开展过程中的风险，对发生的各类突发事件、疑难问题，要及时处理和上报
8. 培训、指导地区公司和项目开展多种经营业务，建立培训体系完善例会制度
9. 通过收集分析经营数据，调研地区、项目实际情况，根据市场的发展趋势，制定符合企业发展经营发展业务规划
10. 完成领导临时交办的工作

四、工作权限
多种经营业务的专业意见输出及向物业公司的直接建议权

五、主要工作关系		
内部工作关系	沟通方式	部门（单位）及职位
	汇报	部门总监
	督导	各地区公司多种经营业务专业人员
	协调	集团、地区公司专业板块业务关联工作
外部工作关系		外部合作供方企业

六、任职资格	
学历要求	本科以上学历
专业要求	金融、咨询、贸易、供应链相关专业优先
能力倾向	判断决策能力、解决问题能力、语言表达能力、文字表达能力、理解执行能力、数字处理能力
个性特征	①有责任心；②善于协调、善于沟通；③细致；④心胸开阔
人员需求	性别：不限
	年龄区间：28~40 岁
	体能要求：身体健康

续表

六、任职资格	
工作经验	5年以上物业所在板块集团管理经验，独立制定并组织实施业务的规划、方案
知识	精通物业行业相关法律法规、熟悉经营合同管理及物业管理相关知识
技能	熟练掌握办公软件使用技能、谈判技巧、公文写作技能，具有一定的资产风险控制能力
培训	公司组织架构、绩效考核制度和行政管理流程的培训

考核标准：根据经营业务制定考核维度，绩效驱动经营。

五、股权

在组织中首先需要明确股权，股权不清晰，可能导致组织内部结构松散。

（一）企业股权比例

需要清楚认识到，企业开展经营活动所需要的伙伴有几种基本属性，资源如何进行初创期整合。

基本人员属性如下：

（1）组织离不开人员。初创公司在开展业务时需要的人员能够为企业带来支撑，如资源型人员、齿轮型人员。

（2）经济，能够为企业带来资本，以合伙人形式、股权比例、直接投资形式注资。

（3）知识，专业领域的专家、知识产权形式进行股权合作。

（4）确定企业人员构成，设计企业股权形式，企业人员能够保障业务长期有序发展，确定业务形式后可通过业务周期判断股权形式。

（5）投资度量，通过量化投资比例，签订财务契约约束行为，记录达成的结果。

（二）企业发展周期

了解企业所处的周期与阶段，企业发展周期分为五个阶段。

（1）企业初创期相对规模较小，发展模式单一，流程职责相对简化，以小组或产品单元进行运营推进，企业热情较高，结构松散但敏捷，依赖市场程度较高。

（2）企业规模与市场份额快速增长，逐步被客户所认知，以核心竞争为发展关键，发展市场为优先动作，通过资本、技术、产品优势快速占有市场。

（3）上升期企业通过投融资进行滚雪球式发展，公司管理结构清晰，流程体系完整，这是即将进入成熟期的重要时期。

（4）企业成熟期组织紧密，形成了自身组织文化，企业特征明显，业务单元较多，盈利模式稳定，同时开展多元化创新经营，涉足核心产业以外业务，关注内部变化，抗风险能力强。

（5）企业发展受到市场以及自身条件的限制，经营持续稳定，但进步较慢。企业此时应关注外部变化，尝试通过数字化转型或企业成长第二曲线等进行突破。

（三）企业估值方法

（1）资产法是通过对企业固定资产进行资产评估，以确认企业价值。

（2）比较法，与市场其他企业进行比较，通过资产进行对比，确定相似价值。

（3）现值法，查看企业报表、资产负债、现金流量表、利润表进行数据统计，确定企业价值。

（4）未来收益法，根据未来现金流、政策、企业经营表现确定企业价值。

（四）激励模式

1. 海底捞模式

（1）A类店：主要模式是发展自己的店，单店为主，薪酬标准为自营店利润5%。如图3-1所示。

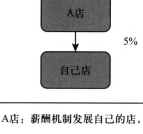

图3-1　A类店模式

（2）B类店：主要模式是共同发展，自己店利润0.5%＋徒弟店利润3%＋

徒孙店利润 1.5%。如图 3-2 所示。

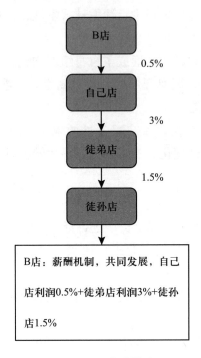

图 3-2　B 类店模式

2. 多店模式

以入股形式开店。如开办前 5 家店，可在店内投资 5% 的股权，第 6 家店，可进行 8% 的股权投入，第 11 家店可进行 20% 的股权投入。如图 3-3 所示。

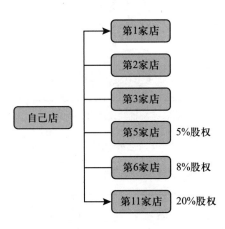

图 3-3　多店模式

（五）股权架构

股权架构有多种形式。股权架构是为了明确合伙人的权责。

股权架构的主要形式：

（1）有限合伙架构。

（2）自然人直接持股架构。

（3）控股公司架构。

（4）混合股权架构。

（5）海外股权架构：境内个人或公司在境外成立公司，通过境外公司控制中国境内业务架构。为了能够在境外上市，便于境外资本运作，开拓境外市场。如图3-4所示。

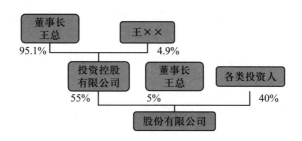

图3-4　自然人直接持股

（6）契约型架构。指投资人通过资产管理计划、信托计划、契约型私募基金等契约组织间接持有实业公司的股权架构。由于资管计划、信托计划和契约型基金均没有工商登记的企业实体，而是根据《中华人民共和国证券投资基金法》《中华人民共和国信托法》《私募证券投资基金管理暂行办法》等法规，通过一系列合同组织起来的代理投资行为，因此，投资者的权利主要体现在合同条款上。

（六）有限公司股权比例分析

（1）完美控制权比例67%：对股东会所有决策有一票通过权。

（2）绝对控股线权比例51%：除7类事项外，拥有决策权。

（3）安全控制线34%，对股东会的7类事项决策拥有一票否决权。

（4）外资待遇权比例25%：外商投资者出资比例高于25%，可享受外资投资企业待遇。

（5）重大影响权比例20%：股东需用"权益法"对投资进行会计核算。

（6）重大股东权益须股东所持表决权的2/3以上通过。

7类事项指：①公司合并；②公司分立；③公司解散；④修改公司章程；

⑤增加注册资本金；⑥减少注册资本金；⑦变更公司形式。

（七）非公众股份公司

（1）股东代表诉讼股权比例1%：如公司董事高管侵害公司利益时，有权提起诉讼。

（2）股东提案资格股权比例3%：提交股东大会议案。

（3）股东大会召集股权比例10%：可申请法院解散企业及召集临时股东会的权利。

（4）申请公司解散股权比例10%：可申请法院解散公司及召开临时股东会的权利。

（八）新三板上市公司

（1）拥有重大重组决定权股权比例为67%：重大资产重组须经出席会议的股东所持表决权的2/3以上通过。

（2）实际控制认定股权比例为30%：公司股份表决权超过30%可认定为拥有新三板挂牌公司的控制权。

（3）权益变动报告股权比例10%：拥有股权份达发行股份的10%，编制或披露权益变动报告书。

（4）重要股东判断股权比例5%：权益受限披露，减持披露，拥有权益增减幅度达5%要求披露，自愿收购比例不低于5%，外资比例超过5%要进行备案。

（九）上市公司

（1）重大事项通过股权比例67%：重大重组，重大担保，股权激励须经出席会议的股东所持表决权的2/3以上股东通过。

（2）实际控制认定股权比例30%：可以实际支配上市公司股份表决权超过30%，为拥有控制权。

（3）要约收购触碰股权比例30%：收购人持已发行股份的30%，继续增持股份的，应采取要约方式进行。

（4）首发公众股比股权比例25%：首次公开发行的股份达到公司股份总数的25%以上。

（5）权益变动报告股权比例20%：收购超过20%，需披露权益变动报告书。

（6）股东减持限制股权比例2%：大股东减持，一年内减持不超过2%。

（7）独立董事提议股权比例1%：持股1%的股东可以提出独立董事的候

选人。

（十）股权分类名词解释

（1）分红权：公司股东作为出资人，按不同投入公司额度的所有者进行盈利部分的分配。

（2）增值权：公司股票增值后，经理人可直接得到报酬或购买公司股票。

（3）表决权：股东按照自己在企业中所持有的不同比例的股份所行使的表决权利。

（4）转让权：股东有权依法将自己的股份转让给他人。

（5）继承权：继承人在没有争议的股权内，继承股东所有持有的股权。

（6）分配权：将股权按照不同资格进行分配的权利。

（十一）股权激励模式

（1）基础激励：岗位工资、福利、绩效工资、工作年限奖金、项目留任奖金。

（2）标量激励：阶梯佣金、产量/质量/奖项、专项奖励、计件工资。

（3）分红激励：超额利润分红。

（4）股权激励：限制性股票、股票期权、项目跟投、业务合伙制、事业合伙制、业绩对赌。

（十二）股权员工分配

员工股权分配是企业运行长久的激励政策，是企业加快提升市场份额的有力工具。

1. 股权分配资格

股权分配建立在公平的基础上，能够让每名员工看到分配所需要的标准。

（1）需要设定基础资格，例如：公司在职 5 年以上。

（2）需要设定事件，例如：为公司创造利润，为公司创新经营。

（3）特定事项设定，例如：见义勇为、国家级等相关奖项。

2. 股权考核

（1）对公司各层级岗位进行价值匹配，评估比较，设定价值考核准则。

（2）股权激励按照等量标准提供依据。

（3）股权方案设计建立在价值评估与绩效考核基础上，形成规范化方案设计。

（4）对股权考核明确考核指标。

（5）根据公司各层级岗位特点设计考核周期。

（6）考核结果与各层级在组织中的贡献相对应。

（7）完整考核机制包括考核关系、绩效管理、操作规程、管理制度。

（十三）股权退出机制

员工如果离开企业团队会涉及股权的退出机制，股权退出与股权入股机制同等重要，合伙人、股东有权进行退出操作。

确定具体退出价格：退出价格基数；溢价 / 折价倍数。具体操作如下：

（1）合伙人购买股权时，购买价格按一定比例的溢价进行回购。

（2）按其持股比例，参与分配公司净资产或净利润的一定溢价。

（3）按照公司最近一轮融资估值一定折扣价进行回购。

（4）初期投入的资本金，加利息回报。

第四章 物业多种经营 DMTI 模型

一、DMTI 时间维度内完成目标量化

（1）DESIGN 设计：时间轴为 1 天确定重点目标。

（2）MODEL 模型：时间轴为 7 天确定业主总量转化率，打通关联层，明确结果策略，建立评估体系。

（3）TEST 测试：时间轴为 30 天确定流程标准化运营，通过业主裂变实现高成果转化率。

（4）ITERATE 迭代：通过现实场景，持续迭代产品服务，业主使用率与业主满意度增加。

DMTI 模型可帮助物业企业经营团队在一年时间内，研发出 10~12 个创新业务，并获得 4~5 个成功业务进行推广。

通过收集业主反馈信息，分析业主真实需求数据，做趋势预测研发。通过敏捷管理打造快速反应支持链，其中包括组建团业务小组，建立供应商名册，项目园区落地绿色通道，协同打造生态系统，不断对数据即时分析，不断升级业务产品，以推广到更多项目。最终发展为成熟业务并衍生出业主生态。

二、一天确定业务内涵

设定关键指标：

（1）对宏观政策解读，研发业务符合规定。团队紧密合作，将各自业务工作融为一体。团队成员好比是一个齿轮，齿轮等于专业程度，齿轮紧密结合，整体运行速度会成倍增加。

（2）任何可能的问题出现时，能提前做出提醒，能够在业务模型确定前进行修改。

（3）模型注重设计长远的目标，由具体工作事项连接起来，目标分层，有量化时间线，可根据时间节点，做 KPI 奖励。

（4）业务模型在调整后、落地前进行确认。

（5）项目经理与项目工作人员参与，实现跨职能协同合作。

（6）项目人员参与经营模型设计，能够使业主层需求增加，模型匹配度高。

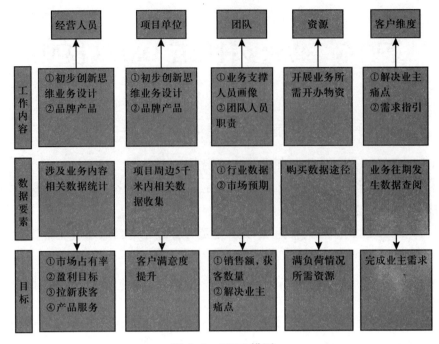

图 4-1　DMTI 模型

（7）供应商与物业企业一起统一目标，共同发展，并给予供应商反馈。

（8）每一个产品都有品牌，或由第三方提供服务支持，或物业赋予产品服务故事性，增加业主认可。

（9）实施过程解析，遇到问题或业主反馈时，应及时沟通。

（10）按完成目标百分比进度监测。

三、一周确定业务模型

	工作内容	数据要素	KPI	成果	目标
经营人员	①分解关键指标 ②服务商确认 ③项目培训	分析竞争优势	①业绩占比 ②边际成本低于盈利	确定宣传途径	①服务商、供应商协同 ②打破定式思维设计模型
项目单位	项目确认参与人员/场地	项目基础信息	①资源支持 ②融入地域特色	供应链与物业企业统一共同目标	连接利益相关方
团队	①设定关键指标 ②确定目标一致性	①数据指标递增 ②竞争情况数据收集	①确保模型测试落地 ②聚焦产品 ③高回报比例	业务说明书	①便捷操作手册 ②执行计划表
优化方案	打造看板进行解读	数据决策模型是否可落地	①短期利益体现 ②长期利益持久	①确定商业模式 ②公司品牌输出	①问题纠偏 ②过程分析 ③风险管理
客户维度	调研问卷	①业主消费层级 ②业务相关业主数据		①接收业主反馈 ②重视业主反馈	①倡导产品服务引领 ②业主短期与长期效果并存 ③同理心陪伴业主

图 4-2　确定业务模型

（一）目标一致性

通过思想碰撞，打破团队合作障碍，确定最佳想法，保持目标一致性。

（1）组建工作小组，个人目标与团队目标相互关联，建立评估依据，达到何种程度。成员间积极主动沟通，重视每一个人的意见，避免团队成员你好我好大家好，对每一问题逐一进行意见收集，增加团队责任感，确保节点完成。

（2）提倡个人知识力输出，表达个人观点释放潜能，目标定位清晰。

（二）潜在问题

过于关注业务目标，忽略业主需求，会增加客户的不满或投诉。如工作人员收到业主需求和建议时，忽略或隐藏了业主反馈信息，工作人员更多考虑的是自己相关的 KPI，因此应建立收集业主问题反馈的途径。

（三）重点战术打法

（1）使用甘特图进行任务区间划分，让团队每个人清楚时间节点并及时完成动作。

（2）使用思维导图，将重点事件圈注，团队可清晰辨认导图中对应的事件。

四、一个月落地测试

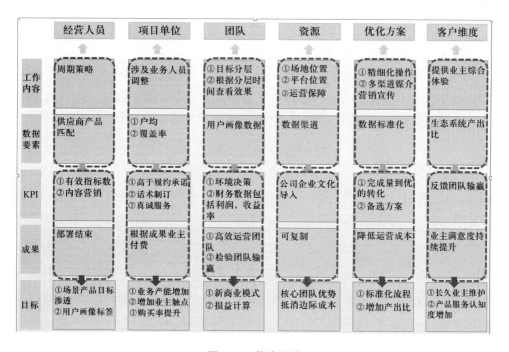

图 4-3　落地测试

成果是道路，目标是方向。可根据环境同步调整决策，通过业主互动体验收集信息。

（1）行动开始后按照每一个事项阶段，做阶段性审查。

（2）品牌辨识度增加，作为物业企业产品，能够被业主/市场认知，循序渐进做品牌溢出。品牌历史并非不可挑战，欧莱雅品牌拥有100多年的悠久历史，经营范围130个国家。

（3）通过场景化营销，将产品服务在业主端渗透，带入感强烈，引起使用或购买行为。

（4）为业主提供产品服务合同外的增值服务，提高业主舒适度。

（5）执行过程粗糙直接导致结果偏差。过程精细化就像设计施工一座桥梁，从钢筋到水泥，水泥中的碎石硬度、采集地区、水泥标号、成分含量，钢筋尺寸、抗拉强度、花纹走势，每个细节都决定了桥梁载荷与屹立时间。客户维度指提供产品服务的同时持续改进，将粗糙产品进行精雕细琢，是量变过程到优质产品的提升，将产品升级为艺术品，体现高净值感，被业主认可。

（6）内容思维。静止画面或摆展的形式远落后于故事性、内容性，可开设吸附业主、客户眼球的视频直播。宣传手段与打造需要经过时间的打磨，可预先收集业主信息，根据业主层设计营销宣传手段。

（7）研发能获得更多盈利的商业模式。租赁可帮助企业节约购买产品成本，研发产品会付出高昂费用。

（8）企业与业主真诚互信。物业企业真诚，便能够得到业主的信任。首先应该信任业主，当有反馈时，要以产品服务作为媒介，解决问题，作出需求预测，做到趋势需求引领。

第五章　财务

财务与业务是共荣发展的关系，在物业企业多种经营中，财务与业务之间因业务内容不同而造成的信息理解偏差会影响运转效率，企业经营必不可少的是财务战略。

投资人、股东更关注投资回报率、利润率、收益性等指标，而企业更应该关注长期发展。

企业是否短期赚取未来的收益，还是长期循环可持续发展。如健身会所售卖 3 年甚至 5 年的会籍，短期收回资金，未对未来运营成本进行详细测算。可通过企业财务战略进行管控，对未来趋势进行分析，定位发展。

一、财务报表

（一）资产负债表

资产负债表显示企业的现状，代表企业资产情况和企业的负债。

资产 = 负债 + 股东权益

（1）资产：企业的现金流、应收账款、固定资产、土地、建筑、商标、专利等。

（2）负债：企业需要进行偿付，应付账款、长期债务、租约等。

（3）股东权益：企业资产减企业负债。

（二）利润表

利润表反映了企业一个周期运行的业绩。

收入 – 费用 = 利润

（1）营业收入：企业通过运营所产生的收益。物业经营收益计算，可按照收付实现原则，也可按照权责发生进行计算原则，两者差别在于前者已进入公司收入，后者在周期内未进入公司收益（跨年度）。

企业财务认定收益一般采取权责发生制，而业务人员为更好地完成企业下达经营指标，会将未到期收入计入收益。计算整个合同时间周期，可通过两种不同经营收益方法进行记录：①财务对权责发生进行计入，根据业务合同收益期进行比例计算；②业务口径按照预计发生进行计入。

（2）总支出包含：①营业成本（企业运营过程所产生的支出）；②折旧；

③利息；④各项税费；⑤管理费用。

（三）现金流量表

现金流量表指企业在固定范围和时间内，现金收益和支出的报表，反映公司金融相关活动所产生的现金情况。

二、财务分析

通过财务分析可以对企业的经营状况进行诊断，以真实反映企业财务状态，通过财务分析能够提高强化竞争力，通过数据分析，发现公司现阶段存在的问题并进行调整。

（一）财务分析方法

（1）企业运营前应做好财务规划，通过财务报表分析企业的财务现状，对企业财务状况进行诊断，给出规划路径。

（2）针对企业实际经营结果进行分析，企业资产现阶段管理水平是否得到提升。

（3）通过周期会计实际数据与前期预算进行比较，分析企业周期性经营能力，找出数据偏差原因，比较企业以往及现在的经营情况，企业是否在不同赛道发生变化，并对企业整体影响因素进行判断，分析确定预期变化差距的原因。

（4）分析企业未来发展趋势，预测企业成长性，对各板块财务指标进行分析，并进行跨部门协同，以小组会议形式了解公司业务发展情况，找出管理问题，调整应对措施。

（二）财务比率

（1）毛利率＝（销售收入 – 销售成本）÷ 销售收入

（2）净利率＝净利润 ÷ 销售收入

（3）资产回报率＝净利润 ÷ 总资产

（4）流动比率：企业资产固定期限内偿还债务的能力。

流动比率＝流动资产 ÷ 流动负债

（5）现金比率：企业偿还到期债务的能力。

现金比率＝现金 ÷ 流动负债

（6）总资产负债率：企业通过贷款进行企业运营的比率。

总资产负债率＝负债总额 ÷ 资产总额

（7）资产周转率＝销售收入 ÷ 资产总额

（8）市盈率 = 股票价格 ÷ 每股盈余

（9）市销率 = 股票价格 ÷ 每股销售额

三、财务战略

财务战略是公司整体战略中的一项战略，企业财务战略是按照企业发展中长期目标进行制定。财务战略能够帮助企业增加市场竞争力，通过企业数据精准描述找到企业存在的问题，对企业发展进行诊断，并解决问题，指出应该往哪个方向进行调整，并对外部环境与企业自身情况进行分析，如应该扩大投资额度，还是进行融资。

企业财务战略主要包括企业投资目标、投资规模、对资金的设计筹划、资金安全、资源最大化价值体现等。

为了适应市场发展，应对融资比例、融资渠道、发债、外币汇率等进行跨时间周期计算，对融资进行组合使用。

企业要实现长久发展，应对企业财务管理目标即财务战略进行设定，明确财务各条线业务发展。管理者在制定财务战略过程中会通过以往经验进行目标设定，外部环境因素会影响战略结果，应通过财务数据观察内外部进行全局设定。同时，对内部管理进行战略宣导，让业务人员能够理解财务目标不能仅通过数据增减实现，更应该理解企业经营状况。财务核算结果并不能够完全表现公司运营实际情况，一味追求数据会制约公司发展，应通过财务数据，观察公司历年发展概况，从而预测未来公司发展情况。

四、财务决策

财务决策主要解决企业四项问题。

（一）企业融资

企业运营资本就像是人体中的血液，企业运转良好与否与企业运营有直接关系，现金流对于企业的重要性是每个财务人员体会最为深刻的，企业的发展与生存都需要充足的现金流。那么企业该在什么时间进行外界资本融资呢？当资本收益大于资本成本时，企业进行融资最有利于企业发展。资本收益与资本成本之间的值根据 NPA 计算，当 NPV 大于 0 企业接受投资，NPV 为净现值，投资项目预期收益与投资成本差。

（二）借贷时间

企业何时进行借贷？企业在负债资金成本低于资金投资报酬率时，资金接待临界值，企业资产回报率＞借贷利息率，当NPV=0时，折现率称为IRR内含收益率，可进行融资。PV折现率可用以解释货币的时间周期内发生的波动，也就是现阶段企业的资金到达未来某个时间的货币增减，即：

$$PV = \frac{C}{(1+r)^t}$$

例如，计算一年后收益100元，折现率为6%，折合为限值：

$$PV = \frac{100}{(1+0.06)^1} = 94.33$$

（三）借贷途径

借贷融资渠道有发债、风投、上市、分拆股份（普通股＋优先股）、贷款等。

（四）借贷量

企业融资阶段需要计算融资量、资本结构与资本成本。企业资本结构是一个企业中所有资本构成的比例。资本成本也称为企业的机会成本，即企业在融资筹资过程中所需支出的成本。

五、财务工作协同界面

财务业务内容与多种经营业务内容相互交叉，与其他部门是协同完成工作的关系（见图5-1），目标管理与组织管理中通过使用管理工具而快速开展财务相关业务。

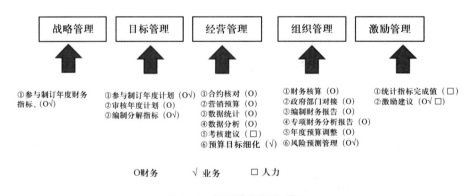

图5-1 部门协同工作界面

六、税收筹划

中国税收政策随不同阶段市场经济情况发展而变化。对于企业营收，税收起到决定作用。物业企业虽然不涉及多元化经营，但物业经营业务需要知道税收筹划能够为企业开展更多创新业务。

因物业经营业务类型不同，因此有增值税税率差异，如开展新零售产品销售增值税为 13%，不动产租赁增值税 9%，有限责任公司所得税为 25%，合伙企业 5%~35% 超额累进税率。

不同地区，经营业务的税收政策不同，应根据地方税收政策对公司结构进行调整，实现经营增值过程中税后利润最大化。

（一）小微企业税费优惠政策

（1）《财政部　税务总局关于进一步实施小微企业"六税两费"减免政策的公告》（财政部　税务总局公告（2022 年第 10 号））执行期限为 2022 年 1 月 1 日至 2024 年 12 月 31 日。月销售额在 15 万元（季度低于 45 万元）的对其增值税进行免征。

（2）小规模纳税人增值税按 1% 进行征收。

（3）生活性服务业纳税人按当期可抵扣进项税额加计 15%，抵减应纳税额。

（4）金融机构向小企业、小微企业和个体工商户贷款免征印花税。

（二）企业认定

小型微利企业指从事国家非限制和禁止行业，且同时符合年度应纳税所得额不超过 300 万元、从业人数不超过 300 人、资产总额不超过 5000 万元等三项条件的企业。

1. 批发业

从业人员 20 人及以上，且营业收入 5000 万元及以上的为中型企业；从业人员 5 人及以上，且营业收入 1000 万元及以上的为小型企业；从业人员 5 人以下或营业收入 1000 万元以下的为微型企业。

2. 零售业

从业人员 50 人及以上，且营业收入 500 万元及以上的为中型企业；从业人员 10 人及以上，且营业收入 100 万元及以上的为小型企业；从业人员 10 人以下或营业收入 100 万元以下的为微型企业。

3. 餐饮业

从业人员 100 人及以上，且营业收入 2000 万元及以上的为中型企业；从业人员 10 人及以上，且营业收入 100 万元及以上的为小型企业；从业人员 10 人以下或营业收入 100 万元以下的为微型企业。

4. 软件和信息技术服务业

从业人员 100 人及以上，且营业收入 1000 万元及以上的为中型企业；从业人员 10 人及以上，且营业收入 50 万元及以上的为小型企业；从业人员 10 人以下或营业收入 50 万元以下的为微型企业。

5. 物业管理

从业人员 300 人及以上，且营业收入 1000 万元及以上的为中型企业；从业人员 100 人及以上，且营业收入 500 万元及以上的为小型企业；从业人员 100 人以下或营业收入 500 万元以下的为微型企业。

6. 租赁和商务服务业

从业人员 100 人及以上，且资产总额 8000 万元及以上的为中型企业；从业人员 10 人及以上，且资产总额 100 万元及以上的为小型企业；从业人员 10 人以下或资产总额 100 万元以下的为微型企业。

（三）税费优惠案例

A 企业开展房屋经纪业务，季度租赁额 45 万元，增值税 6%，缴纳 2.7 万元税费。

A 企业变更为微型企业，季度租赁额 45 万元，增值税 0 元。

（四）科技型中小企业优惠政策

（1）科技型中小企业，开展研发活动中实际发生的研发费用，未形成无形资产计入当期损益的，在按规定据实扣除的基础上，再按照实际发生额的 100% 在税前加计扣除；形成无形资产的，按照无形资产成本的 200% 在税前摊销。

（2）企业委托境内的外部机构或个人进行研发活动发生的费用，按照费用实际发生额的 80% 计入委托方研发费用并按规定计算加计扣除。

（3）科技型中小企业研发费用加计扣除 100%。

（五）区域节税

企业财务管理目标是企业价值最大化，物业经营的目的是企业增值增收，根据国家税收优惠政策，减轻企业负担。

1. 税率

（1）比例税率，企业经营所得按一定额度缴纳的税费，企业所得税 25%，增值税分为 13%、9%、6%。

（2）累进税率，随着征税数额增加递增税费，在交税时按照总额相对最高一级计算税率。

（3）定额税率，规定数额的税费进行缴纳。

2. 税率筹划

（1）比例税率筹划，企业统一税种，不同税率政策，根据国家优惠税收政策，享受最低或减免税筹额度，根据最低征收税率筹划节税方案。

（2）累进税率筹划，防止税费累计增加，根据不同累进税率进行筹划。

3. 税负转嫁

根据商品服务价格浮动原则，通过循环方式对税负转嫁。以物业企业开展美居业务为例，家居生产厂家产出产品后，税费转嫁到门店或零售商，作为商品税费转嫁消费者，通过逆转筹划，物业企业与供应商家签订业务合作协议时，将服务保障金、质量保证金转为佣金形式，逆转税负，可将利润归还业主。

4. 税收筹划方案

对企业组织形式，经营范围，项目范围，分公司、有限公司、股权架构等基本信息所全面诊断。因经营范围与组织形式不同，开展经营业务不同，缴纳税种及税费不同。个人独资或合伙企业，公司不需缴纳企业所得税。

（1）对地方税收法律法规进行梳理，结合公司实际情况，分析所在地区需要缴纳税种有哪些优惠政策。

（2）在经营过程中，可提前确认成本费用的，根据合同签署周期，做延后处理。例如，在开展美居业务过程中，合同签署以年为周期，其中佣金或提佣可在确认时间上根据筹划做约定。

（3）业务开展过程中，所购买商品金额决定税费总额，通过分期付款的形式降低税费压力。

（4）根据地方优惠税费政策，制定几套适合企业的筹划方案，根据规定时期进行实时调整。

5. 销项税筹划

产品销售折扣方式可递减销售额。以新零售为例，企业在出售商品时，采用购买数量大、折扣低的销售形式，销售金额与折扣金额在发票中分别注明，将折扣后的部分作为销售金额计算增值税。

6. 进项税筹划

进货渠道不同，税费可抵扣比例不同。采购方可采用一般计税方法和简易计税方法为供应商提供产品或服务。使用一般计税方法时，应计算价格优惠幅度，以检验能否弥补进项税较低导致的中间差距。

七、ESG

ESG 指环境（Environment）、社会（Social）和公司治理（Governance）

上市公司的企业盈利一直是投资人与股东最为关注的重要指标。随着企业对社会的贡献、对环境的保护责任变得越来越重要，更多的投资人注意到，一家企业长期服务于社会，长期发展与社会责任才是企业发展的关键因素，才能够将真实信息通过报告形式进行披露，以项目推进的形式指导公司可持续发展。

ESG 概念提出至今并未形成统一的评价体系。公司披露 ESG 报告成为投资界参考指标。企业财务指标财务绩效转变为 ESG 指标绩效是巨大进步，能衡量企业持续发展的能力。现阶段，很多企业已经由专人从事 ESG 工作。将来，企业会依据 ESG 的表现给高管进行奖励。香港联交所从 2020 年开始要求在香港上市的企业强制披露 ESG 信息。

ESG 本身不创造价值，但能够提供全面的企业信息，帮助企业进行风险管理，提升企业品牌形象，增加客户与消费者。另外，对企业的认同感增加能提高人才汇聚，成为公司信赖的保障，能吸引更多的资本关注。

（一）环境

地球的生态环境遭受着前所未有的严峻挑战，媒体中播放的湖水干涸、洪水肆虐、异常气候、传染疾病、冰川融化等，是全球气候变暖所造成的后果。人类的行为比如砍伐树木、烧毁山林、燃烧化石燃料、对石油与煤炭进行无止境的开发、无节制使用自然资源，使得大量二氧化碳排放到大气中。二氧化碳扩散到大气中，对太阳辐射有高度的渗透性，从而加剧全球气候变暖，造成温室效应，随之带来越来越多环境的灾害问题。

现在人类社会发展长期依赖自然资源的获取，人与自然环境如何和谐发展？全球已有 130 多个国家和地区提出"零碳"或"碳中和"目标。2020 年 9 月 22 日，中国政府在第七十五届联合国大会上提出："中国将提高国家自主贡献力度，采取更加有力的政策和措施，二氧化碳排放力争于 2030 年前达到峰值，努力争取 2060 年前实现碳中和。"[①]

电力行业、建筑行业交通与工业化生产是中国主要碳排放源。关于废气、温室气体、有害废弃物的排放，企业应遵守国家相关污染物排放的规定，对内容进行披露。遵守国家环境法律法规是企业发展的外在条件，让大众知晓企业

---

① 新华网.第七十五届联合国大会一般性辩论上讲话。

有环境保护的认知，在经营活动中对环境产生良好的影响，起到正面积极的作用，企业的形象得到提升。

企业根据企业性质与业态不同，按照国家排放标准对排放物进行类别划分，应对每一种排放物进行测量。《联合国气候变化框架公约》强调，各国都应承担气候变化责任，都应减少有害气体排放，标准的设定排放量的测量为企业承担环境责任做到了有据可依。企业使用那些减缓或减少有害排放的技术，从前的排放量是多少，现在使用太阳能、洁净能源等减少了多少有害排放，做出了多少贡献，这些数据在报表中披露能为企业赢得良好的声誉。

（二）企业社会责任

企业社会责任来自企业领导者，并通过行动或企业文化的形式传递给企业员工，身体力行地去践行企业社会责任。

（1）在鸿星尔克官方网站能够看到企业对社会责任的诠释。社会责任感是企业发展慈善事业的动力。

一个企业，不应该只是关心自己企业的收益，还应该负有强烈的社会，责任感，回馈社会，帮助弱势群体。责任感是企业的必备素质。履行好企业的社会责任，能够助于增强企业的竞争优势。在鸿星尔克看来，企业是社会不可或缺的一部分，从社会中获取资源，就应该回报社会、负有一定的社会责任。

驰援河南[①]

2021年7月21日，鸿星尔克发布消息称，心系灾区，鸿星尔克通过郑州慈善总会、壹基金紧急捐赠5000万元物资，驰援河南灾区，鸿星尔克2020年亏损了2.2亿元。2021年一季度负6000多万元，由于财务问题，鸿星尔克的股票停止交易。

通过数据能够看到，鸿星尔克把仅剩的资金几乎全部投入驰援河南中，为受灾地区给予了自身最大限度地帮助。事件感动了所有人，这样的企业值得所有人的尊敬，是企业社会责任的典范。

（2）重视社会责任为企业带来美好明天。

亿利企业造福地球，亿利集团将沙漠变成绿洲。[②]

亿利集团坚持规模化、科技化、产业化治沙，30多年治理绿化库布齐沙漠6000多平方千米，植被覆盖度达到53%，固碳1540万吨，释氧1830万吨，保护黄河200公里，保障了京津地区生态安全，带动10余万人脱贫致富，探

---

① 人民资讯.鸿星尔克什么梗？突然就火了！
② 亿利集团官网.集团简介亿利库布齐治沙。

索形成"治沙、生态、光伏、产业"四轮平衡驱动可持续发展的亿利库布齐治沙模式。亿利集团坚定支持服务国家防沙治沙战略，积极参与腾格里、乌兰布和、毛乌素、新疆南疆等西部沙区治理，输出亿利库布齐治沙技术，为保护黄河中上游生态安全做出了积极贡献；参与了京津冀风沙源和环境治理，为北京冬奥会申办做出突出贡献；在海拔 4500 米西藏那曲成功实施了科技植树攻关；持续向"一带一路"沿线国家和地区推广中国治沙经验。

（三）物业企业社会责任

物业企业从事项目管理，做好自己，做好物业管理就是社会责任的表现。2020 年新冠疫情开始出现，物业公司所开展的工作，真实、客观地反映了作为项目管理所需要付出的社会责任。与社区、街道、公安、防疫等各职能部门协同工作，有效控制疫情传播速度。

物业人深知疫情工作的重要性，真正为疫情防范的最后一环贡献了物业人的力量，根据预防新冠工作各类通知，对项目管理进行强有力的防护。项目每日消杀、检测、防控，同时保障项目运转。物业人值守在岗位上，牺牲了睡眠与休息的时间，尽到了物业人的社会责任。

企业社会责任同时让外界对企业有更深层的认知。微软在萨提亚·纳德拉上任的一个时期，股票曾经一度下跌，其中原因是投资人看不到这家企业未来的希望。下跌并不是说企业没有竞争力，外界也希望企业不断创新去做更好的企业，代表了对企业成功的希望。企业社会责任不仅来自内部，同样来自外部的期许。

（四）公司管制

公司管制也称为公司治理，在经济学上，不同专家有不同看法，公司管制包含的概念丰富，从企业高管、董事会、股东之间的关系到公司治理结构、物业资本，了解公司治理内容，能帮助企业更好地平衡各方关系。

公司治理是一个过程，不是一套管理流程，不是过程控制，企业中如存在信息不对称，将影响企业整体运营。企业管治要求公司内部有一套协同机制，保障信息在最有效率的时间发挥效能。对外进行全面准确信息披露，能帮助企业良好运转。

企业管治是对企业内部进行信息梳理，对股东、董事会、企业高管进行信息传达后形成的制衡机制。

1. 企业管治中对外披露的原则

（1）应做到真实公开。

（2）对企业财务运营情况进行披露。

（3）企业存在的潜在风险，来自内外部。

（4）管理者真实信息。

2. 董事会遵循的原则

（1）防止造成利益冲突。

（2）公司管理层不能利用职务侵占企业资本。

（3）确保公司战略正确，运行合法。

（4）对企业内外部进行政策制定。

（5）诚实守信，防止企业存在不正当竞争。

（6）在道德上恪尽职守。

3. 内部审计

内部审计是指通过使用完整流程审计体系，帮助企业在运营过程中找到可进行改善的治理办法，帮助企业在业务过程中明确目标。

第六章　服务设计

一、服务升级

创新经营是从 0 到 1，不是模仿或者学习别人，我们以前从购买软件，到租赁软件，到使用盗版软件，逐步失去了自主创新的意愿。从复制别人到创新生态系统是一个过程，但物业企业经历这个过程后，将会为业主带来全新的服务体验，物业了解客户是谁，我们能为客户做什么。

物业企业需要通过价值延伸去获得业主的认同，通过项目运营培养客户对产品服务的认知，避免短期收益造成产品植入引起的偏差。

以前的商业模式建立是先思考，认为模式可创造价值，便逐步迭代产品，好的服务设计是基于人性的需求而创造，不是硬塞给客户的。下雨的时候，街上会出现摆摊买伞的，这是明确的需求，将需求转化为客户。10 元一把的价格并不贵，但购买的人却很少。虽然下雨会淋湿，但家中可能已经有好几把伞了，不需要再多一把，并且路边的这把伞仅为这一次下雨使用，需要付出的成本与内心的需求并不匹配。衍生出的共享雨伞解决了这个问题，是从人的需求出发，没必要购买自己不喜欢且多余的雨伞。

客户通过产品了解企业的文化，通过企业提供的服务建立产品感受，企业应该知道以用户为中心还是以产品为中心，强调营销还是强调服务。

二、通过场景创造新体验

酒店服务体验：

以前入住酒店的时候是没有免费瓶装饮用水的，后来有了免费赠饮，感觉酒店的标准配置人性化。

当客户进入房间后，会使用到烧水壶、水杯。大部分客户会考虑以前的客人是否污染水杯或烧水壶，通常我们用自己的办法去解决这个问题。但能有更好的服务设计吗，如可以在烧水壶及水杯旁边放一张卡片标注，饮水设备已经过电离辐射灭菌，请您放心使用，客户在使用设备时内心就觉得安心。

现在越来越多的酒店将毛巾叠成小动物的样子，客户进到房间看见毛巾后，内心会觉得欢喜。面对毛巾，客户在使用时，同样存在顾虑，能否将包装好的毛巾免费赠送给客户,这样在使用新毛巾时,内心安全感升级。

酒店注意到来访客户如果配戴眼镜,可以在房间内增加免洗消毒液用于手消,提供擦镜布、保湿水、酒精消毒湿巾等,如果隐形眼镜的客户忘记带隐形眼镜护理液,是一件很麻烦的事。酒店如能准备好,这将获得客户的好评。如此细心的服务虽然提高了边际成本,但增加了客户服务体验,客户会更多选择推荐或再次入住。你越关注客户,客户越关注你,客户的隐性需求能够得到满足也是对员工的一种激励,会成为企业最大的竞争优势。

服务升级不仅仅是这些小事。从绿皮火车到高铁是一个过程,高速列车组成了一套完整的系统,缺少其中任何模块都无法高速运行。同样,服务升级也是全面的系统升级,通过服务设计,在服务过程中发现需求,创造性前置客户需求。了解行业或服务企业在做什么样的服务升级工作,应创新产品、服务,而非通过经验产生。如全面了解所提供产品的竞品分析、业主消费信息,创造业主与产品服务的连接点,如果物业或服务业已经使用了新方法、新模式,那就必须成为领先创新者去改变,而不是模仿。

三、物业服务升级

预缴物业费是物业企业通过预缴次年物业费送好礼的方法帮助企业提前完成年度收费工作,是物业企业的核心工作。物业行业是微利行业,从预缴物业费利润中拿出一部分回馈业主,尽量减少成本的同时为业主选择高净值产品,尽量满足业主生活需求。物业预缴有礼物业企业选择了桶装水、电子锁、米面油、鸡蛋、水果、智能手环、扫地机器人、体检卡、消毒物资等。物业回馈应考虑能够引起业主对物业服务的思考。旅行是通过物业组织,管家陪同,业主深入美好景色,了解服务过程的全流程服务产品。当业主换了一个新的环境,身处美好景色中,自然会增加整体幸福感。同时,物业企业工作人员陪同解决遇到的问题。当业主对物业服务与物业企业从内心有了深层的认识与信任后,接下来的物业工作开展起来会顺畅许多。

四、视角变换

物业服务过程中,在服务设计上的体现是融入场景中,去体验并产生出隐性需求。场上的运动员与观众的感受是不同的,即使能够去感受但体验到的触点完全不同,观众的角度可能认为球员应该传球或者射门,但球员本身可能与观众做出的判断完全不同。服务设计没有所谓最好的设计,每个人通过场景去发现问题看问题的角度不同,设计思路也不同,应把自己带入场景,感受需求，设计出服务线路。

服务设计是为了更好解决业主问题，或提供更贴心的服务。以前吃烤鸭的时候，荷叶饼是一摞，每一张叠在一起，拿起一张会连着下面一张，食客通常认为这是一个可接受的事实，并不会提出更换产品的要求。但是能否改进产品呢，有的餐厅在提供荷叶饼时，将饼叠成半圆形，一张压一张就像是旋转楼梯形状，这样食客拿起一张荷叶饼在手中展开，不会拉扯下一张。为食客呈现这样的优化设计，能够体现菜品的精细，同时给食客提供了惊喜。

在服务设计过程中需要设计者有广泛的认知。面对业主可能因为长久服务与业主熟悉造成困局，很难设计出良好体验服务。要开阔思路从外界吸取营养，融入服务设计，仿生设计向大自然获取设计思路，如根据荷叶疏水原理设计出服装更不粘污渍，节约宝贵水资源的同时减少清洁剂的使用；根据蜻蜓食蚊的习性设计出与蜻蜓振幅相同的鸣叫器起到驱蚊的效果；根据苍耳植物上面的小倒钩设计出魔术贴；根据森林与草木设计出袖珍盆景，将微缩景观搬到室内。

五、全链路

服务设计的过程不是个人能够完成的，是全链路配合，达成优化呈现效果的过程，包括前端、后端、服务端、感受端、在服务过程到接受服务后的全程体验。

通过服务设计解决遇到的问题，会孕育更多的商业模式。

客户在接受服务时是全过程体验，就像是在城市中先有一段柏油路接下来是泥泞的土路，要么给客户呈现的是登山徒步之旅，要么给客户呈现的是一段舒适的大路，这样客户能够选择接下来的体验。全链路服务设计是从开始接受服务到产品呈现再到服务完结全过程，目标是让客户能够享受到舒适的感受。

全链路设计就像是入住酒店。首先你会看到酒店的整体建筑风格。走上酒店台阶到达酒店大门，穿着笔挺门童开启大门。走入酒店大堂，地面的大理石反射出的光亮给人沉稳的感觉。墙面的壁纸油画体现了设计风格，能够闻到酒店摆放的鲜花或香薰散发出的独特气息。酒店前台，服务人员接待，观看到背景墙与服务人员前台陈设，在服务台签字确认拿到钥匙。经过走廊到达房间，房间内的阳光以及室内与酒店一体的设计风格，会带来全部新奇感受。客户经过的每一个触点都是酒店精心设计的，事先赋予了内涵。客户进入酒店的视线设计、感受设计、气味设计、光线设计，酒店大堂内其他声响如钢琴声、背景音乐设计都包括在服务设计中，如在客户可发生接触点增加可互动环节，能获得更多客户对于触点的信息。

如何形成复购或裂变传播，使客户感受酒店内每个触点激发出的享受，反之，如果远远低于预期产品或服务失误，得到的不仅是投诉，客户还会反向传播，酒店会失去更多的客户。在客户接触到的服务设计中，没有最好的触点，而是一个整体打造的。如同酒店整体风格一样，经过不同的迭代，会提升触点所带来的感受，考虑每一个触点所引发的行为，产生的情感体验都需要能够持续，通过良好传播而来到酒店的客户如果享受到同样的品质服务，那么会回馈之前的传播，如果跟传播的不一样，则可能会失去信任，产品服务保持长期不变情况下，通过模拟场景收集感受信息，不停测试用户感受。

六、业务中必须思考哲学

跳出问题本身帮你快速找到新的答案，哲学本身思考的问题是关于人性与社会本质，延续这条思考路线会更贴近用户思维。如果说产品设计融入了设计师的灵感，体现了设计师的经历，那后续所提供的服务就是希望带给客户更好的体验过程。服务设计是贴心地站在客户角度思考，洞悉本源需求。

服务设计可能是动态发生、动态服务的，服务并不全是标准化流程，应基于业主为对象而提供的优化方案，如妇女节为女性业主送玫瑰。标准化与动态服务设计之间存在着快速调动认知，快速呈现服务的过程。

业主在接受到优化设计服务过程后，表现出享受愉悦的状态。有的服务过程能够达到广泛的共识，引起广大业主的好评。

物业服务过程是物业服务人员与业主之间的互动，难免会出现错误或认知偏差。一个人很难在持久的服务过程中稳定表现，如果每个人都出现一次问题，则在业主端接收到的是错误的集合，强烈的不满会造成不可挽回的业主不信任。

七、持续创新研发

国内企业在开展创新业务时通常采取的办法是最小单位的投入。物业公司多种经营也是如此，可能仅有一个人做业务，当高于投入产出比后再开始搭建团队，配置资源，对标头部企业希望迎头赶上。如果不能快速实现经营内容的突破，其他资源的投入相对较少，在创新研发需要长时间看不到效果的情况下仍要坚定地投入。波士顿动力公司（Boston Dynamics）成立于1992年，直到2016年我们才在市场上看到机器狗已经具备的功能。机器狗可以跳跃、翻滚并跨越障碍物。通过长时间看不到效果的研发投入，才获得今天呈现在眼前的不可思议。

以前的电梯广告是在轿厢内贴一张宣传纸，撕下后还留有胶印。而现在电梯轿厢内安装投影，将广告投射在电梯门位置，这样客户能够直面广告。随着科技进步，研发产品越来越注重客户的感受与实际呈现效果。

一名学生可能参加几个课外辅导班，如绘画、钢琴、乒乓球、舞蹈等，通过对老师与机构的服务能够直面感受到，如果培训教材、培训老师、培训场地、培训教具等不能快速进步，那么学生很快就会转到其他更优秀的机构。在上课过程中，学生与家长并不会主动要求产品升级，一旦看到其他机构提供了更好的产品，可能会对现在的机构产生发展速度慢的判断，认为这是一家没有活力的机构，不能随着发展进步。应持续投入课程研发、教具研发，以保障行业领先，最为直观地让家长与学生感受到企业在进步。课程设置是一个长线过程，在教学中分为不同阶段，每个阶段要达成一个目标，让家长能看到学生进步，能够让学生一直伴随企业成长。

八、数据思维获取需求

大数据时代，物业企业需要收集数据并进行分析。物业工作人员总会发现同样的问题，这些问题很少有人关注。比如，单元大堂时门把手是金属杆，在冬天推门时可能会冰手；单元门比较沉重，小朋友推开很困难，存在被夹风险；在开车进地库过程中，地库墙壁上会标注指向箭头，在拐弯处张贴橡胶防撞贴，保障车辆防剐蹭。

通过收集在物业服务电话接听过程中反映问题较多的数据，寻找问题发生的根结，问题如何形成，会造成什么样的行为出现。比如，在泳池游泳的时候，如果水位相对泳池边缘下降5厘米，那么蝶泳过程中会造成池水撞击泳池壁后回弹，中间泳道的人会受到回弹水流的涌起而形成水花较多。如果泳池水较满，游泳者在游泳过程中池水溢出，不会造成池水回弹。在游泳过程中，游泳者并不会感到出现的问题。做到细微服务设计，需要考虑到业主的享受及舒适度。这样的状态是客户或业主在其他地方所不能够感受到的，这是帮助物业企业成长中的制胜关键。

九、业主调研

在做调研设计的时候，应明确业务建立在什么样的背景下，时代背景、周期背景、经济环境不同情况下，数据参差不齐，无法反映问题内涵。首先界定概念，通过背景设定明确概念，从而产生一个判断，这个判断在假设前提下运行，最后是报告所需要呈现的内容。

业主调研方法：

1. 调研业主核心需求

在市场竞争激烈情况下，提高新产品服务创新能力，缩短创新周期，并快速投入项目中检验。

2. 满足业主对新产品、新服务的快速变化

收集业主对新产品、新业务的真实评价（反馈信息），产品服务设计要解决的是产生痛点的问题。物业企业提供的产品可能并不需要解决痛点，而是让客户享受更加舒适的体验与感受。

3. 使用高效调研工具

可以使用线上问卷、现场体验、业主访谈等形式，以提高调研数据精准性，收集业主真实感受。问卷设计以开放问题为主，能够引导业主做出真实感受，避免出现"您对这次服务或产品是否满意"等内容，应引导式的发问，如"您认为产品或服务带给您什么样的感受"。

4. 满足业主差异化需求

设计丰富品类，通过尝试与沉淀，分析创新产品业务内部规模，对业主购买指数高的产品或服务给予有效支撑，并对该品类进行升级，确定宣传手段，制定落地策略，通过业主检验产品后大量投放。

5. 趋势分析

服装行业在冬季进行春装的发布，用于新一季产品的预测。到底客户会喜好什么样的产品，需要设计者对市场有趋势判断，捕捉审美的走向，设计出引领新阶段时尚的产品。物业企业通过收集到的数据进行分析，应根据业主对产品需求进行趋势判断并做产品设计，提前筹备。

6. 调研设计

调研问卷时给予业主相应奖励，无论线上优惠券或积分还是线下的实物，都能够让业主专注于问题，能收集到业主真实意见，从而找寻到想要的答案。

（1）基本属性，性别、年龄、几位老人、小孩几岁、居住人情况、学历、专业背景、收入情况、车辆信息、房间号。

（2）行为习惯、性格、理财情况、出行方式、加班情况、业主喜好、时间管理、个人观点、活动范围。

（3）生活方式、宠物类型、亲子活动、老人活动、旅游活动、娱乐活动、健康投入。

通过问卷访谈等形式收集信息，应尽可能细致。通过信息所反映的人物侧写，以故事的形式建立档案。行为所反映的事实有时比访谈更重要，业主描述

的喜好或期望的产品呈现时可能存在偏差，所以在产品或服务设计阶段，邀请业主共同参与服务设计，能够反映真实业主期望需求，增加客户转化。

7. 优势

提供服务或产品，都需要体现自身的优势，优势可能来自速度，也可能来自独特性，可能是智能化也可能是换位思考引发。物业企业在服务设计过程中，在提供服务的速度与独特性方面占据优势，如果让业主等待时间太久，那么业主可能就会选择其他产品提供方。做到快速反应需要形成一套可解决问题的流程体系。换位思考说的很多，但真的做到业主所想可能很少。如业主在婚庆时，物业提供从出入楼宇红毯，到迎接宾客、车辆停放等一系列服务动作，不仅业主觉得方便，同时也体现了物业服务水平。

十、业主洞察

对创新业务进行落地分析，包括不同区域城市对产品认可度、占有率情况进行数据收集并分析。物业获客成本低，创新业务产品忠诚度随着时间呈现反比，应强化物业私欲流量运营，提高业主产品转化率，拉长经营业务周期。同时提高与业主间互动，收集业主反馈信息，不停迭代服务产品。另外采取差异化运营，提高业主与服务产品之间依赖性。有的业主喜欢新鲜的感觉，希望能够体验更新的服务，希望物业提供多元变化的服务产品。与自己的生活形成习惯。有的业主可能喜欢长久的专属服务，希望服务是恒定不变的，有的业主喜欢沉浸式体验，感受环境带来的舒适，不希望被打扰。如何洞悉业主的需求？需要能够真实了解业主感受，针对性地设计出能够提高业主感受的服务，带来高增值服务产品。物业人员在服务的同时能够抓住短暂的机会提供即时服务，需要服务人员具备洞察力与创造力。

十一、服务设计依靠需求

用洗衣机洗土豆导致水管堵塞，那么作为产品经理会觉得这是客户的问题并不是产品设计缺陷。但你能说客户有问题吗？产品经理应抓住客户诉求去重新设计产品。

现在客户对产品的需求并不是单一功能的，提高产品应用才能提高客群应用，客户对于产品的要求越来越多，后续服务同等重要。不能跟上客户的脚步，产品就不会有第二次机会，服务与产品相互影响、不可分离。服务本身是为了更好地解决问题，提供含金量更高的产品附加值，为客户内心做按摩，获取客户的心。

第七章　公共资源

公共资源在物业经营名称中解释为物业项目园区公共资源经营。

物业园区公共资源作为物业企业重要资源，是项目园区的重要组成部分，应通过盘点园区公共资源点位，引入第三方或自持开展的公共资源业务，通过运营过程产生价值，实现资源经营的合理配置，增加经营收益。

一、公共资源红线

禁止改变社区原有规划和设计风格，禁止开展以牺牲现场基础服务品质为代价的公共资源经营活动。

禁止开展可能带来安全隐患的公共资源经营活动，如水污染、漏电、倒塌、坍塌等。

禁止违反与业主签订的管理规约相关合同中约定的公共资源经营活动。

禁止将公共资源进行分包、转包或个人承包后开展再经营活动。

如违反红线管理规定，公司与之解除劳动合同，违反红线管理而给公司造成经纪损失的，公司将依法追究经纪赔偿，因违反红线涉嫌犯罪的，公司将上报司法机关进行处理。

二、运营模式

物业企业与供应商之间达成良好关系才能更好相互促进、相互发展，物业园区资源经营是通过对物业企业管理，与第三方商家产生链接，为客户创造价值的经营模式。

三、园区公共资源分类

（1）楼宇包括但不限于：①电梯。②货梯。③保姆梯。④大堂墙面。⑤大堂地面。⑥大堂座椅。⑦楼宇天台。⑧走廊。

（2）园区包括但不限于：①物业前台。②园区宣传栏。③园区灯杆。④园区休闲椅。⑤园区出入口。⑥园区生活场。⑦园区儿童活动区。⑧架空层。

（3）地下空间区域包括但不限于：①地下充电桩位置。②地库柱子。③地下车位。④地库出入口。⑤地库道闸。⑥地下储藏间。⑦地下空置房。⑧地库墙面。⑨管井。

（4）物业用房。明确位置与面积。

（5）商业用房。明确位置与面积。

四、经营业务分类

（1）通信。①室内新号覆盖接入。②室内信号基站。③固定宽带。

（2）广告。①电梯轿厢液晶广告。②电梯轿厢框架广告。③等候厅电子海报。④园区宣传栏。⑤大堂 LCD 液晶显示。⑥楼厅间广告。⑦园区灯杆广告。⑧车库出入口。⑨车库出道闸。⑩车库出立柱。⑪园区垃圾桶。⑫灭蚊灯箱。⑬园区休闲椅。⑭物业管理中心。⑮车库墙面广告。⑯岗亭。⑰运动场地。

（3）场地。①停车场。②架空层。③地下仓储空间。④生活广场。⑤会所场地。⑥物业用房。⑦商业用房。⑧经营用房。⑨商铺。⑩汽车洗护，⑪便民服务柜。⑫废品回收。⑬充电桩。

（4）公共资源地图。企业可根据业务定位与划分对园区进行经营点位记录，建立园区公共资源点位地图，根据业务开展时间与业务类型进行管控，可有效缩短点位业务开展合约时间间隔，增加营运周期。

五、公共资源权责

（一）公司主管领导工作内容

（1）负责合格供方管理办法的审批。

（2）负责战略供应商合格供方认证的审批。

（3）公共资源统筹管理工作。

（二）公共资源经理工作内容

（1）负责相关所辖合格供方的考察、认证、评审、履约进行检查。

（2）负责建立专业战略供应商，并实施管理与维护。

（3）拓展开发公共资源服务类商户。

（4）负责审核业务范围内拟合作商户的从业资格及产品质量。

（5）负责对业务范围内商户所售产品进行抽检，必要时提出整改或终止合同意见。

（6）负责审核中心城市提报相关合同审批。

（7）对公共资源收益进行复盘，对经营点位是否合理提出建议。

（8）编写检查标准，编写公共资源相关文件。

（9）创新公共资源业务。

（10）协同项目落地公共资源业务落地。

（11）监督检查全国公共资源开展情况，每半年出具检查报告。

（三）区域城市公共资源经理工作内容

（1）负责相关所辖合格供方的考察、认证、评审、履约评定。

（2）拓展开发公共资源类商户并实施管理与维护。

（3）负责审核业务范围内拟合作商户的从业资格及产品质量。

（4）负责审核项目开展公共资源存在的安全隐患，提出建议。

（5）负责对业务范围内商户所售产品进行抽检，必要时提出整改或终止合同意见。

（6）负责对公共资源进行创新发展，对项目资源进行合理配置，对于职能提出建议。

（7）发起公共资源业务合同。

（8）创新公共资源业务开展。

（四）项目单位公共资源经理工作内容

（1）负责相关所辖合格供方的认证和资格审查评定。

（2）负责审核业务范围内拟合作商户的从业资格及产品质量检查。

（3）负责发起、签订公共资源业务合同。

（4）负责园区公共资源点位数据统计，公共资源数据提报。

（5）开展公共资源合作活动。

（6）对公共资源业务进行风险识别与管控。

（7）负责对公共资源进行创新发展，对项目资源进行合理配置，并提出建议。

六、项目环境调研

对项目周边公共资源环境分析，包括周边项目户数、楼面价格、园区面积、环境成熟度、主要园区资源经营项、区域排行前五资源植入商家，然后选择属地熟悉品牌进行资源植入。

公共资源属地情况，对商户运营模式、商业市场占有率、成功案例、项目合作情况、服务费标准、资金情况进行了解，确定商户，确定收费范围。

七、供应商标准

公司根据业务权责进行商户资格审核，包括前期调研、比选与确定，同时与建立合作关系的商户签订合作协议，供应商应该具备资格。

（1）公司是合法设立并有效存续的企业。具有所提供物资的经营范围权或经营代理权；如合格供方所提供产品或服务或特殊行业物资，必须具有特殊经营行业证明。

（2）供应商有资格从事经营合同项下的服务：具有良好的商业信誉，能够提供良好的服务，并能确保产品质量、数量和服务周期符合要求。

（3）供方产品应符合国家环境、职业健康安全相关法律法规的要求。

1）供应商并非清算、解散或破产程序的主体。

2）商业合同一经签署即构成对各方合法、有效并可依本规定之条款强制执行的义务。

3）商户应对其本身在物业企业管理发布的信息内容负责，确保该信息内容真实、准确、合法并且不侵犯任何第三方的合法权益。

4）如商户违反上述保证，物业企业有权停止或移除服务或产品，同时，商户应赔偿物业企业因此所遭受的损失。

八、供应商资格审核

供应商须根据物业公司供方选定标准，入围供方库。

供方资质审核与关联关系调查：查明企业所有关联关系信息，包括在职人员及家属参与投资的企业、供应商之间的关联关系等，无关联交易可签订。

（1）营业执照、税务登记证、组织机构代码证（或三证合一）扫描件或复印件加盖公章。

（2）《全国企业信用信息公示系统》公示的信息，查验经营异常情况、严重违法失信、违法事件等无不良记录截图存档。

（3）供方产品应符合国家相关法律法规的要求。

（4）财务状况良好。

九、供应商考察

（一）考察内容

（1）信号类供方（包括市内铺设、室外架设、宽带等）：资质复核、代理或经销资质复核、业绩复核、办公或销售场所、设备情况等。

（2）场地类供方（包括售卖机、洗护、维保等）：资质复核、业绩复核、办公场所、合作项目等。

（3）广告类供方（包括广告、咨询与顾问、评估、策划等）：资质复核、业绩复核、办公场所、样品、类型等。

（二）考察结果

（1）由参加考察的人员分别进行评分，给出考察结论，出具考察报告（附带有考察人员在内的考察实景照片）。

（2）具有专业资质的供方，考察平均分≥60分，方可入围。

（3）无专业资质的供方，考察平均分≥65分，方可入围。

（4）考察有效期，自考察合格之日起2年内，再次提供同类物资或服务时，不必再次考察。

（5）免考察条件。

1）在国际、国内范围或中心城市公司范围内，知名的有品牌影响力的品牌，如中国移动、蜂巢、中国邮政、特斯拉等。

2）行业垄断或者政府指定性质的特定供方。

3）公司级战略供方，使用时可免考察；中心城市级战略供方，所属经营单位使用时可免考察。

（三）优质商家画像

表7-1　优质商家情况

分类	类别	标准
公司资质	注册资金	10万～200万元
	开办年限	3年以上
	特许经营	经营许可
公司规模	品牌影响力	知名品牌
	品牌接收程度	行业排行前三
	项目数量	10+
	年度销售额	百万
合作	合作条件匹配或高于属地标准	快速签约
经验	运营能力	获客渠道多元
	服务能力	产品或服务无投诉
	售后服务	发生问题1日内解决

（四）供应商洽谈

1. 谈判约见技巧

（1）约见时间，针对项目公共资源空缺位置，或新项目启动时，提前规划约见时间，提前2周为宜，商家洽谈时间在半小时为宜，谈判以轻松为宜，确保二次商家见面时确定合作情况。

（2）约见地点，双方确定洽商地点，可去对方公司洽商，考察商家，也可在项目进行，对方考察物业公共资源场地，最佳地点是会议室。

2. 谈判沟通技巧

（1）前期沟通，双方人员相互介绍，接待，落座，客饮，要有礼有节，符合洽商标准，不过分深入。

（2）公共资源介绍，对公共资源开展情况进行介绍，对公共资源需求进行介绍，对现阶段公共资源合作项目进行介绍，以及法律相关信息与违规行为进行沟通。

（3）项目介绍，对合作项目进行介绍，包括面积、入住率、入驻时间、园区户数、区域情况、物业企业寻求合作的主要资源项等。

（4）商家情况，对商家情况进行了解问询，包括公司介绍、公司优势、经营情况、资本情况、合作项目经验、产品优势、服务优势、售后维护、现场照片等。

3. 中期沟通

（1）双方合作模式，就项目公共资源开展业务模式进行沟通，如服务费形式、保证金形式、佣金形式等，要清晰了解对方意向，表达我司观点，听取商家主要模式。

（2）二次约见沟通建立在双方彼此考察结束基础上，有强烈合作意向。

（3）项目资源情况了解，可进行项目合作，探明供应商底线，表达物业企业要求。

（4）确定合作模式，解答商家相关合作疑虑，能够给予哪些帮助，告知物业企业投入成本、资源、场地、宣传等对商家进行赋能。

4. 谈判技巧

（1）不透露物业企业合作底线，对项目介绍要充分。

（2）获取对方合作意向、模式、底线。

（3）提出物业企业公司规模、项目水平、区域优势，增加议价空间。

（4）确定物业企业合作后投入资源。

（5）未达成合作，寻求共识。

（6）解决双方存在的主要问题，赢得双方信任。

（7）僵局时，可暂缓洽谈合作事项，转移话题或客饮，进行缓解局面。

5. 最后阶段

（1）谈判最后，是双方利益进行最后博弈。

（2）谈判结果，需要保持长期战略合作关系。

（3）确定合作模式，确定服务费、佣金等。

（4）进行陪送，对商家进行感谢。

（五）供应商招商要求

（1）公共资源中心城市业务负责人/项目公共资源人员根据业务类型，负责业务范围内商户考察与筛选相关工作。

（2）对每一个商户考察不应少于2次。就商户可行性等进行综合评比，进行评估决策。

（3）同类型服务商户比选数量不应少于2个。

（六）供应商入驻流程

（1）公司与供应商确定业务对接人，洽谈合作条件，拟定合同相应条款，经双方法务审定后签订合作协议。

（2）合同签订后公司出具供应商进场通知书。

（3）供应商按照约定进行进场前筹建，需进场施工的，按公司安全、工程中心相关要求进行报备及审核，向公司提交签订安全施工作业书等。

（4）筹建完备后由中心城市公共资源负责人/项目单位相关负责人/项目单位安全，工程部进行验收，方可进入运营阶段。

（七）供应商退出流程

（1）公共资源合约到期续签应提前1月对接人接洽，商谈续约事宜，如无业主相关投诉，无产生问题，洽谈新一期合约内容后进行合约申报，进行续约。

（2）供应商存在问题，需进行商家考核后进行续约，参照表7-2。

表7-2 供应商考核表

序号	评分项目	总分	汇总周期	考核人	评审周期	考评规则
1	资质/环评	10	半年	职能	一年	三证在有效期内，环评证明齐全，缺一项不得分
2	合约签署	10	月	职能	季度	合约签署在洽谈之日起截至业务落地，项目30天内完成加10分。以5天为一个周期（不满五天的按照一个周期计算），每晚一个周期扣除3分
3	法务规定	10	月	职能	季度	是否符合属地法律法规，开展公共资源经营中是否违反相关法律法规以及存在法律风险每项5分

续表

序号	评分项目	总分	汇总周期	考核人	评审周期	考评规则
4	业务落地	10	季度	职能	季度	按照整体合同签署情况，落实业务落地计划。依据：现场设备设施布置符合项目施工要求；现场工作人员符合服务产品活动纪律，保证着装；现场无刻意骚扰客户。无客诉。每项2.5分
5	现场管理	10	月	职能项目单位	季度	按照业务计划植入公共资源业务项，落实现场宣传引导。依据：按照合同内容进行设备或服务进场；服务或设备完好，设备出现问题后在24小时内出具解决方案，48小时内进行调整达到运行要求；根据合同要求设备或服务不超出服务范围；设备或服务无安全隐患。每项2.5分
6	财务往来	10	月	职能	月度	保证金，业务收益，销售提佣合作收益等严格按照合约执行计提，保证财务及时回款（业务先行进场可给予一周时间进行回款）超过一周，此项为一项否决项，无分值
7	合作业务	20	季度	职能	年度	合作盈利业务，3个月在无任何合作盈利、合作分成情况下扣10分。两个季度无任何盈利、无利润分成扣20分
8	客诉	20	月	职能	季度	投诉情况：是否按照合同或积极配合项目公共资源开展（5分）；商家配合项目情况，由项目单位公共资源对接人进行反馈，是否由违规情况，打扰业主情况，产生投诉。投诉1次扣5分，两次投诉此项无分值

说明：

供应商经过考核低于80分以下的，在保证财务数据准确往来的同时，不予合作，由中心城市公共资源负责人发起解除合同审批。

因产品质量问题无法在国家规定时间内解决产品问题的，经中心城市公共资源负责人跟进无效的，由属地负责人发起解除合同审批。

因工作人员态度或者非产品质量问题造成客户业主投诉，项目单位的投诉经现场管理两次，均未整改的扣除该供应商10分。

（八）不续签协议书

甲方：

乙方：

双方签订×××合作协议时间20××年×月×日，合作协议为（合同主要事项）为××项目提供××服务或广告，合同截止日期为20××年×月×日，因××原因，经过双方协商一致不再续签合作协议。

特此通知

物业分公司

20××年×月×日

（九）合同金额书写要求

例如：

大写："人民币大写拾壹万贰仟叁佰肆拾伍元陆角"。

小写："人民币小写￥112345.6"。

（十）资源数据统计表

表7-3 202X年公共资源数据统计

项目	经营项目	商户名称	合同编号	合同起止时间	合同内容	合同周期	结算周期	服务费标准	质量保证金	合同履约情况	商家配合情况	项目提供场地	回款情况	商家联系方式	物业责任人
项目	宽带信号	中国移动	2020-001	2018.3-2019.6	信号室内基站	2年	季度	平方米	0万元	按照时间点履约	按照标准施工	位置	7月28日	######	张××

对园区公共资源进行数据统计：

（1）项目单位：项目单位进行名称编写和位置编写。

（2）合作商户名称：对合作商家名称进行填写。

（3）合同编号：按照时间、业务进行缩写编号，以便于归档。

（4）合同内容：对合同内容进行简要提炼，简要说明签订合同开展何种类型公共资源业务。

（5）合同周期：合同约定合作期限进行填写。

（6）服务费标准：按签约金额、提佣要求进行填写，属地服务标准为依据。

（7）质量保证金：商家合作质量保障金，开展公共资源业务，有无质量保证金，填写具体金额，没有保证金可填无。

（8）合同履约情况：对于合同约定是否按时间按任务进行布排，说明公共资源业务开展以来，商家是否对签订合同内容进行良好的业务开展，有无存在相关问题。

（9）项目场地：项目单位场地描述，对位置、面积进行填写，签订公共资源合同内容中应标注给乙方提供何种使用场地、使用面积、位置等，甲方为乙方提供的场地进行详细填写。

（10）商家配合情况：签订的公共资源合同，逐一填写商家是否配合项目开展公共资源业务，是否存在投诉或相关问题。

（11）回扣款情况：按照合同约定，填写回款周期，回款是否及时，有无拖延，拖延原因。

（12）商家联系方式：联系方式能联系到乙方业务工作人员。

物业责任人：填写物业项目单位开展公共资源业务负责人姓名。

十、园区公共资源检查

对项目园区公共资源进行检查，发现存在的问题，并进行整改。

表 7-4　公共资源检查表

序号	项目	名称	检查项	检查标准	分值	评分标准	评分	问题项	整改
1		经营项目	经营项目是否符合公共资源项	是否符合公共资源开展内容	4	符合公共资源经营范围，经营范围不符合，一份合同扣1分			
2		商户资质	工商查询	商户资质查询	4	工商网站查询，该公司符合法律法规要求，可查询到，一份合同查询不合格扣1分			

续表

序号	项目	名称	检查项	检查标准	分值	评分标准	评分	问题项	整改
3		合同日期	合同日期是否在执行期间,有无超出范围是否超期或未签订合同先期执行	是否超期或未签订合同先期执行	3	合同执行期间内,无超期,一份合同超期扣1分			
4		合同内容	是否符合经营项	合同内容与现场经营项是否一致	3	合同内容与公共资源经营项一致,一项不合格扣5分			
5		结算周期	结算周期符合行业标准	按照行业标准,是否符合结算周期最小值,如月度,季度	3	按照经营项,符合同行业内结算周期,一项不符合扣1分			
6		服务费	服务费是否收取,按比例提取是否产生运营	是否按照合同时间金额收取,产生运营记录	8	服务费或提成是否收取,按照合同约定执行,一项不合格扣2分			
7		投诉情况	投诉情况	公共资源开展过程中有无业主投诉	10	收到业主对商家进行投诉,一项扣2分			
8		商家配合情况	配合项目公共资源开展	是否按照合同或积极配合项目公共资源开展	5	商家配合项目情况,由项目单位公共资源对接人进行反馈,是否由违规情况,打扰业主情况,一项扣1分			

序号	项目	名称	检查项	检查标准	分值	评分标准	评分	问题项	整改
9		合作商家投诉	商家投诉物业项目单位相关情况	公共资源商家合作过程中建立投诉机制，投诉物业项目单位相关情况	15	公共资源项目内开展业务，与供应商对接人进行谈话，如反馈项目存在吃、拿、卡、要等问题，一个商家扣10分，此项可累计负分			
10		回款情况	是否按照合同约定进行回款	是否按照结算周期，是否根据提成标准，是否开展运营情况	20	是否按照合同要求进行回款，未回款能够说明原因可不扣分，在超期一周内回款不扣分，超过回款周期，一项扣5分			
11		点位资源盘点	公共资源点位上报情况	公共资源点位上报数据是否与现场相符合	10	如有瞒报漏报给予减分，检查点位5个未上报扣1分，10个以内扣2分，超出10个以上扣5分			
12		价格标准	公共资源签约价格	项目开展公共资源业务签署合同金额是否符合公共资源收益分类标准价格	5	价格低于收益分类标准每500元扣1分，最高扣5分			

续表

序号	项目	名称	检查项	检查标准	分值	评分标准	评分	问题项	整改
13		开展公共资源位置	是否超出合同规定位置	有无超出合同规定位置，或自行增加点位，项目增加点位	5	按照合同项目是否给予经营点位，是否超出经营点位，侵占公共资源点位的，一项扣2分			
14		法律法规条款	是否符合属地法律法规	开展公共资源经营中是否违反相关法律法规以及存在法律风险	5	符合国家要求5分，一项合同违规扣2分			
总分：									

注：园区公共资源检查表由检查人员填写。

十一、保证金管理制度

商家（乙方）进驻甲方项目，为保证项目服务质量与服务安全，缴纳质量保证金。甲方有权扣除保证金后，并要求乙方在5日内补足，商户未按时补足保证金的，甲方有权立即单方解除合作协议，合同保证金期限到期后，商家凭收据办理保证金退还手续。

十二、结算流程

甲乙双方同意采取的结算方式如下：

（1）每月结算、每季度结算、半年结算。

（2）按照合同约定进行结算，如每月20日为结算日。

（3）如商家在交易过程中收取顾客费用，公司在每月5日、25日进行对账结算，商户应在此日期将销售抽成结算。

（4）如商家发生任何违反本规定的违约行为，公司有权单方暂停、终止或扣减线上或线下货款结算，由此造成的损失完全由商户承担。

十三、增加点位转化率

1. 发掘新场景

驱动新机会，推动交易生成，如以前广告都是大面积（像宝洁），现在是场景化、点对点营销。

对项目公共资源的开发使用，应与业主达成一致，更多做服务，贴近业主园区需求，并进行价值转化，得到业主认可，满意度提升。

2. 点位复盘

通过公共资源收益进行复盘，检验经营点位是否合理，但物业原有功能不能打破。同时对点位进行细分，包括哪些建议项、哪些合理项、哪些治理项。

3. 社会效应

增加点位公益广告投放，与属地街道、派出所、消防党支部等社会组织进行协同并在园区内安装，安全、消防、警示等社会公益性广告有良好的社会效应，有益于建立良好属地关系。

4. 商家赋能

对公共资源产生的问题跟踪处理，无论是业主提出的还是合作商家提出的。给予供应商更好的支持，给商家进行赋能，从而保障公司的应有收益。

5. 完善制度

编写检查标准，完善红线制度，公示公共资源经营情况，公示牌展示成绩，让项目、中心城市做到有据可依，有据可查。

十四、社区公共资源作业安全管理要求

（1）规范小区的安全管理工作，使人防、物防、技防组成防范体系。

（2）项目配套安全防范措施需要第三方商户介绍讲解，并与第三方商家形成一定互动机制，建立危险源识别，以备客户应急需求时能及时响应。

（3）园区作业风险源识别：①登高或离开地面作业时防止坠下。②搬运物件过程防止身体伤害。③恶劣天气情况下清洁作业防止身体伤害。④在汽车道、车辆出入口安装广告，提前做好示意标识。⑤防止工作现场因产生噪声、污染、有害气体等对身体的伤害。⑥防止在清洁作业或安装灯箱工作时触电。⑦使用作业工具防止被刺伤、割伤、擦伤。⑧检修带电设备时防止身体伤害。⑨防止劳动防护用具破损、失效而引发意外。

（4）园区饮用水安全管理要求。为进一步加强项目引进公共资源饮品卫生，保障社区业主的饮品安全，依据《食品安全法》《生活用水卫生监督管理

办法》等法律法规的要求，制定如下管理要求：

1）认真执行有关卫生法律法规和规范性文件，确保社区人员的饮品安全。

2）各项目单位必须使用市政供水，严禁到周边的水井或其他取水点取水使用，如有违者，将进行处理。

3）社区使用的桶装水，或相关饮品，饮品服务应严格按照如下规定进行管理：①要求桶装水生产企业提供有效的食品卫生许可证，水质应符合桶装水生产的标准。②饮水机必须要有涉水产品卫生许可证的批件，对饮水机定期清洗消毒的制度予以落实，清洗时间为每周至少1次，由项目单位公共资源业务对接人进行现场检查。③清洗消毒的消毒剂有卫生许可批件或正规渠道购买凭证，符合使用安全，餐具、饮具和盛放直接入口食品的容器，使用前应当洗净、消毒，炊具、用具用后应当洗净，保持清洁。④监督送水单位定期提供水质检验报告（水质监测报告需每周提供），由项目单位公共资源业务对接人对水质报告进行查验。⑤饮品相关服务，服务人员需持健康证方可进行饮品相关服务的操作、售卖、搬运等社区现场服务，对提供的饮品服务，需符合卫生要求。直接入口的食品、饮品，应当使用无毒、清洁的包装材料、餐具、饮具和容器。

（5）项目单位公共资源对接人，项目单位对送水单位每周进行检查，杜绝无资质的单位和个人向社区配送饮用水。区域城市公共资源负责人、总部公共资源业务对接人，每月对社区、送水单位进行监督检查。

（6）社区引进公共资源饮品设备设施产品的，应选择国内或国际知名厂商、社会影响力高、品牌知名度强的品牌进行现场引入，对相关企业营业执照、资质、签订合同前严格审核，进行企业现场考察，资质线上查询，每月对饮品、设配或服务进行检测，并在设备安装或服务提供处进行公示。

（7）加强饮品卫生健康教育，饮用符合国家标准的饮品。

（8）饮水产品、饮品发生安全问题，或投诉，应按照项目投诉应急预案进行处置，应急保障措施规定进行操作。

（9）定期检查项目引进的各项食品、饮品、水产品相关等安全防范措施的落实情况，及时消除安全与卫生隐患。

（10）发生饮水产品、饮品、食品投诉或安全问题应当立即采取措施，防止投诉及安全隐患事故扩大，项目单位应当及时向区域城市与公司职能相关公共资源负责人以及项目领导进行报告。

任何项目单位和个人不得对食品安全、饮水、饮品相关投诉或事故隐瞒、谎报、缓报，不得隐匿、伪造、毁灭有关证据。

第八章　新零售

一、社区新零售店意义

新零售店不同于以往传统便利商店概念，它内涵丰富，可以是书店，可以做烘焙，可以是咖啡馆，可以是共创中心，同时引入社交功能，搭建社群，通过业主拉新扩大流量池，通过产品进行优势沉淀。

新零售店依托互联网发展，结合线下实体店，运用大数据行为分析、视觉系统与数字化供应链相互匹配，结合店面结算系统，更强调用户体验，让货架自己说话。

随着移动互联网时代来临，新技术新商业模式的不断涌现，从社区团购、下沉式电商，再到线上买菜、蔬果配送，新零售的概念满足了"最后一公里"的客户需求。在经历了B2B电商平台、千团大战、社区团购等发展后，线上平台商家开始进行沉淀，更加实际地开拓新的市场，更多变成垂直领域。随着各大购买平台竞争，从新模式建立到消退，流量成本与产品销售价格利润相互低效甚至负增长，获客成本高涨。当风投流量红利消失殆尽时，线下供应链完整。新零售门店形式依然是客户业主最直观的选择。通过社区新零售的建立，可覆盖项目周边3千米范围，扩大了物业服务半径，由原来服务于业主仅千人增加到服务于上万人，达到物业品牌传播的目的，可作为社区配套服务，提升项目，让业主满意，开启物业第二航道。

同时，应该思考对于不同城市有不一样的业主需求、不一样的人文特色，这考验着物业新零售标准化与进化的能力。我们只坐在办公室创新，可能无法满足业主对产品服务的追求，唯有通过真实发生的数据去收集需求而不停迭代，才能让业主满意。

二、选品

产品的选择对于任何一种商品销售业态都尤为重要，通过概率选择产品，可帮助门店实现良好和运营。

（一）数据定位

中商情报网及网易的数据显示，六类常见线下零售快消品市场份额如表

8-1所示。

表 8-1　快消品份额

品类	市场份额（亿元）
白酒	5326.5
碳酸饮料	535.5
包装水	2031.9
乳制品	4237.4
休闲食品	9411.5
调味品	4309.2

新零售店的发展已从统一配送同样货品进化为千店千面，依照人群与需求每周进行调整，店内SKU根据面积做区间划分，对库存与占用资金进行优化。

新零售店商品占比：

（1）季节性商品占10%，如月饼滋补、进口食品。

（2）休闲食品，方便休闲食品、冲调类、常温乳制品、低温乳制品、袋装干性杂货、原料面包。

（3）周期类商品占20%，如干货、袋装熟食现场加工主食、网红产品、科技快消蔬果。

（4）日用占20%，饮料、酒水、烟草、调味品、烘焙原料、礼盒、保健、方便食品。

（二）选品经验与数据

采购人员需要在对园区业主熟悉的情况下进行货品订货，价格、包装、畅销程度都是选品成功的因素，应根据市场销排行、网红爆款、国潮风等进行订货，选品一旦进入店内就能开启销售环节，这取决于采购人的眼光。同时，根据时间周期进行测算，以7天、14天、30天为单位，查看销售数据产品作为下架或周期订货。

高颜值产品商品受到业主的青睐，对于原创文化、国潮文化、醒目标识辨识度高的产品购买欲强。

三、人货场

（1）人。客户细分，将潜在客户锁定，老客户，新客户，扩大流量池，形成聚集效应。

（2）货。品牌拉新，产品升级，场景化推广，货品本身从包装到产品本身能够打动消费者。

（3）场。线上线下客户旅程打造。

四、新零售店客户分析

获得客户数据、运营商数据、互联网商数据等，根据业主的基本属性，对业主行为进行分析，进行精准的选品、陈列摆放、促销活动等。

（1）基本属性。性别、年龄信息、车辆信息。

（2）消费属性。消费习惯，偏好。

（3）社会属性。家庭情况、职业。

（4）兴趣属性。品牌购买，兴趣爱好。

（5）精细分层。建立业主标签，并对标签进行梳理。对人口属性、地域信息等进行细分。

（6）精准营销。通过购买历史、频次分析，进行精准投放。

（7）店内活动。

（8）社交圈层。通过购买习惯，店内活动，建立兴趣圈层。

（9）提升门店的 ROI。

五、业主需求

1. 即时性

一小时达，节约客户更多的时间，应围绕全供应链解决方案让万物进家。线下的即时性可为业主及时解决需求。

2. 便利性

通过移动应用，能快速满足需求。

3. 场景真实

新零售店提供人与人、人与物、人与场景间真实的接触，通过店内店员触达业主，增加交往感受。除了购买商品以外，能感受到优质服务体验，拉近与业主的情感接入点。

4. 所见所得

在新零售店，业主能够享受到期望的产品与服务，这是线上采购无法取代的。

六、目标顾客与商品构成

业主定位会影响店内选品的构成，从而进一步影响到物流体系构建及供应商的选择。物业应该提供各种社区服务功能。比如，打印、书籍、报纸、期刊代办服务等，能够让业主与周围顾客感觉到这家店是可以信赖的新零售店铺。

（一）定位

瞄准中高收入群体。商品主要分为两类：自取式货架陈列商品和人力辅助获取的热食。以高品质（进口）食品和自营食品为主，设置餐饮区，采用靠窗吧台式用餐区，能够为客户营造舒适小环境提供客户业主店内用食。

新零售门店优选产品，能够提高社区与周边人群的进店频率。如打造新奇场景，结合中西传统节日进行，中国的端午节、国庆、除夕、元宵节、中秋节等，大都与吃联系在一起，西方的圣诞节、万圣节、情人节、复活节、愚人节、母亲节、父亲节、感恩节等。

（二）内容营销

随着抖音、快手、小红书的崛起，新媒体时代来临，融媒体已经成为了大众在新时代下获取信息的通路，这开启了内容营销的代，短视频成为大部分行业内容传播的一种方式。

物业获客成本低是成本控制最好的依据，电商最难的部分是物业最简单部分，新零售点根据区域业主需求复制 IP，移动互联网时代可打造千人千店。物业面对业主群体，要提供真正优选产品，但必须依靠运营与专业人员，软硬件相匹配。

私欲流量建设。公域流量与私域流量已经成为联合运营的公知，随着互联网发展，商家希望从公域流量导入私欲池中，物业企业通过门店与线上的形式，在消费结算中，更希望吸引众多业主。

（1）支付体系便捷，能够提供多渠道便捷支付。

（2）完善的用户体系。

新零售门店的管理、运营、货品、交易、服务体系均由物业企业进行流程设计。

私域流量运营中，可以通过工具进行更好的业主连接，连接属性分为强连接与弱连接，强连接考验着物业企业提供产品与触达能力，增加如物业公众号、社群运营、管家朋友圈等，建立业主与物业触达接口，形成业主与物业之间的熟脸效应。在长期过程中，物业担任全生命周期服务，可实现私域用户强连接，才能将私欲流量做商业化运营。

（三）独特性

当我们走进便利蜂的时候，看到玻璃是干净的，店员会对你微笑。当我们进入 7-11 的时候，店内会播放音乐；当我们进入罗森的时候，店员会向你问好，新产品＋新服务才能够获得客群或业主的忠诚。

（1）只有在新零售店能够买到独特商品，如网红产品、新奇产品、进口产品等。

（2）提供高新鲜度的快餐食品。

（3）保障零缺货，这样顾客能够在需要购买产品时，第一时间想到这家店有供货。

（4）渠道配送。

1）区域集中化战略；

2）小批量进货策略与 JIT 物流；

3）建立物流与供应商前置仓配送中心；

4）供应商与物流集约配送、共同配送；

5）不同温度带物流配送。

（5）书籍，纺织品，网红产品，科技类，可选择合作经营，节约店内采购成本。

（6）自采，通过当地区域或全国进行自采购产品，网络购买形式越来越便捷，通过在线选购优惠商品，进行采购。

（7）地区特色产品，可进行贴牌出售，市场上唯一品牌，有自主定价权。

（8）彩妆，彩妆已成为 Z 时代年轻人不可缺少的商品，随着颜值时代的来临，应增加彩妆产品迎合年轻消费者。

七、供应链

除先进的经营方式与独特的新零售营销外，支撑快速发展的另一重要因素是强大的供应链支援系统。

供应链优化包括：

（1）区域集中化的目的是降低物流成本。

（2）小批量进货策略与 JIT 物流的目的是对店内经过数据统计能够确定品类后精准计算货物消耗时间。

（3）建立共同配送中心在降低物流成本的同时，提升物流服务水平。

（4）集约配送、共同配送的目的是通过确定时间与周期联合进行时效管理。

八、新零售店营销方案

（一）客户转化率

线上倒流获客成本高，而物业企业相对来说有巨大优势。互联网企业通过人海红利进行注册，而物业驻守园区获客成本低，通过线下门店线与商城等进行结合，能够在短时间内拉进客户关系，持续与业主形成服务关系，增加业主依赖性。

1. 线上线下引流

（1）关注官方线上渠道有礼（官微、App、小程序等、公众号）。

（2）物业企业根据需求开发官方微博，App、小程序、公众号等。

（3）通过流量入口进行业主线上引流，业主对物业企业线上端进行注册、关注等行动时有好礼赠送，可赠予实物产品、服务、线上消费券等。

2. 线上领优惠券，线下兑换

线上发布优惠券，将新零售店内产品进行宣传，通过线上增加浏览时间，然后到线下店选购商品，增加到店率。业主到店后可选购其他商品，增加双向引流。

3. 线下消费赠送线上优惠券

线下到店后，相同商品，线上更优惠，店内扫码领取线上产品优惠券可在线上购买更多商品，不会受到单一产品限制，增加业主使用频率。

4. 基于 LBS 优惠信息推送（收集地址信息，基于未来大数据分析）

获取地址后，进行优惠信息推送，让业主能够及时了解店内最新资讯。

5. 门店直播引流

直播已经成为一个行业，据统计产值达 2000 亿元，代表了宣传手段的前沿。门店也不例外，通过产品与服务进行直播进行引流，无论是提供的服务还是店内产品，都可以进行产品讲解，包括产品好处、产品知识、产品产地特性等，方便顾客进行选购。

6. 新品上线、首发预告

如果线上或线下增加新品，可以在线进行转播，以首页广告等形式进行宣传，让业主知道。产品更新速度以天为单位进行更替，通过预告发布，让业主能够持续关注商城与门店，总有一款推送能够引起客户痒点，转化为购买。

7. 店内安装物业终端设备，提供物业服务

当顾客来到新零售店，可以通过物业终端做缴费、门禁、车辆服务等，开通办理业务的同时，为零售店引流。

（二）提高购买转化率

1. 限时优惠、秒杀

在特定的时间对特定的商品进行限时促销，当然不是每一种产品都能通过限时优惠打动业主的购买欲望，应通过选品将销售频次高、刚需性产品进行推送或增加限时优惠购买量。

2. 优惠券到期提醒

通过短信或线上信息形式，在收藏优惠券时间进行查看，通过系统进行优惠到期提醒。产生的影响是通过一次新的提醒让业主能够再次关注到物业企业，到期提醒能够促进优惠券使用。

（1）优惠券管理，领取优惠券通过在线领取，扫码领取；优惠券需满足优惠规则可以使用；优惠券有使用时间限制，优惠券设置有效期，需在有效期内进行使用；查看优惠券，公众号、小程序中可查看。

（2）优惠券类型，全场通用，可跨店、可跨产品使用，订单满减，特殊活动，节日活动，单品优惠，品牌优惠等。

（3）使用规则，领取优惠券后购买商品使用，使用优惠券后，优惠券消除。退款金额按照付款金额进行结算，优惠券不予退还。

3. 个性化、精准推送

通过业主浏览相关产品进行推送，通过以往购买记录，询问是否再次购买。

4. 虚拟试穿下单

纺织品到底穿上好看与否，适合与否，有时候视觉无法判断。很多人在线上购物遇到的问题是号码不合适，担心商品不能退货。在产品设计上可以将号码相邻的商品服装、鞋快递3件，退换货快递不收取费用，那么业主可以挑选到合身的号码并且很大可能是留下两件。

5. 对商品进行评价

根据评价给予赠品。在购买产品时，我们有时不仅关注产品本身，也会看其他购买人的评价。业主通过真实产品评价购买，再对商品评价，可以作为价签张贴在商品处，给商品带来非凡的客户感受。可根据业主给出的特别的商品评价赠予店内产品。

6. 自助设备结账

自主结账设备普及率高，可以节约结算时间，避免出现客户排队等待的现象，减少因排队造成的焦虑。

7. 网红产品试用

新产品层出不穷，可从试用产品开始，以小包装产品进行前期试用，打开产品销售渠道。

（三）提高客单价

1. 定期购、订阅购

有人喜欢定期购买商品，保持刚需性产品不影响使用连续性。门店可通过定期购、订阅购帮助业主在特定时期，完成产品配送。

2. 消费满金额免配送

线上线下产品消费满金额免费配送，可以提高业主在选购时进行凑单消费的可能性，提高客单价。

3. 关联商品推荐

在购买或浏览相关产品时，对关联产品进行推送可引起业主购买产品。

4. 满一定金额三倍积分

建立完善科学的积分体系，通过计算产品利润值，设计满足一定金额进行多倍积分的方案。

5. 组合促销装

超市有很多组合促销包装，一次购买 2 件以上产品包装在一起，常见的有酸奶、食用油、红酒、玩具等，通过产品组合提高客单。

6. 消费一定金额满抽取免单

在抽奖过程中，每个人都希望得到一个小幸运。可以设定比例金额，给予业主心里愉快的满足，给予一定产品抽取免单，让业主对企业产生更多依赖感，认为这样的活动能够再次让自己免单。

7. 满减活动

购买商品满减，是每个商家都在使用的促销手段，那么平台也一样需要使用，通过购物拉升消费金额，虽然满减会减少一定利润，但增加了总体金额。

8. 单笔购买金额最高享好礼

一次消费达到规定金额的，给予业主一定好礼，作为鼓励。业主在购买产品时，可能因为购买后还能拿到一定好礼会增加店内好感。

9. 节日产品

根据不同节日制定特殊产品，产品设计与创新性与物业企业品牌相结合，打造专属产品，赢得业主尝新。

（四）激励传播与分享

1. 集满多少赞获得多少好礼

集赞增好礼，是通过个人圈层的推介，利用业主的力量去收集更多的关注，帮助平台宣传、营销，自然需要好礼感谢业主。好礼不仅仅是一个形容词，当业主切真为了产品去炫耀时，必须给予含金量高的回馈。

2. 社交平台投票圈粉赢好礼

通过社交平台的形式，增加投票活动。投票活动可根据节日、产品、好吃、好玩、照片、活动、事件等进行方案设计，引起业主的好奇进行投票或拉票以赢得更多的分享，让其他人也能了解到活动多样，让业主获得好礼。

3. 用户评价购物体验获得奖励

服务设计是帮助业主或顾客有更好的购物旅程，在旅程中保持顺畅并且充满新奇，良好的购物体验能够帮助业主在短时间内再一次想起平台，如能进行优秀的评价时进行业主奖励。

4. 老客户邀请新人，两人获优惠

老带新，只有当产品或服务赢得业主满意的时候才能将平台产品推荐给新客户，对业主的推荐应给予优惠。

5. 转发信息获得奖励

通过业主端对平台信息转发，包括产品信息、折扣信息、活动信息等，让更多的人了解产品并给予转发人相应奖励。

6. 拼团优惠

单一产品进行团购，增加平台销售量，可设置不同档位，团购数量越多，折扣力度越大，让业主感受到拼团价格优惠。

7. 好友助力领券

通过平台举办任务或游戏时，需要 2 个或以上的人一起完成。在业主帮助下，对平台进行拉新，共同助力领取优惠券，2 人均可使用。

8. 业主会员式管理，形成业务支撑流程化

（五）增加重复购买率

1. 会员积分赢好礼

通过平台消费进行积分，按照消费金额、消费时间、平台分享等进行积分计算，可享受折扣价、抵扣价、代金券等，积分政策设计需考虑，叠加、赠与、积分等级、时效性等情况。

2. 粉丝社群

建立以产品服务、活动为喜好的粉丝社群，通过社群运营，把产品带到社群中引起注意，带动产品粉丝群销售。

3. 不同时段优惠券

根据时间段，设置不同优惠政策，能够在早期吸引业主进行产品购买，尽早锁定群体。

4. 会员专享

会员服务让业主区别于非会员，会员更可以获得积分。

5. 历史购买记录优先显示

在平台上显示购买记录，引发业主进行复购。

6. 好久不见优惠

当业主再一次购买产品，或进入平台时，通过欢迎提示，让业主心里感受到，平台一直记得他，给业主一种回归的温暖。

7. 回收再生资源

利用可回收再生资源，进行店内空瓶换钱/换购等活动，还可设置兑奖/积分操作，可以提升业主到店率与在店时长，与门店形成需求黏性。同时再生资源回收率，降低运营成本。

使用营销策略很多，但业主的变化速度可能会更快。应根据业主变化随时进行策略调整，提供针对性的运营和个性化的服务。

九、营销策略

降低新业主、新客户获取成本，提高业主依存关系，探索更适合本项目、本地域业主的运营策略，针对复购人群提升客单价，增加复购率。

1. 提价

例如，原价800元商品现价200元，给人省钱感觉，买到就是赚到。

2. 制造自己的商品

业主不希望看到一个无法接受的商品价格。在新零售店使用动态定价时，根据商品临期或商品销售情况做调整，提高商品定价而被业主接受，从选品到包装设计，要打造物业自主品牌产品，新产品与市场无对比数据时，门店拥有自主定价权，提高商品售价。

3. 集群

新零售具有品牌聚合功能，可设置品牌功能区，业主能够区别于其他区域，对选购商品进行点对点指向购买。

4. 反向评价

鸿星尔克在疯狂大卖的时候如何更好地销售产品？如果有人差评，可能会增加销售额，客户对品牌有强烈保护感与品牌认同感觉。民族文化占上风时，产品质量设计得到消费者认可，形成了保护机制，不接受其他客户出现对产品不良的评价。当出现对产品贬低或者差评的时候，反而激起了对产品的反哺，快速增加购买量，通过自身的行动制止不良评价的产生。

5. 倾注客户

给予业主个性化服务，可能被认为倾注过多服务而获得较少的利润，这样做不值得。可是反过来思考，如果没有好的服务，那么可能较少的利润也无从谈起。

6. 供应商携手

通过数据与趋势分析业主想要购买各种商品。北京冬奥会期间，奥运会吉祥物冰墩墩手办，随着冬季奥运比赛赛程的高涨，一墩难求，这时考验企业能否扩大供应商网络，这不仅仅是供需关系，还是合作关系。应及时获取产品信息，与供应商一同对未来产品需求进行预测。

十、新零售店权责

表 8-2　新零售店权责

单位/岗位	工作内容
经营部	①负责新零售店招商管理办法的编制、修订与宣贯 ②负责供应商及门店运营工作的推行、指导、监督、检查 ③负责新零售店运营标准制定 ④负责新零售战略供应商引进，对区域门店进行赋能
区域经营人员	①负责组织和执行新零售门店招聘运营管理 ②负责定期对门店进行检查，并对门店需整改落实情况进行复查和监督 ③负责新零售门店装修设计与施工现场监督，与开店前检查，确保正常营业 ④新零售门店营业执照办理以及工商许可等证照办理 ⑤新零售业务门店人员招聘

续表

单位／岗位	工作内容
项目单位负责人	①负责市场环境的摸底排查，判断新零售业务盈利情况，确定定价范围 ②项目的定位分析，业主画像分析 ③新零售业务门店预算规划门店分类 ④合作供应商谈判（装修、设计、供货）、门店开业落地、门店营收核算 ⑤负责定期对门店进行检查，并对门店需整改落实情况进行复查和监督
新零售门店运营负责人	①每周对选品陈列进行调整 ②店内经营数据统计 ③建立引流方式 ④店内促销方案设计 ⑤供应商管理，每日进出货品陈列，盘点

十一、新零售店工作清单

运营新零售店总体利润低，依靠营运业务的体系，包括物流体系与供应商配送，能够降低物流配送成本，增加企业利润。

对 200 米内线下业主选购产品或店内购买，提供送货服务，业主告知配送位置，同时店内带收发快递，配送业主家中。

线上业主通过平台下单后，店内人员将产品放置收纳篮，标记业主送货路径，根据业主选择配送时间，配送至业主家中。

落地工作如表 8-3 所示。

表 8-3　落地工作

工作人员	工作内容	工作目标
经营业务人员	便利店调研，周边便利店数量位置、小区人群、地区消费习惯等	地区数据收集
	编写新零售店方案，方案内编写包括店内装修方案、运营文件	方案经过审核通过
	建立工作组，对工作组人员架构进行规划，确定工作职责	任职标准
	新零售店选址，遵循充分利用物业项目位置优势，业主触达便捷原则	选址满足标准需求

续表

工作人员	工作内容	工作目标
经营业务人员	开店筹备清单	满足开店需求
	合作供应商洽谈	供应商确定
	供应链	后备方案供应链商家
	编写运营标准、检查标准、人员培训手册、供应商管理办法	标准版文件输出
	店内装修设计，对比店面装修设计确定选用公司	店内陈列
	选品，根据地区调研做产品定位	确定店内产品
	陈列设计，根据店面规模、房屋结构做规划设计	货品陈列设计
财务人员	确定税务项，开店税费清单	产品税费、开店税费
	确定流动金额，店内周期流动费用、产品结算、临时费用等	店内流动资金，开店资金
	新零售店财务制度结算流程供应商结算、线上结算、店内收益确定渠道	结算流程
	现金管理，财务人员出具现金管理制度	现金管理制度
综合行政	营业执照办理，地区营业行政手续办理	行政手续
	设立分公司，需设立分公司的申请流程	公司申请
	办理烟草许可、卫生许可等特殊许可	根据规划办理
	招投标，对店内装修、产品等进行招投标	确定范围
人力资源	店员招聘，根据岗位职责需求进行招聘	根据人员架构满足运营需求
	考核标准，运营人员考核管理 KPI	考核管理制度
安全	现场安全管理操作标准，出具运营安全操作标准	安检操作手册
	工程安全检查，店内消防、淹水、电力货架等检查	开店前安全无风险

十二、供应商协同

根据招商谈判过程特点，与供应方取得共识，促使谈判成功。应坚持平等互利原则，互惠互利。坚持信用原则，体现真诚服务的精神。

（一）商家准入评估

（1）商家提供相关资质，包括商家营业执照、税务登记证副本、组织机构代码证副本、一般纳税人资质证明、法人身份证及执行负责人身份证正反面、银行开户证明、品牌资质/品牌授权委托书、产品质检报告或检测证书、特种品类相关资质。

（2）商家核查机制，走访自查核实商家实际情况。

（3）登录企查查、天眼查等 App 查询商家风险核查，查询类目内容标准。

（二）供应商管理

建立供应商风险评估表，寻找可替代供应商，以保障新零售店产品可持续供应，可替代供应链能节约交货时间，降低店内缺货率。

1. 供应商选择条件

（1）报价合理真实，不违背诚信原则。

（2）产品质量好，对产品质量有保障。

（3）产品是门店需求客群接受的产品。

（4）产品包装符合量贩式陈列需求。

（5）供应链时间满足最短时效一天以内。

2. 战略供应商

战略供应商提供的产品，客户口碑好，销售数据良好，地区占据领先销售地位，物业企业有利润空间。

3. 日常供应商

满足门店日常商品补货，销售短缺时最短时效进行送货，能准时、按量送货，有足够的运输条件送货。

4. 供应商合作

（1）长期合作融洽，突发事件的处理时可积极配合。

（2）临时顾客的大量订单能够满足，顾客投诉可在规定时间内处理。

（3）合理的利润，供应商提供的价格，使新零售店有合理的利润，在大批量销售的情况下，愿意让利给业主或返利的供应商。

（4）可靠性和质量保证。

（5）该商品长期稳定的供应。

（6）供应商的产品质量有保证。

（7）供应商有具体的售后服务措施。

（8）供应商的历史数据逐年递增。

（9）供应商的市场增长率逐年递增。

（10）供应商发展一直在不断成长。

（11）供应商的新品引进能力强。

（12）供应商的市场推广频次高。

（三）供应商资质

要求供应商为国内制造商或代理商家，总经销商，进出口商，尽量避免二级批发商或亲友提供产品的供应商。

1. 供应商评价表

表 8-4　供应商评价

核查类目	核查内容	判定红线	合作结论
基本信息	公司成立日期	成立不足一年	不予合作
	营业期限	经营不足一年	不予合作
	注册资本	低于 10 万元	不予合作
	人员规模	5 人以上	依据实际情况判断
法律诉讼	经营过程	企业出现经营过程诉讼、裁判开庭	不予合作
	经营欠款	企业存在欠款纠纷、诉讼、判决、开庭信息	不予合作
	企业失信	确认合作企业失信	不予合作
	政府检查	检查结果非正常	不予合作
	信用评级	低于 AAA 级 /AA 级 /A 级	BBB 级以下不予合作
经营风险	经营异常	出现经营异常信息	不予合作
	严重违法	经核查确认实际情况	不予合作
	股权质押	核查原因	依据实际情况判断
	行政处罚	经核查确认实际情况（警告、罚款、没收、停业）	不予合作
历史信息	失信信息	一经出现不予合作	不予合作
	被执行人	一经出现不予合作	不予合作
	裁判文书	一经出现视情况合作（是否违法经营）	依据实际情况判断
	行政处罚	一经出现不予合作	不予合作

2. 优质供应商画像

表 8-5　优质供应商画像

分类	类目	标准
公司资质	注册资本	50 万 ~ 500 万元
	业务年限	3 年以上

续表

分类	类目	标准
公司规模	品牌影响力	知名品牌
	品牌口碑	社会面无负面信息
	销售额	地区排行前十
	员工数量	10 人以上或同等规模公司人员数量
	服务机构	10 家以上
运营能力	供应链	每日配送货
	营销能力	签约销售商家施展占有率 20% 以上
	服务能力	客户满意度 90%

十三、开店筹备

（一）新零售店核心

（1）便捷。与超市相比，新零售后的最大优势是距离业主顾客近。新零售店做到步行距离最远为 10 分钟，超过这个距离业主可能选择其他购买途径。

（2）便利。新零售店面积不同，但较小面积店内，必须容量高，顾客能在最短时间内找到所需要的商品，避免排队现象。

（3）长效。便利店营业时间，很多为 24 小时，并且全年无休，这样给顾客留下随时购买产品的印象，也是增加 销量的关键。物业企业开设新零售店时，可根据店面区域、购买情况、项目园区实际情况做时间规定。

（二）店长职责

合格管理门店人员是便利店店长的基本要求。

（1）完成公司下达的经营指标，指导门店员工培训员工。

（2）为顾客提供更好的服务，店内数据与客户诉求及时反映到公司，进行产品的调整，带来产品销售增长。

（3）做好门店管理工作，日常运营，完成经营指标。

（4）协同顾客、员工、供应商、政府相关部门关系。

（5）店内行为代表公司形象，代表公司进行相关决策。

（6）公司文化传播，将公司业务、计划、安排等进行上传下达。

（7）协调门店现场相关问题，经营活动有序进行。

（8）指导培训门店店员。

（9）安全保障工作，对门店资产安全进行保障。

（10）销售工作，通过顾客喜好与销售数据进行分析，做好店内销售。

（11）根据市场变化做出及时反应，采取相应措施。

（12）具备丰富便利店经验，具备商业眼光，能够判断市场变化。

（13）具备诚实、务实的责任心，关心和激发员工工作。

（14）具备组织与领导能力，负责店内日常营运，团结所有店内员工。

（15）具备学习能力，不断学习新鲜商业模式，超市发展变化迅速，能结合当下发展进行调整。

（三）门店装修

（1）出入口设计，零售店因面积不同，一般设计一个出入口，方便业主顾客进出，店出入口应设计为双开门，方便进出。

（2）招牌设计，新零售店招是门店品牌文化的象征，色调采用明快愉悦的跳跃色，可以使得业主顾客从远处进行识别，店招主要功能作为品牌的统一性，应统一设计具有品牌效应，门头店招具有强烈可辨识性，起到吸引顾客作用。

（3）便利店装修应予出售商品形成整体设计，对色调进行定位色彩不宜过多，使业主顾客分散视觉注意力，应使用纯色给人干净、整洁不凌乱的感觉，也可以进行视觉差设计，将天花板、吊顶拉伸，让顾客感觉房间落差，视觉上增加零售店更加宽敞的感觉。

（4）灯光设计，便利店一般采用白色灯光，顾客可看清商品，更提现商品本来色彩的作用，灯光应与货架形成统一设计，做到货架上方灯光照到商品上在店内转角或角落位置，增加光源，使顾客能够看清每个位置。

（5）收银台设计，收银台设置在出入口位置，收银通道一般设计宽度为1~1.2 米，可同时经过 2 人，货物搬运过程不会受到阻碍。

（6）堆头设计，收银台与货架之间，是商品展示最为主要的位置，也是顾客经过最多的位置，为新品展示区，起到畅销商品货架的作用，给顾客最为直观的感受，第一时间进行选购。

（7）顾客动线设计，新零售店内顾客动线能够帮助商品更好地销售动线设计应以直线为主，尽量减少转弯。为增加顾客停留时间，可进行丰富产品展示，动线由货架分隔而成，货架高度在 1.5~1.8 米，顾客视角可平视前方即可见到商品，动线间距不宜过窄，使得顾客不会产生拥挤或碰到商品。

（四）现场运营

（1）商品订货。通过品类定义、销量测算、库存数量维度实现动态订货管理。

（2）货架不得出现空架，商品陈列不外溢，做好销售保障。

（3）根据进销存系统科学订货，根据商品销售数据进行趋势分析。

（4）考虑商品供应链时间因素，保障不缺货，保障店内合理库存。

（五）成本控制

对店内进行运营成本分析，结合项目与商圈情况，依靠项目优势，对门店有效销售设备/人力/能源运营监控，精细化处理，提供温馨服务增加竞争优势，优质高效服务会树立良好服务口碑，业主满意度增加。

（六）新零售店陈列

商品陈列会影响业主顾客直观感受。

（1）货架顶端设立分类牌，第一视角可观察到分类区别，并按照分类将商品归集。

（2）货架商品靠前码放，顾客触手可及。

（3）货架商品摆放陈列的高度是顾客伸手可取的位置。靠墙柜商品摆放在1.8米，陈列货架摆放1.5米。

（4）货架商品要求全部正面朝向，商品正面面向动线一侧，不可倒置、侧放。

（5）价签与商品上下对应并对齐，不免发生错位，价签不对应商品，造成业主顾客误解。

（6）商品竖向排列，节约空间。

（7）商品依据价格进行陈列，从低到高摆放。

（8）中间层为顾客最直接观察看的视觉区域，中间层为最优展示区。

（9）陈列货架按照商品重量，从轻到重，从高到低。

（10）货架隔板、货架背面做广告遮挡不外露。

（11）陈列商品间间距为2~3毫米。

（12）纸箱陈列或整箱商品陈列，按商品包装深度放入货架最底层陈列。较轻的整箱商品，如包装玩具新品爆款等放置货架顶层。

（13）商品出现残损碰伤、压伤、变形的，及时下架处理。

（14）货架设立专门打折区域，按照时间或商品损益情况随时打折处理。

（15）电子价签，店铺能够显示商品信息并可实时调整，通过动态管理，操作人员快速简便收银。

（16）智能桌面自助收银系统。通过触摸大屏，业主（顾客）自行扫码支付，实现快速收银，避免出现拥挤、排队等现象。

（七）购物动线

（1）U型动线：U型动线是零售店出现最为普遍的购物动线，动线无死角，紧凑将商品全部陈列在靠墙与货架岛，引导业主顾客从进入店内沿着U型线路前进对店内所有商品都可观察到。

（2）一字形动线：动线布局将中间位置宽敞地呈现给顾客，给人整洁感、空间感强烈，不会造成触碰商品压力，货架摆放平铺统一，能够快速观察到所需购买商品。

（3）S型动线：门店场地不规则异形建筑或场地中间有立柱，设计货架摆放时使用S型动线。陈列货架依照不规则形状，最大化陈列尽可能多商品，给业主顾客新鲜感觉，商品多样化陈列，延长顾客浏览商品时间。

（4）F型动线：空间格局为长方形通道形，主过道增加货架延伸，F型动线有利于顾客在店内对商品有观赏的感觉。

（八）货架选择

（1）新零售店货架有多种尺寸，选择时注意因素放置位置，靠墙放置，根据墙面宽度测量、选择合适货架，使货架长度与墙面尺寸一致，增加摆放空间。

（2）货架数量，店内需要多少货架，有多少货品需要展示，影响选购货架尺寸和货架类型，如单面货架、双面货架、组合式货架等。通过主货架与副货架组合打造顾客动线。

（3）空架现象是不允许出现的，门店暂时缺货，是供应链与配送不及时造成的。商品品种不足，理货不及时，空架影响门店形象，会造成客户流失，应通过识别产品进行及时补充。

（九）配送

（1）提高配送工作效率，特定区域、特定时段进行高密度集中配送，充分发挥项目优势。

（2）业主通过线上平台下单后，店内人员将产品放置收纳篮，标记业主送货路径，根据业主选择配送时间，配送至业主家中。

（十）库存

通过商品信息、RFID条码进行管理，做到库存管理准确性。库存管理系统包括以下功能：①库存数据多条件查询；②快速配置审批流程；③快速配置自动收货/取消；④加价、指定价；⑤移动盘点，门店不能占用大量库存，减少压货。货架商品库存量严格控制在最大库存范围，保障商品日期最新，提高商品周转率，减少库存。

（十一）保质期管理

（1）按保质期时长划分日清鲜食、短期鲜食。

（2）日清鲜食（1~2天）订货需每日3次盘点，分类查询订货，报损数量。

（3）短期鲜食1周左右，订货需每日盘点进行清点，计算补货日期，根据系统提醒，做到商品周期管理，并在系统进行警示提示。

（十二）财务结算

（1）物业企业总部、项目新零售店和供应商三方建立结算对账管理流程，通过采购合同、商品采购单据、周期账、应付票据、销售分成、预付款和分时付款进行财务对账管理。

（2）应付，按账期对可结算供应商单据进行结算，由供应商对项目新零售店发起对账申请，门店查看结算账单，无误后流程到达公司财务。

（3）应收，对应收往来款项进行核对，对逾期账务、日常往来清单进行催缴，发票自动化开具，节约开票时间。

（十三）新零售店检查

（1）检查人员，包括区域管理人员、总部经营人员。

（2）检查频次，每周进行2次。

（3）检查内容，包括对门店店长周工作计划和门店问题点完成情况进行检查，并给予评分。

1）商品管理：①门店商品陈列，价签管理；②货品日期检查，货源组织；③库存管理，补货及时性，报损；④服务管理，门店仪容仪表；⑤礼仪礼节，服务态度；⑥门店卫生，店内环境卫生，设施设备卫生；⑦团队建设，促销情况，员工培训；⑧信息收集，合理化建议；⑨收银规范，现金管理；⑩员工出勤，请休假情况，健康证；⑪水电使用情况；⑫公司制度执行情况，会议记录表；⑬消防器材监控设施运行正常。

2）门店红线管理条例。以下情况一经出现，直接按红线处理，对员工进行严肃处理，且负责影响带来的损失。①出现重大投诉，造成曝光或企业品牌受损；②出现店员与供应商相互勾结，商品以次充好；③对供应商吃、拿、卡、要；④出现垄断经营或其他恶意竞争，影响正常经营秩序；⑤辱骂殴打顾客行为。

3）现场安全管理。①设置消防通道，留出消防 / 逃生使用通道，员工熟悉自己岗位最近消防通道位置，便于疏散；②紧急出口保持畅通，不堆放杂物，平时不处于关闭状态，在遇紧急情况下进行出入；③店内配置疏散图，紧急出口和紧急疏散通道的标识图指示行动方向，通道出口疏散使用；④消防设施，当发生火警时，用于进行防火排烟和灭火的所有设备；⑤火灾报警器，当发生火警时，门店警报发出火警警报；⑥烟感，通过对烟雾浓度进行测试，超过警戒时，触发警报；⑦喷淋系统，当火警发生时，喷淋系统启动；⑧灭火器，当火警发生时，使用店内灭火器进行灭火；⑨紧急照明，火警发生时，超市内关闭所有电源，启动紧急照明系统。

4）人员健康检查。新零售店人员半年进行一次健康体检，必要时临时接受检查，取得健康合格证、食品卫生培训合格证可上岗操作。店内人员有发热、腹泻、手外伤、皮疹、呕吐、流眼泪、流口水等身体症状时，消除症状后复岗。

5）员工职责。①根据开店时间进行开业准备提前 15 分钟到店到岗后查看货架商品是否按照陈列标准码放，是否有商品错位放置，店内卫生情况良好；②工作人员需衣物整洁，进入操作间需佩戴一次性无纺布帽与一次性手套，严禁披头散发，严禁穿高跟鞋、拖鞋、短裤、裙子；③上班时间需规范站立，严禁坐卧，手插口袋；④严禁倚靠货架，严禁店内吃东西；⑤使用文明用语，进店客人需问好，如欢迎光临；⑥不得吵架，不以貌取人；⑦严禁私自倒班，根据请休假制度与请休假安排假期调整，批准后进行休息；⑧上班时间，禁止做与工作无关事情，手机震动；⑨员工不得将店内物品占为己有，一经发现十倍经济处罚，情节严重追究法律责任；⑩损坏店内设施设备的，根据商品价值赔偿；⑪上班时间负责店内清洁，包括货架、地面、台面、玻璃等，下班后店内外清洁完毕，签到下班；⑫工作服从店长统一安排。

6）产品退换货。要维护消费者的合法权益和企业信誉，本着对企业负责、对消费者负责的精神，凡属卖场出售的商品，在不损、不残、不影响再出售的情况下，凭购货凭证办退换货手续。①退换商品应本着客户第一的原则处理：可退可不退的以退为主；可换可不换的以换为主；无法分清责任的以公司为主。②商品质量完好的商品根据商品及包装残损程度适当予以退换。③商品质量存在问题在保换期、保修期内按有关规定退换。④由于使用不当，或保管不善，造成商品损坏的，由客户负责，所需费用由用户承担。⑤退换价格，按照购出售价格退款。

7）业主顾客退换货。退换货原则是打造良好业主口碑，建立新零售店客群满意度，不影响二次销售情况下，积极配合业主顾客进行退换货。顾客购买店内商品退换货时限：商品未过保质期外包装未损坏的购买商品 7 天内可退换货。

8）退换货要求。在规定时间或约定时限内，顾客可持小票或包装品刷卡记录、购买记录等进行退换货。

9）不予退换货情况：①无法证明产品在本店购买。②购置商品超过期限。③电池等消耗品。④烟酒 / 含有隐性隐患的商品。⑤内衣、袜子等。⑥明显使用痕迹商品。

10）退换货流程。①顾客提出退换货要求时，店员要热情、认真、友善接待顾客，听取业主顾客要求解决问题。②检查商品符合退换货情况。③给予业主顾客进行退换。④同样商品售罄的情况下，问询顾客可否进行调换或等货品补货后进行退换。⑤不符合退换的商品，耐心与业主解释，委婉拒绝。⑥退换货后，记录顾客退换货原因，做好退换货货品登记。⑦退换货商品可以进入 2 次销售环节的，重新登记商品上架。⑧对于产品本身问题，质量或其他原因被退回的无法进行 2 次销售的产品，做好退换货清单，完整记录。

11）供应商退货。①将需要与供应商进行退换货商品，进行统一放置逐项进行退换货清单说明填写，写明品种，数量，退换货原因，日期。②店内人员联系供应商后现场查验商品，双方确认退换货清单，双方签字确认。③门店退换货清单签字后交与财务部。

12）临近期商品退货。①临近期商品由店员进行收集整理，在店内项目位置进行临近期商品促销。②店长做好退换货产品清单登记对退换货产品进行公司申报。③联系供应商对临近期商品进行上门查验，核对商品无误后进行退换。

13）报损商品处置。①报损条件。门店对于进货时货品验收进行严格把控；收货时观察商品有无相关问题，做确认收货签字；过期商品、损坏商品、不合格商品，进行报损处置；消耗品、老化、故障无法维修报损处置；门店店长对报损物品进行确认后，做报损处理。②报损流程。报损商品进行报损单填写，注明报损品种，数量，日期，原因，确认签字；报损产品一起打包，交与项目单位进行审核；审核确认后对店内库存商品进行冲减；商品报损后进行统一销毁，做好门店报损金额统计。

14）供应商结算。①付款条件，接受公司提出付款条件并能积极配合，结算是供应商出示退换货商品，给予结算。②账期，货品到货后 10 天，生鲜产品到货后 5 天进行结算。③购销，以购销的方式进行商品买断，降低成本原则，对销售有自主定价权，产品购买后，与供应商进行货品清点，双方购买清单确认后，供应商凭借签字确认单，10 日后进行账款结算。④代销，店内产品进行代销方式经营，进行实际销售后进行结算的产品，代销产品销售后，每月15 日根据代销数据给以供应商进行结算，根据协议佣金比例，双方签署对账确认单后，数据发送财务部，审核无误后结算。⑤联营单价较高，或产品生命周期短，市场变化产品，可进行联营，为店面增加产品同时降低风险，联营产品销售后，每月 15 日根据联营销售数据给以供应商进行结算，根据协议佣金比例，双方签署对账确认单后，数据发送财务部，审核无误后结算。

第九章　美居业务

美居业务，行业内对它的称呼略有不同，但业务类型一样。

美居业务是物业公司联合家居家装商家或自建家装、家居公司以物业项目为载体，以业主为消费端，由物业公司提供的家装、家居服务。

物业公司开展美居业务的基础是业主需求，业主在项目入住前，需要对购买的资产进行家装或购买家居家电软装配饰等。物业在业主入住前开展家装、美居业务，项目交付后集中入住户数较多，物业可利用园区业主数量优势与商家形成战略协议，给商家一次性带来较多业务增量，而业主以团购形式购买，商家给予一定优惠，物业提供平台建立中介合作机制。

一、美居发展阶段

物业开展美居业务经过了多个时期、多种模式的探索，可分为以下三个阶段。

（1）初期阶段，商家利用地产交付项目集中入住期间，租赁物业园区场地，进行产品展示。

（2）中期阶段，为了呈现更好的视觉效果，提高客单量，沿交付动线设计打造家居样板间，以物业服务企业带业主参观样板间形式做场景化产品展示，场景化体验是家居、家装业务最直观的变现形式，只有将业主带入户型相同的现场中才能更好地营销产品。

（3）未来阶段，物业收集业主喜好，美居制造企业对全屋精准测量后"智造"出符合业主个性化需求的非工业化家居商品。

二、美居业务谈判

在物业开展多种经营美居业务中，谈判环节很多，公司与供应商之间、公司与项目之间、公司与物流之间，为了能够更紧密地连接多方间的合作，应通过谈判合作为物业与业主取得最大利益。

（一）谈判原则

物业开展美居业务，是为业主提供长期服务的提供商，一次服务就可能与业主建立相互信任的关系。物业并不是产品制造方，而是作为服务提供商为业主优选美居产品。这就需要建立良好供应商关系，与供应商一起为业主服务。

谈判分为最高谈判条款与最低谈判条款，如果双方最低谈判条款未能达到预期，表示谈判破裂。谈判过程需要了解双方真实意图，有时候破裂不一定就是失败。

在沟通谈判过程中，无论进退，都需要美居业务人员能够从整体角度观察双方真实意愿。

（二）谈判技巧

在经营过程中，节约的成本就是利润，增加的任何一点有力的筹码都是利润，不放弃任何利润，但更应该给以供应商进行赋能，对于未来有更长远的合作考虑。

（1）目标管理。谈判过程中，针对目标进行发力。目标就像是树木的主干，围绕目标进行分析，尽量少关注树枝，谈判过程触及树枝过多会造成价格拉锯。

（2）授权。如果在客户对菜品有质疑或不满意的时候，海底捞和西贝的员工有权力为客户进行免单。在经营谈判过程中，在充分理解自己的权利情况下进行有利谈判，争取到合作供应商的最大让步。

（3）竞合。谈判过程是达成合作，合作双方都希望达到自己的预期，应立足当前，着眼长远。

（4）预期条件。通过行业对标，与了解项目相关数据信息，确定合作范围，想要利润最大化，需要开出更高的条件才能保障高于预期的收益。

（5）稳定。在稳定的心态与环境中进行谈判，不急于短期或暂时就给出谈判条件。

（6）首次标地。谈判很难一次完成，可能要经过很多轮洽商，首次谈判标地不容易形成合作，原因在于双方更多都在试探可接受程度。在物业经营中，要让双方看到市场预期，通过历史数据与案例说服供应商。

（7）回旋。当双方谈判标的不能达成一致时，能够找出标的中不符合规则的条款延伸发展，从而让对方做出让步。谈判是双方面的，每一次让步都是利润的减少、权利的减少，但让步也是为了能够换取对方的让步。谈判过程也是妥协的过程，表达出企业的诚信与合作发展的态度，同时捍卫自身企业利益，遵照逐步递减的策略。

（8）放宽条件。能够将问题与条款进行延伸，通过影响其他合作领域或达成不同的战略打法进行合理出击，突出重点，分步实施。

（9）谈判结束。谈判结束后确定双方合作的权宜，在协议中注明谈判协议达成。根据保密原则，不向外透露谈判细节。与对方进行最后的握手，表达敬佩的态度，展现自身敬仰对方的风度。

三、美居服务内容

家居业务的开展，为业主提供可选择空间，节约业主时间。业务范围包括但不限于范围：

（1）家具：木质家具、金属家具、皮质家具，桌、椅、床、沙发等。

（2）厨房设施：橱柜、案板、台面、水盆等。

（3）卫浴设施：水龙头、洁具、陶瓷用品等。

（4）配套家用电器：需要测量或定制安放的配套家用电器；电视、冰箱、洗衣机等。

（5）其他具有功能性和满足装饰需求的商品，如瓷砖、窗帘、地毯、地板、墙纸、照明、灯饰等。

（6）装饰用材料：五金件、水管、电线、胶、漆、涂料等。

（7）无形产品：家居装饰装修服务。

四、美居业务职责

（1）城市区域：统筹物业美居活动并协同各部门开展美居业务。美居业务过程中，确保活动按照方案有序进行。

（2）美居负责人：主导美居业务所有工作开展，负责家具入场的验收及售后服务，协调各部门进行配合，整合美居资源。对现场品质和供应商进行抽查，对活动现场需改进部分进行协同，对供应商行为根据物业项目意见进行沟通，并对其按制度进行管控。

（3）项目经理：负责项目内部沟通，全力配合美居业务开展。

（4）项目客服：管家提前进行业主群建立，对美居活动进行前期宣传；提前协调开荒。

（5）保洁单位：对样板间公区环境包括不限于楼栋及样板间内进行精保洁。

（6）维保修：按规定时间节点内完成样板间维修及整改，提前达到验房标准，确保样板间按时进驻；推荐业主参观样板间。

（7）秩序维护：巡查交楼现场区域，维护好交楼现场秩序；做好非合作商家入园宣传的防范和清理；做好家具出入园区登记；清理私开样板间以及对美居竞争品类产品管控。

（8）项目信息收集：制定标准管家话术，可使用问卷、电话等方式进行业主调研，填写业主美居需求调查表。

（9）根据项目数据与业主需求进行美居业务招商。

五、业务权责

（1）公司美居业务人员：主责签订战略合作协议，洽谈全国级合作商，制定现场交付标准，活动标准，商务条款，研发创新美居业务盈利增长点。

（2）城市美居业务人员：负责美居业务招商工作、地区商家洽谈、商家监管，以及美居业务的具体操作。

（3）项目人员：负责协同项目各部门配合，开展业主见面会，园区广告布置，动线设定等植入；征集样板间，提供项目 CAD 图纸，精装房的效果图，配合提前验房、收房，交付前进场沟通。

六、业务行为

（1）调研：通过电话、问卷、App、小程序等工具，收集业主相关信息，通过数据调研业主需求，购买取向，进行品牌与设计定位。

（2）宣传：告知业主物业开展美居服务，美居服务内容，何时开展，内容形式，收集并了解业主需求。

（3）见面会：通过邀约业主参加见面会活动，起到宣传美居业务与物业服务，达到成交目的。

（4）品鉴会：通过邀约业主到家居家电卖场现场参观，与企业合作形式包括给予客户专享优惠服务，如家具、家电拍卖、促销等。同时，规定时间内门店仅对项目业主开放，给予业主尊享感受。

（5）样板间：家装商家在物业园区开展美居业务，现场展示时使用，通过展示现场装修情况、美居设计、家居设计促成业主成交。

（6）市占率：签约户数 / 开展家居业务项目总户数。毛坯交付按实际报装户数计算，精装交付按实际购买户数计算。

（7）户均销售额：销售总额 / 销售户数。

（8）见面率：物业通过电话邀约、现场指引、工作人员带看等形式进行引流客户 / 总户数，客户至样板房或销售现场的。

七、业务开展流程

（一）调研

新交付项目按照美居业务进度逐步开展业务。

（1）外部调研：对城市住宅信息进行收集，对项目周边楼盘进行数据采集，信息包括楼面价，销售价，家居、家电卖场距离，项目周边美居市场情况，并进行数据分析。教育配套、商业配套、医疗配套、周边楼盘价位、入住率，只有通过数据的研判找到项目定位的产品或服务，才能更加准确地对合作商家进行品牌定位，如果前期调研不充分、定位不准确，会直接导致业务成交量无法达到预期。

（2）内部调研：项目交付前做好选品，对产品进行定位，让供应商匹配。选品阶段需要根据前期调研数据（如业主喜好）进行商户选择，因为，产品定位后，如果数据明确显示产品与购买喜好不符，很难短时间进行调整。调研数据包括：刚需型居住、改善型居住、房屋面积、业主年龄层、人口构成、房屋使用情况、投资出租及自住、职业背景、收入、学历、车辆情况、喜好设计风格（如中式、美式、欧式、简约）等。项目交付前 60 天进行。

（二）策划宣传

通过线上线下的形式对业主进行推介，告知业主物业提供美居业务，确定项目开展业务宣传形式，如样板间、临展、场地、位置、业主动线、商家卖场选购等。项目交付前 30 天进行。

1. 见面会

通过邀约业主、物业、商家见面会形式，进行美居业务推广，促进现场成交额。项目交付前 15 天进行。

2. 样板间

业主征集园区样板间，通过与美居商家进行协同，通过租赁业主房屋形式，进行样板间打造，现场进行业务展示。项目交付前 5 天进行。

3. 二次销售

集中交付期过后，业主入住项目，可进行满意度回访，通过回访形式，询问是否有需要进行补充的产品，如窗帘、壁纸、装饰、家电等。商家交付后 1 周进行。

4. 售后

产品交付后，业主使用，通过提供美居服务为业主带来便利服务，进行售后服务回访，增加业主对美居业务认可进行业务推介。商家交付后 1 月进行。

5. 现场布置

项目交付现场做美居业务动线设定，给予业主尊享感受，增加成交比例。

（1）园区美居业务开放前进行路演走场，现场提出改进建议。

（2）对开展项目样板间或现场园区展示进行动线定位，进行亮点打造。

（3）制定现场布置方案，设计宣传物料。

（4）审核宣传口径和宣传物料。

（5）协调美居现场活动场地。

（6）协同布置及流程策划方案。

（7）广宣物料摆放及推广，营造销售环境。

广告宣传版面风格在同一个项目内应使用物业集团背景统一模板，突出美居服务理念，使业主在视觉感受上有连续性，容易接受。

6. 路线规划

（1）园区入口处摆放桁架。交付主入口处、样板房入口处，内容展示为，物业企业欢迎业主回家，物业企业提供相关服务内容，保安、保洁、绿化等。

（2）通过地面红毯或铺设更改步道颜色，地面有红色标识指引，指引到展位区、样板房。

（3）动线两侧摆放展架立牌，位置在每栋楼 1F 大堂、样板房 1F 大堂、美居展位区、物业费服务中心、业主签到区，物业提供美居业务及样板间位置、样板间效果图等。

（4）园区空间展示应采用统一展棚形式，展棚外侧制作不干胶印刷，张贴物业企业品牌形象。

（三）新技术应用

美居本身是设计与美的结合，通过科技手段带来更多体验，可将未来美好的一面呈现给将要开启的新居住环境。虚拟现实包含了多个技术分支，如 AR、VR、MR[1]、XR 等，美居业务通过虚拟现实给予客户全新的体验。

（1）AR 是 Augmented Reality 的缩写，即增强现实。通过设备识别和判断（二维、三维、GPS、体感、面部等识别物）将虚拟信息叠加在以识别物为基准的某个位置，并显示在设备屏幕上，从而实时交互虚拟信息。

（2）VR 是 Virtual Reality 的缩写，即沉浸式虚拟现实。VR 为用户提供了完全沉浸式的体验，使用户有一种置身于真实世界的感觉，是一种高级的、理想化的虚拟现实系统。

（3）MR 是 Mixed Reality 的缩写，即混合现实，指的是合并现实和虚拟世界而产生的新的可视化环境。在新的可视化环境里，物理和数字对象共存，并实时互动。

（4）XR 是 Extended Reality 的缩写，即扩展现实。实际上，XR 是 AR/VR/

---

[1] 《Unity AR/VR 开发：实战高于训练营》.

MR 等各种形式的虚拟现实技术的总称。它分为多个层次，包括从通过有限传感器输入的虚拟世界到完全沉浸式的虚拟世界。

（5）VR 样板间展示。通过全景图合成和拼接软件进行 VR 样板间的编写，将多种样板间设计进行制作，通过 VR 眼镜进行呈现。开展美居业务过程中，顾客可以节约到达样板间的时间，仅需在业务办理区域就可以马上查看多种设计需求。

（6）3D 立体设计图展示。3D 软件建模是通过设计软件建出模型，这个模型又称作 3D 模型，可以通过显示器进行呈现。通过使用 3D 扫描仪技术到样板间进行全屋扫描后，将打造的美居环境进行建模，转换成数字模型，由美居商家进行方案设计，在项目交付现场大屏幕或手持设备中，给予客户进行展示，现场由美居设计师进行案例讲解。

（四）业务实施

1. 样板间方案

项目开展样板间形式进行美居业务开展，通过现场参观样板间，场景化营销为业主提供服务，征集样板间工作项目，交付前 2 个月开展。

（1）编写样板间征集方案、业主沟通话术，征集数量 3~5 个，样板房选择低楼层最优为 1 层、项目进口位置、距离项目交付位置最近为最优，参观便利为最优。

（2）美居商家根据 CAD 户型图、现场量房进行方案设计，对产品设计，搭配方案进行确定，产品风格设计 3~5 套，美居商家根据项目主力户型或占比最高户型进行方案设计。包括 4 项内容：平面布局图、效果图、报价、设计说明。产品根据项目定位进行档位设置，确定产品定位符合当地市场及项目客户需求。

（3）项目物业服务中心进行样板间意向跟进培训，统一对客技巧，通过电话访问形式，了解客户房态情况及家装需求。

（4）样板间意向客户进行跟进，通过项目资料对客户房号及联系方式进行整理，由项目客服管家进行电话咨询，对房屋业主进行微信添加并加入统一微信群，管家朋友圈发送征集信息。每天由美居商家分享搭配方案、美居设计等，并解答业主疑问。

（5）对征集样板间线下最适合参观路线，征集需求时以租金或家具置换、家装等方式进行签约，征集样板房的时间越早留给设计进场时间越多。

（6）确定样板间，业主确定样板间出租时，对客户进行美居商家业务对接，2 日内向业主提供定制方案，根据客户需求及时调整定制方案。

2. 样板间进驻

（1）与美居商家进行协同，根据样板间量尺、设计、安装等环节进行跟进，督促供应商按计划完成样板间的布置，确保按时完成交付。

（2）项目联合对样板间展示效果进行验收。

（3）项目对样板间进行日常安全检查和巡视。

（4）样板间是促进成交的场景，体现美居商家设计能力及施工能力。

3. 样板间带看

（1）给验房工程师激励。如：赠送礼品；按带看户数进行激励、成交激励等。

（2）交付现场摆放样板间宣传物料，业主在等待期间可进行查看，了解开展美居业务。

（3）积攒功能设计，全部样板间参观完进行集赞。全部样板间参观完即可领取礼品一份。

（4）统一接待话语技巧，业主电话咨询或现场咨询统一回答。使用自媒体平台对美居业务进行宣传，如微信或朋友圈等。

（5）业主办理完验房手续后，物业工作人员主动介绍拎包入住项目，并由美居业务人员带参观。

4. 样板间管理

为客户提供干净、整洁、舒适的高品质体验空间。营造良好的美居展示环境，规范现场工作人员服务礼仪规范。

（1）样板间人员要求：接待人员包括物业工作人员、美居商家，做到主动、热情、大方、亲切、微笑。①发型：各岗位一律不过肩，并梳理整齐，前不遮眉、侧不及耳、不得戴夸张头饰。②化妆：工作期间，化淡妆，不化过分复杂和夸张的妆容。③个人卫生：身上不得有异味，不吃带有强烈异味的葱、蒜、韭菜等食品。④着装：着装平整，注意领带佩戴工整，工牌悬挂胸前。⑤举止端庄、文雅、行为得体，不得将手插入口袋或双臂抱于胸前、交叉于身后。

（2）言行：①上班期间任何场合着装整洁、举止大方、谈吐得体、不卑不亢。②员工在任何场合下使用礼貌用语，不开低级玩笑。③声调要自然、清晰、柔和、亲切，声量不要过高，亦不要过低。④不使用蔑视或侮辱性的语言，不得模仿他人的语言语调和谈话。⑤三人以上的对话，用相互都懂的语言。⑥不得以任何借口顶撞、讽刺、挖苦业主。⑦在服务工作中，无论是与业主交谈还是回答业主的询问，不知道问题，应首先向客人表示歉意，待请教他人或查阅资料后再做回复，或引导由销售顾问回答。⑧业主进入样板间，应站起来问好。

（3）业务技能：①掌握销售接待礼仪、与人沟通技巧、如何销售产品等方法。②了解样板间各商家业务基本业务知识和产品类型、价格、材质、售前、售中、售后等相关知识。③清楚了解订单流转程序。④跟单、配送安装、交付验收、回访等。

（4）非接待人员：①非接待相关人员，含物业人员和商家人员，物业本部相关人员和商家非必备人员非工作相关，尽量不要去样板间，减少人员拥堵。②非客户类人员，去样板间提前联系，确定人流量是否合适参观交流。③禁止其他商家人员进入样板间，严格把控，礼貌劝离。

（5）样板间接待流程：①接待人员需站立于样板间入口处，等待到场业主。统一说"你好，欢迎参观 ×× 样板间，我是×× 品牌"。②送上小礼品、提供糖果。全程跟进销售，明确业主是否有意向，并做好登记。③讲解样板间设计风格，询问业主购买房产类型（自住型、出租型、投资型、升级型），推出合适套餐，促进成交。现场下单，清晰下单流程，了解各类产品下单至送货、安装相关时间节点。④订单生成，客户联交给客户。⑤收款，线上支付或刷卡交易，现金款妥善保管。⑥每日梳理当日订单，汇总后交与物业美居对接人。⑦订单跟踪、配送安装、交付验收、客户回访、订单关闭。⑧送客户离开，并向客户了解本次购物感受。

（6）样板间环境管理：①样板间每日至少集中清洁一次，室内空气保持清新，通风保持良好状态，可放置香薰。②地面地毯保持无沙砾、无灰尘、无脚印、玻璃上无水印、指纹、无水渍，金属物品无锈迹。③物品、设备、标识、标签、价格签按摆放整齐，饮用水、水杯准备充分。④板间人员服务热情周到，耐心回答业主所提出的问题，并做细致讲解。⑤室内照明、开启正常。⑥室内绿植生长旺盛、无枯枝败叶。⑦样板间展示时间段，禁止一切施工。

（7）样板间物品管理：①工作相关物品，如笔、计算器、客户到访登记本、订单本、收据、商家资料、卷尺、饮水机、POS 机、户型图、效果图册、小礼品、糖果、宣传手册摆放整齐，使用后及时归位。②样板间下班前，对照物品清单盘点样板间所有物资，是否有丢失、损坏，并对相关工作用品及时补充。③各商家配套展示产品齐全，摆放到位。

（8）样板间信息传递管理：①样板间销售负责登记到访客户资料信息，并收集客户意见。②美居销售负责填写订单，并完成订单收集整理。③突发信息及时与项目或美居业务人员沟通。

（五）业主见面会流程

表 9-1　活动流程

序号	工作内容	达成结果	操作须知
1	场地确定	①首先选售楼处举办 ②其次选酒店 ③最后选家具卖场举办	①选择见面会场地车程控制在 30 分钟内 ②酒店签订租赁合同。见面会活动所需资源，商家与物业企业进行分摊
2	资源确定	①制作印刷公司确定 ②会展方公司确定	制作时间、印刷时间需在见面会前制作完毕
3	场地测量	①根据现场规划出具布置方案 ②根据现场规划，测量各空间制作物尺寸、摆放形式、商家位置以及产品摆放位置	绘制平面图，安全出入警示图
4	场地预算	出具整体见面会预算，美居商家协同分配比例	通过见面会顺序，摆展位置，产品等情况进行比例分配或位置进行比例分摊
5	资源收集	费用到公司账户或指定制作方账户	见面会资源收集后进行签约
6	资源清单	①见面会所需所有物料清单 ②营销宣传手册清单 ③伴手礼清单	根据会场规划，与美居商家产品逐一核对物料清单
7	见面会资源收集	①与供方收集营销物料素材，产品介绍、公司介绍等 ②物业企业 LOGO 公司宣传资料	美居商家提供资料为见面会专项制作
8	现场发言文案	美居商家宣传文案、营销文案撰写	物业企业对宣传形式、宣传文案进行审核
9	校对	①宣传资料校对无误 ② LOGO 规范校对无误 ③二维码、信息等准确	路演无误
10	资源制作	制作、印刷物品进行制作	物料制作需提前 2 天完成
11	资源购买	见面会使用物资安排专人采买、租赁	如进行网购需要提前 2 天
12	会场布置	①场地提供方确认布展时间 ②场地搭建方协同使用时间	与场地确定进场时间、缴费方式
13	会场安全	①对应急通道进行检查 ②现场应急标识清晰 ③见面会开场前进行应急通道告知	①检查现场消防设置 ②确保会场安全

续表

序号	工作内容	达成结果	操作须知
14	会场清洁	保洁清扫	①桌椅摆放整齐 ②茶歇区域美观 ③摆展产品美居商家进行规范布置 ④现场保洁人员随时进行清理

业务流程：

（1）确定产品，美居商家对团购会团购产品进行确定，产品应真实有效，可进行团购促销优惠，优惠应至少为市场价格的8折。

（2）确定场地，确定举办团购会位置，如酒店、项目现场、样板间。

（3）管家介绍，管家通过线上宣传的形式对活动进行告知。

（4）客户邀约，管家在确定位置、业主意向后进行邀约。

（5）搭配分享，宣传物料设计制作，体现美居产品与服务。

（6）缴纳定金，业主购买团购产品，美居商家收取相应意向金。

（7）现场抽奖，现场可进行1元起拍，多种形式进行业主参与。

（8）线上团购活动。

（六）见面会标准

见面会可在酒店、家居卖场、写字楼等进行，售楼处为最优选择，最后选择为家居卖场，如选择酒店或美居商家场地，需要考虑购房业主居住区域，车程控制30分钟内。

活动现场区域划分：①大屏幕或台上演讲区；②业主客座区；③茶点饮料区、美居商家展示区、现场促销活动区、咨询区等。

1. 邀请技巧

对业主进行电话告知：尊敬的业主您好，我是××物业管家，您是××项目业主，我们邀请您在××月××日参加在××地点举办的业主见面会，我们期待您参加。如业主可以前往，管家核对住址、电话，根据住址发送邀请函，现场凭邀请函入场，或发送信息、微信二维码等，凭借信息入场。

2. 邀约流程

业主邀约工具：

（1）置业顾问微信推送。

（2）短信息。

（3）电话邀约。

（4）快递邀请函。

（5）微信公众号发布。

（6）朋友圈推送。

3. 邀约执行

（1）地产地公众号推文，朋友圈海报发送，做到企业背书，关注文章发布24小时阅读量，每周可进行新文章发送。

（2）置业顾问对推文进行转发，文章触及业主，内容包括咨询路径，主要活动形式。

（3）对咨询业务业主进行兴趣群建立，制作群二维码，业主可进行添加，活动助理统计微信人数。

（4）对社群进行运营，专人进行每日工作，对群内进行家装知识宣传，前期进行促活方案设计，业主对活动有哪些关注点进行关切，对项目有哪些问题进行统计，风险话题应对方案，统一话术，微信公号后台统计报名人数。

（5）电话邀约业主进行活动参与，统一话术。

（6）短信息发送，见面会信息，编辑文字控制在50~60个，避免信息过长。

（7）快递邮寄邀请函，邀请函制作精美。

（8）邮寄，邮寄业主邀请函。

4. 业主见面会内容

（1）物业项目团队与业主进行见面，进行团队展示。

（2）项目总职责，现场对物业服务进行讲解展示。

（3）地产职责，对交付现场准备资料以及交付过程环节进行展示说明。

（4）管家职责，现场进行管家服务介绍，服务展示等，管家团队进行信息留存。

（5）秩序职责，军体拳、擒拿等现场秩序展示。

（6）商家职责，现场进行美居业务讲解，专属项目户型设计展示、智能家居展示、材料展示、咨询。

5. 前期筹备

（1）透明抽奖箱。

（2）奖券（奖券分为两部分：一部分业主留存，另一部分投入抽奖箱）。奖券设计可安排美居商家进行制作，印刷美居广告，或物业企业进行印刷，印制物业品牌，如业主获奖，此奖券业主会当作幸运符留存。

（3）业主随手礼：随手礼由美居商家进行提供。

6. 业主到随手礼

（1）与商家进行确定到场礼品数量、价值。

（2）确定到场礼发放要求。

（3）按照邀约数据估算见面会到场人数，商家准备到场礼品，礼品由商家进行采买。

（4）到场礼数量应比预计到场人数多 20%。

（5）确定到场礼送货时间。

（6）手提袋：手提袋由物业企业进行印刷，进行品牌传播。

（7）物业服务手册：物业企业印制宣传手册。

（8）签到台：业主到达会场，进场前进行签到。

（9）美居手册：美居商家印制手册，内容为促销信息，门店信息。

7. 现场路径指引

举办见面会场所，物业印制企业 Logo 的导引牌。

（1）业主签到：位置引导至签到台，签到工作人员为物业企业人员，场内物业宣传片进行滚动播放、物业与美居商家进行业主引导，进行现场就位，前台设置签到表。签到表内容包括，客户姓名、电话、楼号房号、客户签字后领随手礼品。可增加业主现场集赞模块，业主在见面会与商家进行站台沟通，每个品牌进行一次集赞，全场品牌集赞后获赠好礼。

（2）活动开场：活动开场前现场播放物业企业宣传视频进行暖场，引起业主兴趣，开场前 5 分钟进行提示就座，活动马上开始，见面会中植入促销活动，提前锁定部分意向客户。

（3）公司介绍：物业人员上台对物业公司进行服务介绍，活动开始讲解活动中 3 次开奖作提前预告。

（4）业主见面会即业主生日会：现场邀请本月生日业主进行上台，进行现场切蛋糕仪式，物业与美居商家现场进行礼物赠送。

（5）管家介绍：管家上场，进行形象展示、服务介绍、自我介绍，可建立管家群，业主现场入群。

（6）园区安全保障讲解：秩序员进行现场展示，军体拳、格斗等。

（7）工程介绍：对项目科技系统，运行系统进行介绍讲解。

（8）现场抽奖：美居商家设置三级奖项，现场抽取三等奖。

（9）户型设计讲解：美居商家根据项目户型设计产品方案进行介绍。

（10）促销活动：现场讲解美居促销活动。

（11）活动主要导流爆款产品进行宣讲，促销政策确认、促销礼数量、领取额方式。①产品应明显低于同类产品市场价；② 10 元设计费，不满意 5 倍返还；③定金可进行 10 倍冲抵；④优惠券套卡等。

（12）样板间租赁：美居商家现场对美居样板间进行方案介绍，对意向业主进行咨询。参与样板间征集业主可参加现场赠送好礼，家装家居等优惠活动。

（13）穿插抽奖活动：美居品牌商家进行奖项抽取。

（14）陈设摆放：邀请陈设摆放师对家居摆放进行讲解。

（15）冷餐：现场休息可进行冷餐，可到会场内进行品牌咨询。

（16）离场：活动结束。

8. 促销方案策划

（1）参与活动的美居商家确认合作促销方案，审核促销方案是否合理。

（2）对促销方案进行包装策划。

（3）对供应商进行暗访抽查，到卖场或电话形式验证产品或服务和促销是否真实。

（4）协同美居商家共同对促销方案进行调整，迎合业主需求。

9. 美居业务开展培训

对活动中需参与的项目工作人员进行培训，熟悉活动流程，统一业务话术、活动要点。

（1）培训内容：物业人员（激励政策、产品介绍、样板间位置、带参观路线、合作商家品牌、活动内容等信息进行培训）。供应商人员（注意事项、基本问答、项目管理规定）。

（2）管家培训，是决定项目美居业务产能的重要环节，通过流程环节、样板间打造、现场活动等进行专项培训。

（3）秩序培训，包括外来品牌管理，自品牌管理。

10. 宣传途径

（1）平面宣传，园区广告位展示、电梯保护进行美居业务宣传张贴。

（2）网络宣传（如微信、微博、QQ、抖音等）。

（3）电话宣传（如电话沟通项目业主）。

（4）活动宣传（如业主见面会、工地开放日等）。

11. 活动物料制作

依据项目交楼路线、交楼位置、交楼季节设计确定物料数量、尺寸、类别并制作物料清单。

物料品类包含：人员服装、条幅、桁架、道旗、地贴、KT板、门型展架、指示牌等。

12. 现场人员管理

（1）项目带看人员，项目业主收房阶段，现场安排专业人员对美居业务样板间或现场服务进行带参观，统一人员服装，统一管控手册，做到服务品质保障。

（2）合作商家人员，美居业务商家在约定位置按约定方式进行营销宣传，对宣传方法、形式进行书面报备。

（3）现场督导，物业企业人员进行现场管理，对项目进行巡视，做好现场商家管理工作，每日统计活动数据以及样板间参观成交记录。

（4）秩序门岗，对送货记录进行登记。

13. 现场活动开展

美居商家应遵循《家居行业经营服务规范》作为职业规范。

（1）业主收房阶段，美居工作人员陪同业主验楼环节，增加美居商家触点。

（2）引导客户参观样板间，全程陪同，介绍本次活动的特色及优惠。

（3）样板间布置设计风格不同，现场会由各美居品牌的销售人员，维护现场秩序，根据顺序进行参观。

（4）业主提出产品问题，美居品牌销售人员进行详细讲解。

14. 项目客户订单跟进

（1）意向客户跟进情况、订单生产情况进行跟进。

（2）项目占有率、户均消费额进行统计。

（3）对业务数据进行分析，出具活动报告。

（4）对带客率进行统计。

（5）合作供应商进场安装提供协助。

金额较大的订单或整体定制的家具产品，业主下单比较谨慎，一般会在看过设计方案，经过多方比价后成交。

15. 内外部管理

（1）外部管理：①美居商家交付期每日建立沟通会，统计商家营业额及各项业务需求；②交付中每周销售情况统计汇总报送物业公司美居业务人员；③交付后，每月由业务对接人到商家线下实体店核对销售额，查看商家销售台账核对数据是否准确；④美居商家统一制作工作证，进出项目需出示证件；⑤确定商家现场哪些岗位工作人员、可提供那些服务、互动方式和工具；⑥参加活动工作人员数量确认，人员更换时需进行新出入证办理。

（2）内部管理：①项目对各部门负责人集中交付期每日班前班会通报业务情况，统计每日业务需求，外来人员管控情况，销售情况等。②日报制度，每日项目单位管家统计销售情况发送美居业务对接人，由对接人统计数据。③统计数据应包含，项目名称、日期、客户姓名、联系方式、供应商品牌、下单日期、订单号、标的物、预计送货时间、合同金额、意向金等内容（见表9-2、表9-3）。④客户回访，通过客户满意度形式进行回访，收集核实销售数据。交付期过后，根据销售数据台账对产品质量、商家服务态度、销售额进行确认回访，保证台账信息及商家汇报数据真实有效。

表 9-2　基础信息

序号	项目	日期	房号	客户姓名	客户联系电话	供应商

表 9-3　美居数据

下单日期	订单号	标的物	预计送货时间	合同应收金额	意向金	收款时间	收款单号	实际送货时间	安装验收时间

16. 售后回访

（1）对业主购买后反馈问题进行商家协同；

（2）对业主进行电话回访，以及满意度调查；

（3）解答业主提出的各项疑问。

回访内容包括施工质量、服务态度、问题处理及时性等。

17. 售后问题处理

（1）协同供应商处理业主的售后问题，开展美居服务前签订商家合作协议，收取相应质保押金，如果商家产品出现质量问题，进行业主先行赔付。

（2）要求供应商按照美居标准做好售后处理。

（3）跟进售后问题处理，验证处理结果。

18. 二次营销

（1）制定二次营销策略。

（2）二次营销活动推进。

（3）统筹管理美居活动，处理美居活动中出现的状况。

（4）开展形式：联合物业社区活动开展进一步宣传和营销。

八、美居招商标准

根据招商谈判过程特点，要与供方取得共识，促使谈判成功应遵循以下原则：坚持信用原则，不轻易许诺，保证言行一致，取信于对方，以体现真诚合作的精神。

（一）全国招商收费标准

为商家提供明确、清晰的可购产品及服务。

表 9-4　收费标准

产品线			佣金标准		备注
			一线城市	二线城市	
佣金标准	整体装修	套餐装修—经济装			
		套餐装修—轻奢装			
		整家装修			
	局部装修	私家花园			
		土建			
		铝合金门窗			
		厨卫墙面			
	建材	瓷砖、地板、壁纸、洁具、五金等			
	木作家具	定制木作			
		定制家具			
	电器	装修设备			
		生活电器			
		智能家居			
	软装	窗帘布艺			

续表

产品线			佣金标准		备注
			一线城市	二线城市	
佣金标准	软装	家居配饰			
	生活服务	空气检测、治理			
		监理			
		开荒保洁			
		搬家			
其他	水泥河沙吊装服务				

（二）费用名词

（1）服务费：乙方在甲方管辖项目开展家居家装家电相关业务，支付给甲方的合作费。甲方为乙方配备专职人员，指引乙方在园区开展相关业务。

（2）销售佣金：根据合作约定，甲方向乙方收取其产品成交额一定比例的费用作为佣金。根据合作商务条款不同，从首单或超额单开始计算收取销售佣金。

（3）销售保底：甲乙双方针对某一项目，达成最低的销售额承诺。乙方根据此销售额向甲方一次性缴纳双方约定比例的销售佣金。在保底销售额范围内，甲方不再另行收取佣金。超出保底销售额部分，按双方约定，乙方继续向甲方缴纳佣金。未完成保底销售额，甲方不退换佣金。

（4）销售定额：甲乙双方针对某一项目，达成的固定销售额承诺。乙方根据此销售额向甲方一次性缴纳双方约定比例的销售佣金。未完成销售额，甲方不退还佣金。超额完成销售额，甲方不再收取超额佣金。

（5）溢价：如遇两家或两家以上乙方公司在同一时间争夺同一资源或名额，且条件相同的情况下，甲方将组织乙方竞标，乙方可在原有报价基础上进行溢价，根据溢价绝对值，确定优先级。

（6）见面率：活动中所见客户总户数/项目总户数。

（三）招商策略

（1）撰写项目专享招商海报对外进行宣传招商，内容包括项目介绍、项目户数、项目精装、地理位置、项目售价和业主定位，设计招商海报可在朋友圈进行转发，可在项目本案醒目位置进行张贴。

（2）建立供应商库，资源库内商家进行业务协同，参与新项目招商。

（3）内部推荐方式，根据招商需求，物业企业可内部进行招商发布，推荐人给予相关奖励。

（4）同行业推荐，行业开展美居业务可进行项目匹配度植入，对行业推荐优质合作商家开展美居业务更加快速切入标准动作。

（5）家居博览会，参加相关美居展会或家居展览，对商户进行协同，介绍物业企业，形成合作。

（6）商家推荐，现有合作商家可对项目进行推荐，相互合作商家。

（7）市调走访，地区家装家居市场、品牌卖场走访，主动寻找符合项目品牌进行洽谈。

（8）自媒体营销，发布招商指引，对项目进行视频拍摄，企业介绍，在自媒体频道进行宣传。

（9）集成商，美居集成商家进行合作，商家进行统一项目推介招商，节省物业企业招商时间。

（四）准入制度

（1）商家资质：美居商家营业执照、税务登记证、组织机构代码证、一般纳税人资质证明、银行开户证明、品牌授权委托书、产品质检报告或检测证书、进出口关单。

（2）商家核查：通过现场走访核实商家商业环境、通过线上企业信用查询对商家进行风险筛查，如表9-5所示。

表 9-5 供应商检查

核查项	核查内容	判定标准	合作标准
企业信息	公司成立日期	不足一年	成立三年以上
	营业期限	不足一年	经营三年以上
	注册资本	注册资本金额	注册资本高
	公司规模	15人以上	产品售卖形式
法律诉讼	经营过程	企业出现经营过程诉讼、裁判开庭	案件案由
	经营欠款	企业存在欠款纠纷、诉讼、判决、开庭信息	案件案由
	企业失信	确认合作企业失信	诚信经营
企业经营	纳税信用等级	A/B/M 等级	信用等级高
	政府检查	检查结果非正常	合格企业
	信用评级	AAA级/AA级/A级	信用评级高

核查项	核查内容	判定标准	合作标准
行政标准	经营异常	出现经营异常信息	无经营异常
	严重违法	经核查确认实际情况	无违法情形
	行政处罚	警告、罚款、没收、停业	无行政处罚
行政信息	失信记录	失信记录	无记录
	被执行人	法人为被执行人	案由无关经营
	裁判文书	是否违法经营	案由无关经营

（3）商家淘汰制度。企业通过商家合作，对美居业务进行迭代升级，以打造精细化服务为原则，进行持续业务更新，提升物业整体的服务品质和业主满意度，制定美居商家淘汰制。项目开展美居业务过程中，对商家进行行为检核，未达标商家给予淘汰。

试运营淘汰办法，如表9-6所示。

表9-6 美居商家考核

事项	标准	总分	细则	评分
市占率	市场占有率品牌影响力	10	市场占有率高，国际品牌	
项目销售	合作项目销售占有率	10	销售情况占比	
服务标准	合作项目对客服务	10	无投诉	
活动匹配	合作项目开展各项活动标准化	10	对开展业务熟悉	
销售人员	销售人员专业	10	对产品与服务熟悉	
产品质量	产品质量过关	10	售卖产品无质量相关问题出现	
退换货	客户对产品不满意进行退换货是否配合	10	保障消费者权宜范围内和消费者要求外均尽量满足业主需求	
私单	销售人员进行私下交易	10	经营过程中发现不与项目发生交易记录	
承诺	进行无法兑现承诺	10	对业主进行承诺	
虚假宣传	对产品或服务以及合作物业企业进行虚假宣传	10	为提升自身销售或其他目的进行虚假宣传	
根据分值进行合作与淘汰判定				

（4）商家赋能

1）收房活动，美居商家开展收房活动。

2）管家点对点推荐。咨询业主提供一对一品牌推荐。

3）管家手机端推送，商家设计广告宣传页面，项目管家在特定时间推送宣传。

4）业主见面会，邀约业主参加见面会活动组织策划。

5）样板间活动，帮助美居商家进行样板间征集，进场协同。

6）业主手册广告，设计制作业主手册，美居商家产品展示进行投放。

7）园区摆展，现场美居商家进行园区宣传。

8）园区活动，根据不同节日或内容策划园区活动，美居商家参与现场活动。

9）园区公告栏，美居品牌商家在园区公告栏进行宣传。

10）服务中心资料摆放，美居产品手册宣传等资料在物业服务中心进行摆放。

11）桁架、展架等，园区内进行品牌宣传摆放。

12）电梯看板、电子屏广告自主经营、签约经营，通过播放广告形式进行宣传，美居业务承担制作、安装费用。

13）电梯成品保护，项目电梯内进行电梯成品保护，电梯门，电梯轿厢内，进行保护后放置美居业务商家广告。

14）道闸广告，园区地库道闸，进行广告宣传。

九、美居产品营销

1. 全包计划

新业主入住，对于房产定位，业主可对全屋产品做打包购买，给予业主产品最大折扣，样板间展示产品符合当下市场追捧程度高的产品。业主一次性购买，省去中间沟通环节、计算环节、订货时间环节，节约大量时间及人力成本。

2. 菜单式选品

为项目户型量身打造几种设计风格家居方案，定价以阶梯方式做菜单式搭配，业主根据户型、喜好进行快速下单。

3. 根据产品清单选品

美居商家通过在线展示方式提供全部产品供业主选择，产品商家为业主提供产品摆放模型，供业主线上查看，选品，为业主呈现效果。

4. 长期规划

对于产品可提供长周期交付，业主在时间充裕情况下，可选择长期规划交付产品，用更多时间定制优质产品，满足业主慢速需求。

5. 未来选择

产品正处于设计阶段，商家通过模型成品展示或设计图为业主展示，定价未出前可预付享受优惠，为商家赢得前期客户。

6. 混合捆绑

软装产品，厨具、餐具、窗帘布艺、床上用品、室内装饰、艺术品等买得越多，通过几个供应商提供不同产品，给予客户捆绑优惠。

7. 团购价格

将产品做团购销售，零售价、销售价落差区间明显，能够引起业主踊跃参与。

8. 拍卖会

美居产品以拍卖形式 1 元起拍，可聚集业主人气。竞相叫价对品牌与产品有更好的体验，未来业主会宣传"现场激烈交加最终仅花了多少金额就购买到了某产品"，也是良好宣传渠道。

9. 互赞

加多宝、王老吉之争，让消费者看到了两个品牌之间的竞争异常激烈，最终诉之法律。它们在争夺市场份额的同时，其实也伤害了消费者，虽然是 2 家公司之间的纷争，但消费者对品牌的看法会下降很多，给消费者带来的是一种焦虑，当消费者选择产品的时候，想起的就是公司之间的纷争。换一个思路，如果企业之间互相赞美，对于客户反而觉得这家公司做得很到位。2016 年 3 月 7 日，宝马成立 100 周年，竞争对手奔驰给宝马发来了贺电，感谢 100 年以来宝马的陪伴和竞争，没有你的那前 30 年，我过得很孤独很无聊。

在美居业务中，家居样板间参观过程供应商根据业主需求推荐产品，如果业主喜好程度设计风格与提供产品不一致，那么可以推荐其他品牌以符合业主需求的，这样业主对服务认可，反而增加该品牌销售量。

10. 参与其中

解决问题要站在客户角度，以解决问题为目标，有时候不要把注意力放在以往经验或方案上，需变换角度去创造新的解决方案。

美居业务要求经营人员必须参与其中，对每一个环节进行持续优化迭代，才能为业主持续创造价值。

十、美居合作协议

主要商务条款：

（1）甲方协助乙方进行宣传推广、项目现场管控、活动组织、引流、对客推荐乙方产品及服务、蓄客等工作。

（2）乙方市场营销、设计、产品销售、有偿服务的提供、产品制作安装及售后服务等工作的具体实施。

（3）乙方的销售价格，须遵循价格最低原则。签订生效之日起，前、后60个自然日内（含），在某（地域范围）范围内不得出现更低价格。

（4）佣金比例按照××%收取，以项目总销售额20××年××月~20××年××月发生全部金额为依据。

十一、征集样板间

（一）征集标准

对业主背景资料进行了解后，由项目管家客服拨打业主电话进行征集。

（1）自报家门：业主您好，我是×××物业服务中心工作人员。

（2）核实业主身份：请问您是××项目××幢××室的业主吗？

（3）表明来意：××项目交付在即，现物业中心统计入住率。

（4）向业主表明用途。如果业主自住，询问入住时间。

（5）询问家居软装是否预定。物业企业与××企业签订战略合作协议，有几家合作商家（××品牌），可以享受专享折扣价对业主需求进行记录有意向，记录后续跟进。

（6）业主答入住时间或不确定。提出物业目前与家居品牌商家合作，希望向业主承租几套房子做家居软装样板间展示，是否有意向。

（二）合作方式介绍

第一种：租赁。由业主、物业和商家签订三方合同，业主获得比同期市场租金高20%的租金（由美居商家支付），合同到期后，负责保洁及业主验收房屋。

第二种：购买所有的家居软装。由业主、物业和商家签订三方合同，业主获得比同期市场租金高20%的租金（由美居商家支付），商家和业主直接谈合作，美居商家根据业主软装期望与商家设计相结合，进行样板间展示设计，样板间展示完毕后，业主以低于市场价格20%~30%的价格购买整套家居软装，或进行租金冲抵家居费用。

十二、美居金融

物业与银行、金融机构进行合作，为业主装饰装修进行金融支持。在业主需要进行装修时，为业主提供美居家装金融贷款业务。可通过对比银行或金融机构为业主选择优质金融机构，业主享受到全方位的金融装修贷款业务，装修贷是银行、金融机构专门为有装修需求的客户设计贷款服务。

业主可与合作单位进行装修方案设计，当方案设计报价确定后签订装修合约。银行或金融机构首先确定合约，审核业主相关资质，给予业主房贷操作。

（一）操作流程

（1）房产审核，对于按揭房、抵押房、全款房进行分享说明通过房产进行审核贷款。

（2）收入，审核业主的收入情况进行贷款审核。

（3）征信，对于业主负债情况进行贷款审核。

（4）还款能力，审核业主还款能力进行放贷。

（5）具体操作

1）方案确定。银行或金融机构审核后确定一种贷款方案。

2）文件提交，一般提交的文件如表9-7所示。

表9-7　所需文件

序号	文件
1	身份证原件，复印件
2	近一年的个税截图
3	公积金截图
4	银行卡流水
5	单位的收入证明
6	房本
7	房贷合同
8	户口本
9	结婚证
10	储蓄卡

3）审核通过后放款。

第十章 架空层使用

由中华人民共和国住房和城乡建设部颁布《住宅设计规范》（GB50096-2011）中对架空层规定，架空层指仅有结构支撑而无外围护结构的开敞空间层。

地产在建设项目时，根据建筑需求都会建设架空层。对于物业而言，架空层面积大，根据建筑单位要求，无法进行改造。面对气候差异，架空层营收难，多采用停放电动车等形式。但空置较大面积实属浪费，如果能够加以利用，不仅能为物业进行增收，还能给业主较大面积使用空间。架空层应从地产设计阶段与物业企业进行沟通，确定架空层功能布置，进行基础管线预留安装。

根据国家要求，不能够改变架空层结构，但对于架空层内顶部、立柱以及地面可以进行二次装修，通过使用用途规划，对规划做出设计，能够制造出耳目一新的业主体验。

架空层设计主要应体现在园区楼宇整体设计与内外相结合方面，使用楼宇墙体颜色一样的涂装或表皮进行内墙面与墙柱装饰达到契合过渡，做到整体统一，或在架空层内摆放绿植，与园区外绿化形成新景观，变成水天一色形成连接，打造小景观、小景区、小生态。架空层一定要避免华丽装修，应与外界形成反差，一方面成本高，另一方面与环境格格不入。

一、快递驿站

2021 年，我国快递市场整体保持平稳发展，继续呈现"增量大于增收"。

根据国家邮政局数据，全国快递业务量 1082.9 亿件，同比增长 29.9%，实现快递业务收入 1.03 万亿元。随着快递越来越多，可对园区内业主快递进行集中存取，利用架空层建设快递驿站。能够让业主不出园区情况下进行收发快递，满足业主快速收取快递需求。快递驿站开设便捷，室内摆放钢制货架，摆设前台，根据编号进行快递位置处理。

二、架空层休闲咖啡区

室内设计为咖啡休闲场所、摆放绿植，增加业主接近自然的机会，因此可以更多地走到楼下，进入室内进行小憩，更可以通过饮品区域售卖人员感知到物业服务，增进业主与物业之间黏性。

咖啡书吧作为对业主开放场所，应减少物业人员投入，可放置自助售卖设备品，即使在夜间，业主也可以自行购买产品，通过设备进行引流。

三、架空层健身区

园区业主对于健身的需求永远是旺盛的。随着越来越多年龄层较低的业主入住园区，对于健康的追求，对于身材管理的需求越来越多，如果在园区有健身场所，能够为业主节约大量往返于健身场馆的时间。

架空层地面铺设健身步道，用运动地板、运动地胶能缓解硬质地面给运动中身体带来的冲击。

墙面张贴镜墙，减少装修成本增加视觉空间面积，摆放绿植等烘托健身氛围，室内摆放健身设施。尽量购买使用无人保护的健身器材，在无人保护情况下，业主进行身体训练时避免受伤。架空层立柱应张贴健身须知、安全须知等。

四、乒乓球区

开放空间摆放乒乓球桌，能够开展对抗性竞技类体育项目，为增加业主活动。还可设立比赛项目，在乒乓区可吸引更多业主到架空层，通过健身区域进行增收。

五、瑜伽区

瑜伽区域可做地面硬化处理，业主自行购买瑜伽垫，做垫上运动，墙面张贴镜子，摆放舞蹈杆，吊顶进行钻孔悬挂瑜伽伸展带。

六、架空层冥想区

结合架空层四周通透的环境，通过冥想空间的打造，在嘈杂的社会环境中为业主创造出一片静心区域。通过冥想让心灵告别焦虑进入宁静的状态，通过穿过的风、雨、雾，感受自然的温度，让身体心灵与外界进行接触。架空层地面可建立一定水系，能够环绕流动。地面做硬化处理，增设台阶，放置打坐垫为业主提供冥想场所。

七、架空层遥控车赛道

遥控越野车场地分为越野赛道与竞速赛道，在架空层进行赛道设计，根据架空层不规则空间与立柱，通过铺设建造（水池、高坡道、路障、跳跃台等）设计出符合比赛要求的越野赛道，也可将地面硬化后地面进行赛道贴设置，打造遥控汽车赛道。遥控赛车完全不输真实赛车，物业可在不同时段进行比赛。同时，设置练习场地时间、与比赛场地时间。遥控赛车市场认可度高，入手简单，但上手很难，需要大量时间练习。可进行沉浸式体验，从而拉长业主参与时间，提高利用率，增加产能收益。

八、架空层仓储

架空层增加仓储设置，做地面硬化处理，按照架空层结构，利用立柱与墙不规则设计出空间大小格局不同的仓储，利用墙面节约仓储面板钢板材料，仓储租赁可增加业主家庭空间面积，将物品进行仓储存放，扩展园区服务功能。

九、架空层便民柜

架空层地面硬化可摆放快递柜、便民售卖柜、饮水机等，可 24 小时运行，为业主带来楼下的便利需求。

十、下沉庭院

架空层通过设计，打造出高差错落的造景，通过种植绿植或铺设微缩景观，将山水浓缩于尺寸空间中。通过自然风提高整体舒适性，同时带来视觉享受，能够满足业主休闲、喝茶、小憩的需求。

十一、儿童活动区

每一个园区都有很多小朋友，活动场地永远不够用，那么通过架空层儿童设计，地面铺设软垫，放置滑梯组合、木马、跷跷板等，打造儿童游艺区域。

十二、架空层改造

（1）架空层雨棚，架空层外安装雨棚，能够使架空层空间拉伸，不仅做到避雨效果，更增加了架空层空间，给人以处在室内的感官体验。

（2）架空层立柱，室内立柱应结合用途进行包装设计，立柱做到水泥不裸露，运动软胶贴附、面砖贴附、冲击海绵包裹等。

（3）架空层地面，架空层地面口内设置坡度向外排水，入口不能有排水管经过。

（4）架空层顶，架空层吊顶内管线走向排布合理，交叉后标高应满足架空层净高要求，如室内有噪声或震动需进行特殊处理，做吸音吊顶或顶棚加铺消音棉。

（5）架空层地面，地面落地管线做包装装饰美化处理，根据室内用途，可铺设地砖、地面硬化、运动软胶等。

第十一章 健身会所经营

健身是为了获得健康，健身已逐渐成为人们生活中的一部分，地产配套设施或物业投入建设，通过健身会所运营提升满意度更是物业经营的一条途径。

一、健身会所运营模式

传统健身房根据权属不同，分为加盟型健身会所和自营健身会所。这两种健身会所设备采购，运营管理成本高，投资回报成本周期长。

为减少前期投资，健身会所可与第三方进行设备入股形式参与合作经营。

会所要求设备供应商投入会所需求设备，对设备进行周期折损计算，根据投入情况确定入股比例。

二、会所经营

物业会所经营主要优势在于与现有园区业主建立沟通渠道，依托项目物业为营销宣传口径，快速获取物业园区人员信息，准确针对人群进行营。

会所是地产售房期间优质售房的宣传途径，业主入住该园区后可通过物业宣传了解会所提供服务。

会籍顾问作为会所主要销售人员，承担健身会所销售 KPI，制定客户的转化标准，对客户转化率进行考核。会所受覆盖园区的限制，可根据现有客户发展潜在客户，增加会所产能，老客户带新客户进行入会。

1. 新会员

会所运营初期，可在物业园区内进行营销宣传，对于预售阶段健身会所会籍可给予相应优惠，如制定次卡会籍，时间周期会籍，免费周期会籍（物业公司给予一定优质 VIP 客户免费时间）等。

次卡会籍：设定健身次数进行费用确定，会所根据健身周期制定卡次数，会员到店可进行消次，可设置单人或多人模式。单人模式，唯一持卡人进行消次。多人模式，到店客户按人次进行消次。

时间周期会籍：按照入会时间，制定月卡、季卡、半年卡、年卡等会员等级，根据不同时间长度，会员等级享受服务不同。

免费周期会籍：物业会所分为对外开放与对内开放，通过模式设置，物业公司可根据开展相关活动进行买赠会所会籍，即让业主先到会所内免费活动，再进行认知后消费、预收物业费等进行会籍周期赠送或服务体验。

2. 老带新

现有会员带新会员进行入会，可给予新会员相关优惠，如原价可进行折扣，给予课程增加，享受多种服务等。老会员升级时，可提供续卡折扣、赠送相关会籍卡种等。

3. 团购

对于一定人数客户，可利用团购进行，主要是给予一定折扣或服务优惠，如增加课程、赠送次卡、享受店内会员等级服务。可根据运营情况进行人数调整，根据入会人数，可给予不同优惠政策。

4. 线上购买

可通过线下办理转为线上购买，增加企业私域流量，便于会员宣传与活动推广，会员可第一时间参与活动。根据市场调研数据，33% 的受访人更接受 App 推广、朋友圈和互联网推广，线上营销端口成为开展业务的另一个途径。增加网络宣传端口与平台选择，开展多种形式宣传，跟随市场前端路径进行宣传。

5. 会员活动

会所定期举办相关会员活动，更可通过活动吸引新人参与。会员活动可安排店内比赛，经常参与会所的人群，需要一个平台展示训练成果，对自身进步情况有所认知。通过举办不同比赛，会员积极参与，感受会所气氛，增加会所会籍量。或者通过知识讲座，组织内部或外部会员，讲解相关课程知识，邀请潜在客户进行课程试练，感受现场教学气氛，进行客户转化。通过户外活动，开展会员出行活动，制定不同活动路线，增加会员趣味性，让会员感到会所服务丰富，激发购买欲望。

6. 续费

根据现有会员情况进行提前续费优惠活动，为会所带来稳定收益。老会员对会所认可度决定续费比例，给予老会员赠送时间，赠送服务，赠送卡次等优惠。对于会所占用资源较少，产出比高，可根据情况会员实际情况进行优惠条件设置，进行续卡。

7. 教练资源及课程安排

除了会籍收入外，私教收入也是传统健身房的一项重要收入。根据数据统计，参加健会所的会员中，平均每 10 人会有 3 人聘请健身私教。私教只能在店内私教资源中选择。建立顾客认可度高教练团队。教练分为签约店内教练和兼职教练两种，签约教练签订会所劳动合同，兼职教练，按照课程进行课时费结算。兼职教练的优势是节约会所人员费用，不需要固定薪酬，按课时费进行结算；缺点是兼职教练存在因不固定教练流失，也可能造成客户流失的情况。店内教练的优势是可根据流程体系管控，制订目标工作计划，绩效考核标准；缺点是薪酬福利多，课时费高，长时间形成客户对教练教授课程内容认可度低。教练授课收入是会所营收的增收项，教室可根据教授课程不同进行改造，达到授课目的。教练开设适应时期，应与客户需求课程进行推广，可根据教练授课参与人数进行 KPI 考核评定。

8. 信用会籍

通过金融公司或金融工具进行会籍卡售卖，顾客如果不想一次支付较高会籍费用，则可进行分期付款，可设置首付款比例，剩余款分期支付，会所通过金融公司将会籍费一次性回收。好处是与金融公司建立联系，增加开源渠道。还可根据金融公司提供财产品或保险服务，进行会员推广消费，在会籍费用以外赚取金融衍生品费用。这部分规模虽小，但与金融公司合作，开展新业务，可增加创新收益。

9. 会员服务

根据会籍价格制定不同服务内容，例如，美容美发服务，按摩服务，居家保洁服务，办理活动优惠，租赁 VIP 室优惠，店内教练课程，跨店使用等。

10. 会员餐饮

会所可提供健康餐饮服务，聘请营养导师，定期为顾客提供营养知识以及健康生活方式的宣传。会所餐饮是进行健康营养配比后提供给会员，对提供的产品进行热量、卡路里、设置不同增肌或减脂系列，为会员节约自行制作时间。会所根据客户需求不同，进行不同营养需求与健身需求餐饮制作。应对顾客更有针对性地进行推广产品，同时可以根据顾客的需要为顾客讲解饮食营养配比，提高和会所与顾客的互动。

11. 营养补给

营养补给是健身会所的收益来源，常见的有：

（1）增肌类蛋白粉、蛋白质棒、氮泵、支链氨基酸。

（2）减脂类，代餐包、左旋肉碱、纤体棒。

（3）膳食类，膳食纤维粉。

（4）身体修复类，关节宝。

12. 健身装备

随着科技发展与个性需求，市场健身装备繁多，为客户提供更好的训练帮助，如保护作用的健身装备，达到双方满意的效果。健身会所可根据自身情况进行买赠，有多种产品选择。

（1）手套：手套可以防护皮肤磨损，在推举握杆运动时帮助客户增加握力。很多客户会准备健身包，会所也可以为客户准备好标准健身包。

（2）绑带：膝盖、手腕都可使用绑带，绑带作用与护膝相同，在下蹲动作中起到保护作用。

（3）腕带：腕带也叫拉带，系于手腕，可在抓握动作时节省力量。

（4）举重腰带：举重腰带在运动中起到支撑作用。

（5）护踝：护踝可保护脚腕软组织，在下蹲等练习中能够更好地减少扭伤等身体伤害。

13. 会员活动

针对会员设计会员活动，如店内活动或外出活动。会员参与店内活动，更多地了解会所运营。也可通过举办店内比赛的形式，参与其中的会员对会所忠诚度更高，更愿意成为长期会员，减低企业获客成本。还可通过进行户外活动，如户外瑜伽、户外徒步、登山等都是增加会员黏性以及建立良好品牌形象的机会。应为会员购买意外保险，避免发生相关意外，从而减少企业面临的风险。

14. 推广宣传

在推广宣传方面，传统健身房往往采用面销加 DM 单的形式，或者通过社交平台公众号进行宣传。

15. 客户关系维护

良好的客户关系是需要维护的。传统健身会所往往会通过促销、回馈活动实现一对多的客户关系维护。从模式上看是健身会所主动维护，客户被动接受的状态。往往是客户提出了问题，但健身会所管理方不能及时跟进完善。长期就形成了服务与客户要求不对应的情况，造成客户主动流失，严重影响健身会所的运营。

从健身会所运营状况可以看出，传统健身会所对于业主需求调研与业主使用需求并不明确，业主使用率不高，运营中私教课、教练资源选择性相对有限，缺乏社会圈层健身资源，客户关系维护的方式上比较单一，不能形成管家、物业与健身业主之间的互动。需要解决的问题是，业主最近距离的健康需求，应增加大健康管理机制，从健康角度出发进行引流，吸纳全部业主参与，帮助会所获取更大收益。

三、会所运营筹备

（一）筹备期

会所是社区功能配套一部分，从物业运营维护角度参与设计方案、施工方案，关注施工进度，重点关注存在隐患的工程部位。

会所从客户使用需求、经营管理主营收入角度规划设计方案，包括装修方案，软装方案，泳池设计，厨房配置，功能区建造要求，为健身餐饮设备选型提供意见。

根据会所场地面积、空间布局及周边消费群体健身需求的区别，对场馆设备进行设计，满足健身用户的需求，不浪费会所经营空间。

（二）运营前期

（1）会所运营前3个月，会所主要管理岗人员到岗。试运营前2个月，会所运营团队成员到位。运营前1个月，会所开展岗位标准培训，对企业文化、管理制度、各岗位培训，合格后上岗。特种作业人员需持证上岗，会所试运营前1个月完成全部物资采购工作，保障会所运行。

（2）会所试运营前2个月，开启承接查验准备，与承接查验方进行现场查验，对问题项进行整改，列出整改时间表，整改合格后办理交接手续。会所开业前，安全部门进行开业风险评估，评估合格后投入运营。

（三）运营期

会所运营阶段，可根据实际情况，策划、实施会员服务，会所内收费应明示收费标准，必要时上报行政主管部门审批或备案。

会所营业前，会所协同物业面向全体业主推出会员卡办理服务。会所正式营业后，可利用会员二次推荐等形式进行会员开发。会员卡是会员身份证明，业主或客户资源办理会员卡需提供个人身份信息。缴费办理会员卡过程中，会籍顾问应就会员权利进行说明，并就特殊情况的处理原则进行提醒。

（1）因个人原因，会员卡办理停卡申请一次，停卡期限为2个月，因怀孕、身体损伤等其他原因，提供相关证明后停卡期限可按半年或一年处理。

（2）未经允许，会员卡不得私自转让，经批准转让会员卡的必须缴纳转让费。

（3）会员卡丢失、损坏需补办。

（4）会所应建立会员档案，纸质档案专人，专柜，上锁管理；电子档案授权，加密管理。未经会所允许，会员档案不得借阅，打印，复印，下载。

（5）会籍服务管理人员签订保密协议，承诺不泄露、不违规使用会员信息。

（四）会所服务管理

会所服务包括设备设施维护、公共秩序维护、环境清洁与绿化养护会所经营期。

会所负责人每周巡场一次，对现场服务与管理情况进行检查，并主动与场内会员面对面沟通，收集会员意见与建议，就问题形成会员问题档案，并处理相关问题。会所营业期间，会所项目单位每月对会员进行电话回访，回访率满足覆盖要求。每月组织两次会员活动，如重要节日，会员生日问候，礼物。

（五）活动管理

组织开展大型活动前，根据活动目的及方案进行策划，并开展风险识别，编制服务安全保障方案，内容活动目的，时间，地点，内容，组织形式工作人员数量，任务分配和识别标志，临时人员培训上岗标准，服务标准，安全手册，活动现场布置，含安全设施，治安缓冲区域设定标识，活动场所可容纳人员数量。如活动预计参加人数超出预期管控措施时，可进行人员限流措施，准备解决方案。入场人员票证查验，安全检查措施车辆停放位置，有人员疏导措施。活动期间，有水、电、通信保障措施活动应急救援预案，防止环境破坏及污染，有预防及处置方案。超过一定规模的大型活动，应按照当地政府要求向相关部门进行报审。大型活动需占用市政道路或交通管制的，应提前与当地政府交管部门进行沟通确认。大型活动正式开始前，确保各类隐患提前解决。举办大型活动时，现场安保人员数量要满足现场出入口管理、场地大小、秩序维护要求，不得低于预计到场人员2%。大型活动中如设置儿童游乐设施，必须满足安全、环保标准，并要求供方提供检测合格证明、产品合格证明等材料。

（六）应急管理

建立应季救援预案，专项应急救援预案，并落实培训和演练工作。配备应急器材，列示物资清单，明确各类应急资源检查，维护保养周期和责任，定期开展维护，检查工作。

1. 泳池管理

泳池救生设备，救生观察台配置泳池水面面积250平方米以下，至少设置2个救生观察台。泳池水面250平方米以上，按每增加250平方米增加1个救生观察台。配置救生观察台不得低于 1.5 米，室内泳池天花板不低于 3.5 米。泳池面积较小时，观察台高度不得小于 1.2 米。救生观察台需要固定，不得有倒塌、断裂危险，人员上下方便，不得存在安全隐患。救生观察台位置靠近池边，避免救生台前站人，出现观察死角。

安放救生圈、救生杆等救生器材，250 平方米以下的泳池救生圈配置不少于 4 个，250 平方米以上泳池每增加 100 平方米增加一个救生圈，救生圈材质符合国家安全要求。

救生椅上应设置至少一个救生圈，其余救生圈均匀分布泳池周边，救生杆按水面面积每 250 平方米配置一个救生杆，应放置便于取用位置，泳池配置急救室，急救室配备氧气袋（瓶）救护床，急救药品，救护器材应摆放便于取用的明显位置，未配置急救室泳池现场应配备救生药箱。

2. 泳池安全要求

（1）证照要求，泳池开放取得卫生许可证，高危许可证专职救生员按国家或地方法规要求取得救生员上岗证、健康证等资格证书。

（2）泳池管理与服务人员需持有紧急救护证相关证照，并在泳池现场公示。

（3）救生人员配置要求。水面积 250 平方米以下人工游泳池，至少配置固定救生员 2 名；水面积 250 平方米以上的，按面积每增加 250 平方米增加 1 人比例。配备固定水上救生员，儿童池需安排专职救生员。

3. 泳池管理救生培训

泳池开放前，面向泳池管理与服务人员包括不限于会所负责人、游泳教练、救生员、会籍管家等开展法律法规及管理制度相关培训，做到不培训不上岗，培训不合格不上岗。营业期间，每月对岗位职责，紧急救护、公共卫生安全等开展培训，每月开展溺水救生演练，并对培训及演练效果进行评估。

4. 客户安全防护要求

在健身会员推广、签约阶段，以书面形式进行，如游泳健康温馨提示。会员选择游泳健身项目时需提供健康证明或签署健康申明。更衣室显著位置公示安全注意事项，泳池周边显著位置公示游泳健身禁止行为，泳池显著位置设置深浅水区及水深标识。水深明显变化区域标注水深。泳池入口场内设置水质，水温，气温告示牌，并公示泳池开放时间段水质监测结果及生效的卫生部门水质检测报告。泳池入口设置儿童身高标线 1.2 米泳池，地面采取防滑处理，或设置防滑地垫。显著位置，设置小心地滑标识。关键场所部位设置指示，警示标识，泳池各类标识制作中英文对照。发现有安全风险隐患的，及时设置警示标志，采取措施排除隐患或者向有关专业机构报告。

（七）会所现场管理

（1）泳池开放前，对设备进行检查，落实人员培训溺水急救演练，严格游泳健身人员体质健康管理，落实高峰期泳客人数控制工作，编制泳池特殊事件处理预案，包括不限于：健身会员不愿意填写健康申明，处理溺水急救，泳池管理与服务岗位熟练掌握预案内容。

（2）无儿童游泳设施的，谢绝儿童入内，设置儿童泳池泳道的，儿童入内时需满足身高及监护人要求，且1名监护人不得同时带领2名以上儿童进入泳池区域。儿童禁止进入深水区，成人携带异性儿童游泳的，应避免儿童先行下水。

（3）严格工作行为管理，救生员上岗保持良好精神状态，严谨从事与岗位职责无关的工作以免分散精力，无故不得离开岗位。遇到特殊情况，经现场负责人批准并安排人员顶岗。顶岗人员岗位培训合格并熟悉泳池救生要领，救生员不能凭主观臆断而转移监控重心，需关注每名泳客状态，发现异常及时提醒或实施救护。救生员必须熟练掌握泳客安全要求，能够根据安全注意事项、泳池禁止行为，对泳客不当行为进行提示、劝阻、制止，维护泳池良好秩序。

（八）营业结束检查

对泳池内外设施进行检查并记录，泳池内安装监控镜头，24小时监控并录像。

1. 泳池水质管理

水质检测及处理应配置如下物品：余氯（pH值测试盒或pH值测试药剂），次氯酸钠（pH加减剂），絮凝剂，除藻剂，澄清剂等。采用自动加药系统的，24小时不间断进行pH、ORP数值检测。合格数值区间；pH为7.2~7.8，ORP为650~750。pH降低剂药剂/次氯酸钠药剂原液稀释原则：5千克原液稀释4倍生活用水，投放至相应加药桶内。反沙缸冲洗设定自动冲洗模式，夏季每10天冲洗一次，冬季20天冲洗一次。

2. 水质检测

每日由专人使用水机检测盒盛满泳池水后投放测试药片，目视检测PH/ORP数值，对数据进行记录并公示，每小时一次。泳池水质处理方法是杂质处理，使用自动加药泵投放絮凝剂，杂质凝结后通过水质循环进入沙缸进行过滤。

3. 絮凝剂原液稀释原则

5千克原液稀释4倍生活用水。绿藻处理，使用1千克除藻剂，稀释4倍生活用水，营业结束后投放泳池四角进行循环。每日营业结束后，开启絮凝剂自动加药系统，或人工投放一千克絮凝剂在泳池内，两小时后由专人将水龟投放泳池内，利用水龟自动清理泳池底部碎屑。使用后，对水龟进行清洗，清理杂质后放回工具间。

药剂供方应具备合法资质，如营业执照、化学品生产经营许可，资料齐全。以不超过一周使用量为限，严格控制药剂采购，库存数量，库存药剂隔离上锁管理，张贴化学品标识，药剂领用需登记。泳池运营风险管理。建立泳池风险排查机制，风险管理纳入组织管理人员考核，营业期间，会所负责人每月进行一次泳池风险排查，发现问题及时整改。

4. 营业前检查

每日营业前泳池管理人员进行泳池及附属设施安全检查，发现问题及时处理，每日营业后，泳池管理人员落实闭店检查。

第十二章　写字楼

写字楼多种经营业务通过清晰的运营流程，能持续降低运营成本，提升不动产知名度，提供完备的生态产业支撑，衍生服务产品，帮助写字楼用户更集中地关注其核心业务，实施物业企业不动产管理中的经营战略。

一、文件服务

文件收发可为业主提供文件类多种服务，物业企业通过增加客户触点，扩大服务范围，以及多样服务，能够引发业主与写字楼之间产生更多联通，从无偿服务转向有偿服务的购买。

（1）复印服务。写字楼内的公司虽然配置打印机，但每台打印机都会出现各样的问题，在紧急情况下，公司急需打印文件或打印机被占用情况下，可在物业进行免费复印打印服务。复印打印成本可能只有几角，但在紧急时刻帮助业主，客户满意度大大增加。

（2）印刷服务。通过免费提供复印服务，建立客户触点。通常在印刷设计阶段，设计公司与企业之间需要反复沟通，也有可能互派人员进行方案确定，消耗了大量时间。如果物业提供印刷服务，将印刷好的产品直接送到公司或客户指定位置，可节约客户大量时间。

（3）扫描服务。科技进步，手机也可以进行扫描，但有些业务需要较高分辨率的扫描文件。物业企业应配置高分辨扫描仪，帮助业主扫描文件，将文件发送时可获取更多业主联系方式，即通过各种渠道开展私域流量拉新。

（4）碎纸服务。业主入住写字楼时，介绍物业提供碎纸服务，业主可节约碎纸设备支出。物业公司派专人定时上门收取业主公司需要销毁的文件，或送到写字楼指定位置，业主通过在线摄像头观察粉碎文件情况，确保文件保密性。

（5）文件搬运服务。在文件较多情况下，需要写字楼为客户开通货运电梯，对文件进行定点搬运，为客户节约搬运人手与时间。

（6）快递服务。近年来快递数量已达到千亿件规模，写字楼是业主平时工作场所；同时成为收发快件的转运中心。帮助业主代收快递，是写字楼必须面对的问题。帮助业主代收快递，不仅能够解决写字楼周边快递乱象，同时解决业主因开会、外出、不方便时领取快递。当业主到指定处收取快递时，更多的是愉快心情，也为写字楼增加良好客户体验。可安排专门摆放快递房间，安装高清摄像头，保障快递拿取过程安全。

（7）报纸期刊服务。很多企业保留订阅报纸期刊服务，物业为我也提供订阅配送服务。

（8）文件保存。业主公司重要的文件和信息，需要收集、整理、保存，但很多公司并未单独设立档案保管室。如果单独聘请档案人员，会增加业主成本，而文件保存管理又是每个公司不可或缺的工作内容。

写字楼文件管理可将繁杂的文件梳理形成标准档案管理。即对文件进行分公司分区域收集登记流程化管理。写字楼可设置迷你仓，作为文件保管室，办理文件登记保管业务，但应建立规范严格的文件保存制度。

二、餐饮服务

物业企业为客户提供最短距离的就餐，解决早餐、中餐。不仅为客户节约时间，在天气多变的时候，不适宜外出就餐时也可选择在写字楼餐厅就餐。

1. 写字楼餐饮特性

方便快捷是写字楼餐饮的特点，就餐人员相对固定，以团体内部形式形成供应关系。增加营养餐、轻食，同时增加儿童餐。培养自身餐饮品牌，对标写字楼人群，提升餐饮精细化程度。研究写字楼人群，结合市场喜好程度高对菜品调整。

2. 写字楼餐饮运营

（1）运营模式。物业企业成立写字楼餐饮部自营餐厅。部门人员配置包括餐饮部经理、餐饮部主管、刷卡操作员、巡场服务员、厨师长、厨师、配菜员、保洁。

（2）现场测量。①根据写字楼场地配套情况做餐饮设备测量工作。对现场电力、排水、烟道等固定位置做设计。②由后厨公司或专业人员对使用设施设备做出设计规划，出具平面规划方案。③餐厅前厅设计布局，符合多人同时用餐。④餐厅内设计独立包间。⑤收费系统，写字楼采用 POS 机刷卡形式，购买就餐卡，到物业充值为卡内充值，也可以使用手机通过写字楼小程序等线上端进行充值。

3. 增加翻台率

对于前厅用餐区，桌椅排布与顾客动线进行设计，邻桌的距离在 50 厘米以上，保持通过性，避免发生拥挤。

4. 餐饮模式

写字楼餐饮为客户提供就餐服务，一般采取自助餐形式，可短时间提供较大流量人员同时用餐。

5. 写字楼餐饮硬件配置要求

根据国家对餐饮店标准功能进行空间及功能间配置。

（1）中餐厨房。主要功能是提供餐饮炒制，配备设备炒炉、蒸柜、烟罩、水池、隔油池、工作台、菜架、蒸箱、雪柜。

（2）西餐厨房。主要功能是提供西餐制作，配置设备，烤箱、电磁炉/炸炉、汤锅、打蛋器、软水机、调理柜、水池、隔油池、热汤池柜、雪柜、货架等。

（3）加工间。主要功能为提供肉菜粗加工制作。

（4）蔬果粗加工间。包括洗菜池、冷热水龙头、隔油池、绞切机、切片机、工作台、货架、洗地龙头等。

（5）肉类粗加工间。包括海鲜水池、肉类水池/冷热水龙头、隔油池、绞肉机、切片机、锯骨机、工作台、货架、洗地龙头等。

（6）面点间，主要功能是提供面点加工制作，用来做中式面点，主要配备搅拌机、和面机、压面机、蒸炉、电烤箱等。

（7）西饼间，做西点设备，包括木面案、面粉台、冰盆、搅拌机、和面机、酥皮机、醒发箱、烤箱、水池、雪柜等。

（8）洗消间，主要功能是提供盘碗碟工具等消毒制作，配置设备有洗碗机、消毒柜、三星水池、紫外线灯、隔油池等。

6. 库房

库房主要功能是提供预制产品、毛品存放。

（1）原材料库房，按照区域摆放货架，蔬菜货架、水果货架、菌类货架、瓶装摆放货架。

（2）冷库，冷库专用制冷设备，冷库货架、温度计、摆放台、密封大门。

三、员工生日会

承接写字楼内公司员工生日会，对每周每月定期举办生日会公司进行数据统计，根据不同配置标准设置套餐价格。

1. 活动目的

（1）为庆祝×月同事生日，增加公司企业文化宣传。

（2）员工生日会展现自我，与同事、领导进行互动，彼此建立认知，促进协同。

（3）关爱员工，为企业增加留人措施。

（4）与公司共同成长。

2. 活动介绍

（1）20××年×月×日，员工生日宴会，会议主题活动，促进公司内部人员互识了解，提升凝聚力。

（2）活动时间20××年×月×日。

（3）活动地点会议室或写字楼会议中心。

（4）参会人员名单。

3. 活动流程

（1）贺卡。

（2）生日问候。寿星讲话，心路历程。

（3）蛋糕茶点。

（4）拍照。

写字楼根据生日宴人员数量，进行套餐设置，如表12-1所示。

表12-1　配置套餐

人数	价格（元）	产品	服务人员	服务时长
10~15 人	5××	①蛋糕（8寸）套餐 ②果盘（3种水果） ③花束 ④茶套餐	1	1 小时
	8××	①蛋糕（8寸）套餐 ②果盘（5种水果） ③花束（5束） ④礼品 ⑤饮料	1	2 小时
	1×××	①蛋糕（12寸）套餐 ②果盘（6种水果） ③花束（10束） ④礼品 ⑤玩偶 ⑥饮品	2	3 小时
16~25 人	1×××	①蛋糕（2个）套餐 ②果盘（6种水果） ③花束（10束） ④数码产品	3	3 小时

人数	价格（元）	产品	服务人员	服务时长
26~35 人	2×××	①蛋糕（2 个）套餐 ②果盘（6 种水果） ③花束（10 束） ④智能手表	3	3 小时
36 人以上	3×××	①蛋糕（4 个寸）套餐 ②果盘（6 种水果） ③花束（10 束）	5	3 小时

四、雇员服务

物业企业招聘优势在于对保洁人员有丰富用人经验，合作单位可比选，人员层次丰富，可为写字楼业主提供公司办公场所保洁服务，无论是代替招聘保洁人员还是直接提供办公室清洁服务，均可节约客户的时间成本与服务成本。

写字楼根据客户需要保洁服务内容与服务面积制定收费标准，供客户选择。

1. 保洁外包服务

根据客户对保洁人员要求，为客户提供两类保洁用工服务，制定每月用工标准提供人力资源外包服务。

A 类。①员工工作台保洁服务。②办公室保洁服务。③会议室保洁服务。④办公区保洁服务。

B 类。①会议室保洁服务。②办公区保洁服务。

2. 公司保洁服务

物业企业保洁服务人员每天到客户公司进行日常保洁服务。

3. 服务标准

（1）办公区清洁：每日业主公司上班后，保洁人员到达业主公司开展办公保洁服务，包括会议室、功能室、公共设备的清洁工作，各办公室的垃圾收集、地面保洁等清洁工作。

（2）设施保洁：对业主公司内各种设施设备上的水渍、污渍，进行清洁，包括打印机、打卡机、碎纸机、投影仪、会议设备等，保障业主工作期间设备干净。

（3）垃圾收集：每日定时对业主公司内垃圾桶检查清理垃圾，垃圾已满情况下及时更换垃圾袋。

（4）办公桌保洁；对办公桌桌面吸尘、擦拭，桌面摆放物品不移位。

4. 保洁标准

（1）办公区地面：地面洁净有光泽，无纸屑、无垃圾，无泥沙、污渍；墙面、玻璃门窗无灰尘，垃圾桶内垃圾不超过一半，保持公区空气清新、无异味。每天清扫拖洗不少于 2 次，门禁开关等设施每天擦拭 1 次，墙面及玻璃门窗每周擦拭 1 次。

（2）室内保洁：空间隔墙玻璃、窗框、窗台干净无灰尘、污渍、地面干净整洁，办公室、会议室内办公桌椅摆放整齐，无灰尘；遇会议、活动时需要随时清洁，并于活动结束后进行整体打扫。

（3）保洁准备工具应放置在工具间，或自带保洁工具一套，进入写字楼顾客办公室。

（4）操作规范：身着物业公司统一保洁制服，保洁人员擦拭办公设备需要移动时应轻拿轻放，台式机清洁时使用干毛巾去尘。

五、IT 服务

1. 写字楼 IT 服务

写字楼客户规模不同，有的公司并没有 IT 服务人员，在办公情况下常会遇到相关问题无法解决，物业企业可通过提供上门 IT 服务业务，按照服务内容制定服务标准与收费价格，如表 12-2 所示。

表 12-2 IT 服务人员服务价格

服务项目	电脑问题	收费标准	服务
软件	电脑卡顿		使用流畅
	电脑病毒		病毒清理
	双系统		安装系统
	电脑蓝屏，黑屏，花屏		电脑修复诊断
	死机		使用正常
	多开问题		成功关闭
	开机缓慢		清理后时间提升
	系统重装		新系统安装
	软件下载		下载使用
	开机出错、开机报警		解除错误程序

续表

服务项目	电脑问题	收费标准	服务
软件	自动关机、自动重启、异常死机		问题诊断
	开机无反应		系统修复
	电脑没有声音		开机良好
	键盘失灵、鼠标不动		配置正确
	对话框报错、桌面打不开		系统修复
硬件	拆机		
	监测		
	无线路由器安装调试		
	打印机 / 扫描仪安装，电脑外设安装		
数据恢复	硬盘、移动硬盘、U 盘、相机卡、录音笔、手机		数据找回
	误删除，误格式化		数据恢复
	误分区，误克隆		恢复分区
	硬盘损坏，不识别		硬件检测
	硬盘没有任何反应		数据读取
	指示灯不亮		检测硬件
	磁头损坏维修		更换硬件

2. 手机服务

手机已经成为人们生活的一部分，大部分人都遇到过手机膜破损的问题。物业前台服务人员可为写字楼提供手机贴膜服务，可为写字楼办公人员节约时间，为客户增加幸福感，增加用户触点。

六、法律咨询

写字楼公司在编写合同，员工遇到法务事项、业务开展是否符合法律要求时，通常需要了解相关法律条款才能继续工作，物业可提供法律专人咨询服务。

（1）为公司在日常业务运营中的法务问题提供法务咨询，可按公司要求可出具书面法律意见。

（2）为公司对外编写签发律师函。

（3）为公司编写、修改、审查相关合同、制度。

（4）为公司编写规章制度或法律性文件。

七、车辆服务

1. 洗车

无论是上下班路上或是到特定洗车地点洗车，都会消耗很长时间，若遇到洗车排队，洗车点跑路的情况，更是让车主头疼，车主在写字楼办公过程中将车钥匙交给物业，物业将车辆保养完毕后将钥匙送回业主手中，服务贴心。

2. 微水洗车

微水洗车的最大优势是能快速移动、成本低，写字楼地下车位紧张，通过使用洗车半自动设备，一个人一套设备就能完成洗车操作，对环境无污染，节能环保。微水洗车是最符合人性化设计的服务。美中不足在于，车位之间车辆停放距离较窄，车门打开范围有限，在车辆侧身清洁与车内清洁时可能受到影响。

3. 地下洗车店

物业开设地下洗车店需至少使用4个车位进行装修改造，将车位或写字楼专属预留洗车位置打造成洗车店面。优点是洗车店固定，可提供车辆服务多。车主可以为爱车进行保养，业主在物业公司前台办理洗车卡，避免业主遭受洗车行不辞而别的风险。

（1）人员。物业洗车无论是微水洗车还是门店洗车，要求服务人员不仅业务熟练而且有服务意识。有经验人员可快速进入工作状态，让用户体验到物业服务，下一次还会光临。同时，熟练人员更可以老带新拓展新服务。

（2）装修。洗车设计对于地下蓄水池、排污、滤水等，要遵循写字楼排放要求，装修车间的线路防潮短路等情况要安全，布线时做埋线处理。

4. 电动车充电桩

写字楼地库车位多，每天承载的办公与访客的车流量大。新能源汽车增长迅速。发展绿色能源，离不开充电桩的建设，人们对充电的需求不断上升，在地下车库或地面安装充电桩，在工作之余方便充电，满足电动汽车充电需求。

5. 新车发布

大量汽车品牌在商场建立品牌直营店，对车辆进行展示，方便客户参观车辆，比传统4S店模式有了新的尝试。每辆车都需要经过地库入口，可利用优势位置，在入口处使用 4~5 个车位展示新车，给客户会带来新鲜感受。车主对于新车的猎奇心理，也许会在下车之余到达地库展台进行查看，这可作为直营展示店与品牌商家进行联合销售。比起 4S 店投资轻盈，开展地下车位展示业务，省去车辆库存压力，更可以在物业办理完成试驾、签约、保险等业务。

八、托管班

1. 幼儿托管

在写字楼办公期间，很多家长都因为上班时间的冲突、距离远等因素无法照顾小朋友，或因为家人不方便，或因为临时有事，小朋友交给其他人增加了很多担心，带着小朋友上班又无法工作。如果写字楼里开设托管班，能够解决写字楼家长的托管问题。

承载写字楼托管班开设的核心是小朋友的数量。物业开展托管服务是为了能够解决写字楼客户看护放心的问题，收费不能过高，这需要在前期做好调研工作，人员数量是开展托管服务的基础。

托管班提供从每日课程安排、课间零食、游戏时间等多重安排。

（1）每日流程，托管班根据周一到周日的时间进行合理安排，每日从早餐、看护读书、看护作业、游戏等，家长可以根据时间选择托管时间。

（2）成长过程，室内每个房间都应安装无死角摄像头，家长可以通过线上查看孩子动态，实现老师对孩子的透明化照护，让家长更放心。

（3）合理膳食，课间休息的时候为孩子们准备水果，早餐与午餐由有运营资质的餐饮公司配餐，家长可以查看孩子每一餐的食品营养配比。

（4）兴趣课堂，美术时间、泥塑时间、交际时间、时间管理、动画时间，通过在托管时间内安排成长课程，能够让孩子们学习到新的本领。

（5）特殊记录，家长对托管班的特殊嘱托，如今天需要用药，几点需要参加活动，需要监督完成哪项作业，为家长一一进行记录。遇到家长可能加班或其他状况，托管班可帮助家长延长看护时间。

（6）智能手环，到达托管班的小朋友都会佩戴跟踪手环，家长可以通过线上查询，看到孩子所处的位置。

2. 考生服务

写字楼提供高考学生服务，写字楼可在地下安静区域做空间改造，设计成安静优雅的学习环境，为高考学生提供不受外界打扰的空间。

（1）午餐服务。午餐时间写字楼提供为考生定制的营养午餐，为各阶段脑力劳动补充所需要的多种营养，并结合考生口味满足所需微量元素。

（2）提醒服务。在学习空间内设置宽带，考生可在线查阅信息。物业提供定时提醒服务，如午餐时间、在线听课时间、复习休息时间等，物业通过之前沟通好的安排做提醒服务。

九、会议接待

会议服务，会议接待分为日常接待、二类会议接待、一类会议接待、临时会议接待。根据会议类型的不同制订服务方案。

1. 会前服务

（1）会场布置，根据参会人数、会议要求、需要设备等进行详细了解，对于桌椅摆放，应根据业主需求，摆放合适的形状，使用背景墙、灯光、演讲台等，工作人员进行前期布置，提前对会议桌摆放矿泉水、座位牌、笔记本等。

（2）会议议程，根据公司要求编写会议议程，发布会议议程。

（3）参会人员通知管理，物业通过短信、微信等形式对参加会议人员进行会议提醒。

（4）参会人员签到管理，扫描二维码、手机签到、签到台等。

（5）车辆管理，参会人员车辆登记，车位预留，统一在会前发送信息进行通知，现场车库进行指引，为参加会议人员做好车辆服务。

（6）导引，在会场旁楼梯、扶梯、电梯等进行会议导引，摆放会议水牌做导引工作。

（7）礼宾服务，礼宾服务人员在会场内外迎接与会人员，提供业主需求的坐落指引，需求答疑。根据客户制订详细礼宾接待计划，无间缝衔接客户到场体现周到、温馨尊崇体验，塑造良好的品牌形象。

（8）接待中心，客户对写字楼服务第一印象是从前台接待客服了解的。接待中心为到访客户提供与会指引服务、办公用品借阅、问询、广播系统和访客接待。

（9）展板、白板笔、展板书写纸、激光笔等，为参会者现场展示内容做准备。

2. 会中服务

（1）会议议题投票，支持分会场议题认论，会议中投票，大屏幕显示等。

（2）投屏，会议中实时交流沟通信息投屏，如微信墙、工作汇报做会议投屏。

（3）摄影 / 摄像。会议中提供摄影摄像服务，会场提供全景拍摄服务，可以将会议保存成多种文件,对合影或重要关键时刻的跟踪拍摄。

(4)电脑及网络情况,使用电脑网络进行检查,使用良好。

(5)茶歇,会议中提供精美茶点、水果,根据需要安排会间活动等。

3. 会后管理

(1)参会人员出行服务,如有业主需求可提供车辆送达服务。

(2)参会人员满意度调查,会后对会议服务进行调研,通过会前准备、会中提供服务做需求改进调研,对每一次会议进行复盘,让参会人员享受高品质会议。

(3)会议资料整理,通过现场音频转录软件,当会议结束后,会议纪要已生成。参会方可根据提供会议记录进行修改保存,音频整理保存后发送到会议方。

十、通勤车辆

写字楼与快捷交通间存在一定距离,当距离达到 2 千米以上时,步行需要花费更多时间。为节约客户时间,物业企业可提供早晚班车服务,通过在线预订座位,约定车次时间、集中地点上车,将客户准时接送到写字楼。车辆采取一人一座、车内提供 Wi-Fi。物业企业班车服务突出安全、快捷、一站直达,车辆司机行驶距离短,司机对周边环境道路熟悉,在通勤道路上采取最优线路,可避开高峰车辆拥堵路段,节约时间。

十一、运动会所

人们对运动的需求不言而喻,写字楼人员更希望有一个能够放松、锻炼的运动场所。因为写字楼办公特殊性,运动会所面积与专业运动健身馆可能存在差距,在设计时应采用铺设地面运动地胶,增加场馆内墙壁与天花安装悬吊设备,有效利用空间资源。

(1)组织活动,写字楼会所不仅提供健身功能,更需要组织客户进行业余活动,丰富客户文化生活,增加与会所之间的凝聚力。植树活动,亲手种下美好心愿的树苗,挂上写有自己名牌的祝福语,在亲身参与绿色环保的同时,体验到植树所带来精神乐趣。户外登山,两点一线的生活,让我们希望走到户外。徒步户外能够身心感受亲近自然,如摄影、滑雪等活动。

(2)竞技比赛,健身会所离不开竞技,通过一段时间的训练,总需要对健身前后进行对比,那么竞技比赛的举办会更加促进内部人员的交流,增进友谊,展现会员的风采。

（3）联谊活动，如演出、舞会、节日聚会。写字楼增加联谊互动，利用场地优势资源，在周末或下班后举办，可丰富办公人员休闲生活。而组织舞会，参观演出，节日主体聚会，可拉进文化圈层人员能够遇到文化趋同的对象。

（4）聚焦思考。什么样的场所能够让人向内观察自己，可能是一个静心的场所，一个瑜伽习练的场地，一个静修中心。因此，场景设计是安静的。在写字楼建设一块模仿户外森林场地，地面铺设泥土与大小石块，中间有溪水循环经过，溪水接壤土地种植地衣苔藓，靠墙部分种植高低错落灌木，仿佛把原始森林的一个角落搬到写字楼中，吸引写字楼业主到访。

十二、办公用品

提供写字楼办公用品采买，写字楼公司日常所需求办公用品多，无论是紧急需要单个办公耗材还是集中定期配送办公用品，物业均提供购买。

物业企业具集中采购优势，通过战略供应商与优选供应商管签约，优化供应链进行大量购买，写字楼与客户签订办公用品采购协议，按时间与用量进行付费。

1. 量身定制

对写字楼企业进行产品定制，对办公用品，品牌、型号、采购价格制定独立采购体系，编制客户办公用品购置明细清单。

2. 统一规格

对常规采购办公用品，如电池、胶带、纸张、充电线、电源、档案文件夹、本、笔等根据消耗量进行库存设定，方便用户购买。

3. 写字楼集中采购流程

（1）收集用户产品采购需求。

（2）分类汇总报表。

（3）统计需求。

（4）供应商选购，供应商确定。

（5）发起申购流程。

（6）采购订单支付。

（7）物流跟踪。

（8）商品查验。

4. 客户服务流程

（1）配置表单进行产品分选。

（2）产品出库查验。

（3）分类包装。

（4）配送至客户手中。

（5）客户查验。

（6）签字领取。

十三、办公室宜忌

中国文化深邃厚重，其中不乏对办公室格局、陈设的打造，希望能够汇聚人气，同时事业发展财源恒通，顺风顺水。

1. 办公室座位

办公室整体布局协调，座位应阳光充足，让人精神饱满。

我们工作的大部分时间是面对屏幕。缓解眼疲劳的方法是可以闭眼休息，也可以面对绿色植物，这样眼睛对新鲜颜色的刺激，让大脑愉悦。办公室植物能够形成"气场"，不仅净化空气提升氧气浓度，也为办公室内增加美感。

2. 养鱼

水有汇聚财富之意，鱼有年年有余之意，很多办公室都摆放鱼缸养鱼，不仅仅增加室内空气湿润，也具有放松情绪的作用。水缸的形状，摆放位置，养鱼的多少与种类组合会产生不同效果。

3. 办公室陈设

办公室是办公人员活动最多的场所，一周五天时间，大部分都在办公室中度过。有效利用办公室空间，摆放正确办公位，禁忌摆放闭塞，不利于人员通过。

4. 摆放

进门摆放是对公司文化的体现，是展现公司业务内容的窗口。门口处不悬挂物品，以免出现安全隐患，安放绿植给人以轻松的感觉，即进入绿色空间，给人平安祥和的感觉。

十四、办公空间规划设计

物业公司优势租赁写字楼时，掌握客户信息，在签订租售合同时即可介绍写字楼服务。物业可提供办公室设计装修，业主通常会对新环境进行装修改造。物业对房屋结构、水电、空调、面积等数据清晰，不需要反复测量。可事先设计出5套风格，提供客户进行选择，在最短的时间内改造完毕。一方面节约客户入住时间，为客户节约房屋空档期；另一方面为物业缩短装修期。

1. 办公室空间类型

办公室规划设计可分为接待区、培训教室、会议室、团队空间、个人办公区等。

（1）接待区。无论是客户还是员工，接待区是人员到达公司的第一个区域，对了解公司企业文化以及对公司的第一印象至关重要，提供舒适沙发或座椅，供到访公司客户休息等。

（2）会议室。会议区是公司内部员工之间或员工与客户之间进行信息交流的场所，能够帮助使用者更好地展现想法及信息分享，视频会议、电话会议、简报系统 / 看板等设备都是不同会议空间所应该具备的。

（3）培训教室。信息分享及工作资讯的传达可以在这个区域得到完美的呈现。互动区域的空间应该具备灵活、舒适性，空间内的设备也需满足不同形态下的交流需求，个人与个人、个人与园队的交流都能够在这里实现。

（4）团队空间。团队型工作的要求是将相同工作类型的人员结合在一起，使团队间更加方便和快速进行信息交流与工作经验分享。

（5）个人办公区。工作区域有更多的个人空间，可极大地满足个人完成各项事务的需求。

2. 办公区规划设计

（1）优化工位设计。通过空间工位设计能够让办公人员在工作上减少疲劳，减少肌肉紧张，高效办公。通过办公设备与工位设计结合，能够省时省力轻松使用，触手可及。工位可设计成移动工位与固定工位，打造多元化的空间，灵活的组合让办公空间生动有趣。

（2）文化设计。融合企业文化、特定文化，设计打造办公空间，将场景化设计融入室内装修，无论是地域特色还是公司文化的凸显，都代表了公司面向客户与自身员工之间的文化。企业文化特征的标榜，能够让员工更好地融入工作中。设计思路应与传统文化相结合。

（3）空间规划。职场人对写字楼、办公环境与舒适度有着较高的要求，可根据不同公司业务类型出具设计风格。

1）IT行业。注重个人创造性，当人们处于正面情绪的环境时，能有成效地工作，互相合作，激发创新创意。

2）教育行业：打破传统的被动学习模式，变为积极主动、有乐趣的生态系统，设计注重整体性，营造稳定学习氛围。

3）传统行业：服务性公司注重实经营和单位面积的输出，设计时注重工具便捷使用，进行多功能空间设计。

4）零售行业：快节奏与多业务协同，设计时注重创造便捷、轻松、温暖、清晰的环境。

3. 办公家具

根据人体工艺学及客户整体办公场所为客户提供办公家具选择及设计方案，能够让员工舒适安全的工作。现在人们更多地关注办公座椅，一天的大部分时间会和座椅在一起。企业购买家居一般有供应商、平台、熟人等渠道，通常为一次性采购。物业提供办公家具采购，可大量集中采购，出现质量问题不需要预约厂家上门维修等待时间，物业会及时上楼查看维修。

（1）办公家具安全。办公环境通常人员较多，购买办公家具时，首先考虑办公家具是否绿色环保，家具中有害物质含量，在办公家具生产过程中会使用黏合工艺，检测安全无害后采购使用。同时，对办公家具设计中存在的缺陷进行检查，连体桌椅、棱角设计、玻璃设计等都应符合国家安全设计等级。

（2）家居颜色。不同办公家具颜色营造不一样的办公环境，并不是颜色越丰富越好，而是符合办公环境整体设计风格，尽量选择浅色系，给人安静、舒适的感觉。

（3）实用性。现代办公家具设计多样，但应遵循实用性及舒适性，造型款式不夸张，节约空间，家具能够根据个人习惯移动、调节。

4. 办公生态

办公环境中，关系复杂。对于个人空间，注重私密性，隔音效果，资料保密性；团队协作空间，知识获取便捷；创新空间，人性化设计会议室，使工作资讯的传递，工作经验交流。

（1）办公场所由联动功能与独立空间所组成。

（2）提供小组工作空间与个人思考空间。

（3）满足人身体、精神、心理层面的健康工作空间。

（4）员工可以自由控制工作地点和方式。固定工作场所是提升员工敬业度和企业忠诚感的重要组成部分，同时也是员工身份象征。

（5）办公空间应支持各种身体工作姿态，旨在鼓励员工在坐着、站着工作的同时，能够得到放松，同时能够便捷地使用手边的各种工具。

通过建立生态工作区域融入工作环境，能够帮助员工快速进入工作模式，对于引向创新的创意过程起到促进作用。在工作生态中，一个能满足员工身体、心理层面的工作生态系统可以为企业吸引人才，让员工保持清醒的头脑，而更多地投入创新工作。

十五、写字楼私域流量

写字楼办公人员较多，加上每日访客，人流量可达到几千人，这些都可以成为写字楼重要客户，应建立写字楼私域流量，将信息传给潜在人群，通过内容营销形成写字楼活动圈层。

建立私域流量包括内外两方面：

1. 内部

写字楼智慧门禁系统，写字楼机器人，线上 App，小程序等，通过申请或扫码进入写字楼，邀请用户下载使用线上端建立客户入口，将内部客户锁定为第一批私域流量固定用户。

2. 外部

通过访客系统外部人员自助登记系统收集到访人员信息，引流到公众号、使用写字楼立体地图、App 等，可在线预约到访，获取写字楼信息，建立第二批私域流量。通过内外部结合打造写字楼私有流量池。

第十三章　房屋经纪

　　房屋经纪门店从 1998 年房改开始经历 20 多年时间，大部分人们希望自己住进更大、更舒适的房子里，无论是刚需还是升级住所，都离不开房屋居间服务。

　　任何事物在发展过程中都在追求确定性，房屋在位置上是确定的，在时间上是持久的，为资产带来了双重确定，稳定性特质是资产的价值。

　　随着物业业务的快速增长，房地产市场正从增量市场向存量市场转变，业主租售需求不断提升，若项目进入房屋换手率高峰时期，则物业开展房屋经纪业务正当时。

　　经纪门店状态也随着时代进行迭代升级，从线下选房升级到软件看房，VR 看房，为客户节约大量时间，提升看房效率，能让房源展示更加动态、立体、直观。

　　技术的进步离不开人的应用，房屋经纪业务本身是一个矛盾的过程，买方希望以低于市场价格购买到资产，而卖方希望高于市场价位或平行市场价位进行交易。一高一低造成了双方冲突的产生，如何处理这种矛盾，需要房屋经纪人从税费精算，到交易方案设计，再到专业谈判技巧，在双方间进行调和，促成居间服务。

一、房屋经纪业务设计

（一）业务红线

（1）严禁非门店人员收取现金，禁止收取客户费用后不开票据或私开票据。

（2）禁止给予未经授权或超出审批权限的折扣。

（3）禁止相互调剂个人业绩谋取高额佣金。

（4）严禁开展房屋经纪业务中以诱导，指使委托人以合法形式掩盖非法所得。

（5）禁止谋取合同约定以外的非法收益，"吃差价"实物或金额等。

（6）严禁违反诚信原则，不得对委托人隐瞒与交易有关的重要事项，

（7）不得承接、承办不能胜任的经济业务。

（8）不得隐瞒，欺瞒公司开展租售业务，"做私单"。

（9）禁止擅自使用客户委托房中物品，或在客户委托房中休息，留宿。

（10）禁止向合作单位（担保公司、银行等）或客户索要回扣、物品、电子金额礼券，服务和其他报酬。

（11）不得在隐瞒或者欺骗委托人情况下，向委托人推荐使用与自己有直接利益关系的担保、保价、保险、金融等机构服务。

（12）不得泄露委托人提供的资料、商业秘密和个人隐私，不得不利用委托人商业秘密谋取不正当利益，严禁将委托信息透露给他人或竞争对手以谋取利益。

（13）不得将注册证书借给他人或企业使用或允许他人使用从事租售业务活动。

（14）不得挪用、占用或拖延支付客户交易相关金额。

（15）不得同时在两个及以上房地产经纪机构从事房地产经营活动。

（16）严禁伪造、涂改交易文件或凭证。

（17）严禁将个人的薪酬对外泄露给他人。

（18）严禁违反《房地产中介业务规范》及集团或公司下发各类管理制度。

（二）门店业务规范

（1）热爱公司，热爱自己本职工作。

（2）对公司忠诚，对客户诚实

（3）严禁店员在大厅进餐。

（4）店员要面带微笑迎接客户。

（5）当客户进到门店后，店员要主动询问，如遇客户在门外观望，主动上前问询需要何种帮助。

（6）向客户介绍房源时，做到详细、真实，并且能够打动客户。

（7）客户有看房的意愿时，店员应积极主动带其参观。

（8）带客户看房的过程中，耐心回答客户提出的问题，介绍房屋真实情况。

（9）严禁店内工作人员嬉笑打闹。

（10）严禁门店工作人员评论客户。

（11）门店工作人员在接待客户时一视同仁，不以貌取人。

（12）严禁门店工作人员相互争吵。

（三）房屋经纪门店设置及功能

房屋经纪门店空间有限，所以要充分利用设计体现更多服务功能，从客户需求出发,能够得到舒适的体验感。

门店设计,门店采用落地飘窗设计,能够满足路人或顾客向店内观察,能够直观地观察到店内设备设置与设计装修,给人温馨宽敞明亮的感觉。

办公环境越来越成为员工关注的重点。房屋经纪门店通过宽敞空间、简约舒适设计、配置高端智能设备,可感受到高品质的工作空间,能全身心地帮助客户找到理想的居所。

(1)接待前台。前台接待区是对外宣传与接待客户第一位置,设计简洁,能够保障客户与店员面对面咨询,避免摆放电脑而阻挡沟通视角。

(2)洽谈区。客户可入座到门店内进行业务咨询,同时外面潜在客户可观察到店内人员洽谈,摆放休闲沙发,当客户家人陪同看房时,他们也能舒适地倚靠在柔暖的沙发上歇息。

(3)签约室。店内设计独立空间供洽谈、签约使用,在业务升级客户洽谈起到私密的作用,设计为2间。

(4)沙盘展示区。通过立体沙盘、背景墙、数字投影等方式对周边区域进行展示,能够为客户业主进行位置说明,清晰展示所在区位,将项目与本案全图景展示,让客户详细了解房屋与周边环境。

(5)大屏展示。大屏展示可让进店顾客感受高端的体验,通过大屏能够直观显示数据,如房屋等多种信息展示。

(四)物业房屋经纪设置

(1)社区服务店。物业房屋经纪门店需贴近业主与周边居民,为居民免费提供多种服务,如打印复印、饮水、雨具、充电、寻路指引、上网等服务,通过服务让更多人体验到物业品牌传播。

(2)科技应用。科技快速进步,以前需要客户一套一套地参观房屋,无论是买卖还是租赁,都需要客户付出大量时间经历。利用新技术如VR看房、视频看房,可以节约时间,让客户感受到智能与高端。

二、物业房屋经纪优势

在管项目业主是物业房屋经纪潜在交易客户,获取信息最为便捷,获客迅速,覆盖业主户数多,可交易资产比例高。

房屋经纪业务可借助物业属性的先天优势形成区域规模效应,打造以社区为核心、以房产业务为入口的客户资产服务平台。

(一)一站式服务平台

物业房屋经纪业务内容如下:

（1）一手房代理。物业依托自身品牌为基础，结合地产优势开展一手房业务代理，对地产一手房增加渠道销售，也可对外承接一手房代理销售业务。

（2）尾盘资产去化，结合地产遗留尾盘资产对资产整理出售，承接外部尾盘资产，通过内部业主客户资源进行去化。

（3）车位租售，项目车位租赁买卖，解决业主车位需求。

（4）房屋买卖，房屋经纪居间服务。

（5）房屋租赁，房屋租赁居间服务。

（6）房地产金融，贷款、房产抵押、银行金融业务、金融机构业务等，与第三方进行合作开展金融业务。

（7）家具团购，物业房屋经纪业务真正做到，一站式服务，业主房屋交易后，需要购买家居的通过物业美居业务能够省时省心为业主提供多种美居产品。

（8）家装改造，业主在购买或租赁房屋后，希望对房屋进行装修改造的，物业提供家装设计公司，对房屋数据全面掌握，快速出具整套房屋家装设计。

（9）监理，房屋验收过程已经是一项专业领域，通过细致的验收检查，在接收房屋时查看相关问题，在合同中体现房屋存在问题，为业主提供监理服务。

（10）维修，业主居住期间，遇到家电厨卫问题，物业工程人员可以上门解决，为业主节约时间。

（11）保洁到家，新居入户后，业主需要清洁服务，通过房屋经纪门店可以预约上门时间。

（12）搬家服务，新业主入住需要搬运服务，门店会直接帮助业主安排好。

（13）仓储，物业房屋经纪业务是真正做到业主全服务链条的一站式，业主在购房或租赁后，需要进行仓储存储的物品，房屋经纪人同时为业主办理好仓储服务。

（二）成本最优方案

房产经纪业务中涉及税费、过户、手续费、贷款等多项专业性交易，每个地区有不同交易税费与地方政策差异。在交易过程中房屋经纪人员能够帮助业主设计出最优化业务方案，让业主在政策允许情况下节约资金。

（三）签约服务标准化

在房屋交易过程中，需要经过房源匹配，客户确认、合同条款确认、签约、房屋核验、贷款审核等一系列过程，整个流程按照时间周期与客户行为进行细分，在确认交易前介绍给客户，让客户能够合理安排交易过程事项。

（四）资产整合

物业房屋经纪业务可以将公司旗下各项目单位资产进行打通交易，跨门店交易，车位、储藏间、商业、住宅、写字楼等。通过单店、多店、全资产类型＋全业主推广的形式做到渠道优势。

三、经营模式

房屋经纪业务体验馆—共享签约服务中心。以城市为单位设立房屋经纪业务体验馆，对管辖城市内项目植入社区经纪人，通过整合泛渠道及独立经纪人，打造集中式"共享签约服务中心"，以房屋买卖为核心，以家居生活配套服务为基础的一站式资产打理服务平台。

物业房屋经纪门店通过强绩效、社区联动等模式建立物业经营要素，提高成交率。

（1）强绩效。房屋经纪门店经纪人设计绩效考核内容，根据收房率、获客率、成单率、房屋托管率、满意度等绩效指标的设定强相关指标等级，提升业务指标。

（2）社区联动。利用物业企业周边社区协同联动机制，网罗更多优质房客源信息。物业在日常运营过程中，应参与街道、社区、公安、消防、区委等政府职能机构组织的相关会议，周边社区同样参与其中，建立周边良好社会关系，可对项目周边2千米社区进行覆盖，则资产库数据与客户信息获得成倍增长。

（3）泛渠道。房屋经纪是将资产进行交易、连接关联方的经营活动，资产作为产品，在转移过程中经历了营销与认知的变化。除通过传统的渠道进行交易，可利用网络、推荐等方式在深度与广度上更能触达需求方。物业利用客户资源优势，通过多场景展示资产的方式，升级交易体验。

（4）独立经纪人。独立经纪人与公司是合作关系，能够独立开展房屋经纪工作，在渠道与获客上有专业性体现。物业房屋经纪业务在发展独立经纪人时，应把管家作为人选，可以快速增加传播范围。可将信息收集汇总，门店结合独立经纪人渠道可缩短资产交易周期。

四、运营流程

线下门店作为客户服务接待中心，可为客户提供一站式（房屋托管、装修、金融全周期管理）服务，并通过经纪人、泛渠道、线下门店相结合的形式呈现物业房屋经纪业务核心价值，从而打造房产经纪生态服务平台。

借助于市场化头部房产经纪网站，宣传推介物业各项业务的，实现对全域业务呈现。

（一）任务清单

（1）市场调研。按照城市门店规划对数据进行收集：① GDP；②人均可支配收入；③建设用地情况；④土地供应量；⑤房地产开发投资；⑥商品房销售面积；⑦住宅销售面积；⑧开发资金；⑨银行贷款；⑩二手房历史价格；⑪ 房屋挂牌套数；⑫ 工商新注册公司数；⑬ 人口流动数据；⑭ 房地产政策。

（2）提交可行性报告。通过数据分析，对当地房屋经纪市场做预测分析，编写房屋经纪门店可行性分析报告，对数据进行直观阐述，不掺杂其他客观情绪。数据应全面真实，根据属地城市与项目情况做开店归因。

（3）团队组建。根据城市项目情况设计门店人员架构，可覆盖单项目或多项目。对城市进行业务宣贯可做前期吹风会，要求全员知晓业务筹开，对项目单位人员进行摸底，培养潜在独立经纪人。

（二）确定开办门店成本

计算单店投入，如经纪门店租金价格、门店装修设计，开店设备等，并进行预算，如供应商报价，人工成本、运营成本等。

（三）开办流程

（1）物资采购。门店打印机、VR 设备、空调、大屏幕、沙盘、办公家具等进行开店采购。

（2）门店装修。根据设计图安排第三方进行现场门店施工，物业分阶段验收。

（3）业务初期拓展。门店人员到岗，开业前做业务拓展，对周边环境楼盘、项目园区情况熟悉了解，根据户型编制资料，开展业务时熟悉项目。

（4）房源客源收集。对项目进行房客源收集，通过管家引荐业主、或管家直接询问业主有无房屋租售的方式收集项目数据，掌握开店前信息数据，做好开店资讯储备。

房屋客源收集是一项专业性强的工作，主观有意愿租售的业主在了解到物业开展房屋经纪业务时会主动到门店或物业咨询。对于没有租售想法的业主，需要专业经纪人能够深挖业主对房屋的要求，比如，家中有老年人而需要住低楼层，有的业主喜欢住在高楼层因视野开阔通风好，有的人喜欢中楼层因为有树木遮挡而喜欢绿色风景。

（四）开业

（1）品牌发布会

开业时物业对房屋经纪品牌做发布会，能够让业主知晓物业开展房屋经纪业务。品牌发布会引起更多关注，不仅来自业主群体的关注，其他物业和周边项目也能看到物业开展新业务。

（2）邀请业主共同参与品牌发布会，活动能够引发业主对于业务的关注度，房屋经纪不仅是为业主提供房屋居间服务，当业主生活中遇到一些小问题时，门店也能够帮助解决。

（3）管家群推送。业务开展后，物业应编写海报、宣传等文章，可根据房屋租约、房屋交易税费、房屋出租保险等房产周边内容进行。物业管家在业主群宣传发送，能够让业主更好地看到房屋相关知识。

（4）物业前台介绍。物业工作人员经过业务培训，对房屋业务有认知度，业主在物业前台办理业务的同时，物业前台工作人员可以进行业务询问，增加业务推广度，收集业主房屋信息。

（五）推广阶段

（1）管家走访。管家日常入户是其工作的一部分，在解决业主诉求、联络业主情感方面有面对面沟通作用。走访期间可以将物业印刷好的房屋经纪手册、宣传页赠予业主，告知业务开展。

（2）园区广告投放。园区宣传栏、单元大堂公告栏、地库广告屏、电梯框架广告、园区道旗、项目前台摆放宣传海报，多渠道、多点位在园区内做业务推广。让业主在路上就能了解房屋业务。

（3）地推活动。在项目园区广场举办地推活动，房屋经纪人与物业工作人员共同对业务进行推介。

（4）老带新推荐。物业房屋业务在开展服务过程中如果能关注服务细节，从带看到签约再到金融等服务，为业主留下专业性强、服务贴心的印象，那么在顾客有需求的时候，会主动推荐物业门店，老带新应给与顾客相应奖励。

（5）朋友圈/业主群/App。管家朋友圈、业主群、物业公众号、物业 App 都可以成为线上传播途径，对业务开展过程中的内容进行记录。夏天带看房屋过程中为业主送上一瓶矿泉水，冬天为业主送去一个暖手包。门店咨询过程中提供多套房产进行详细介绍。

（6）互联网广告投放。房屋经纪业务是希望将房屋与业主进行匹配，通过让更多人关注资产信息，找到自己喜欢的房屋。可利用互联网广告对大量人群进行有效投放。

（7）行业资源共享。房屋经纪业务同行业间资源可置换，建立信息分享互信基础。共享房产资源信息是业内经常使用的做法，竞合关系造就良性生态发展。

（8）日常联合运营机制。房屋经纪业务是固定且长期业务，可能在一个时间段内无业务率，但在时间周期内，将时间线拉长，会触及发生房屋相关业务。物业开展房屋业务能够让业主经常见到房屋经纪人员，在需求产生时能够想到物业人员。房屋经纪门店与物业日常运营相结合融入业主服务，如园区活动、项目业主调研，能够接触到业主产生更多业务触点。

（9）周边拓展。对于项目周边楼盘、公司、机构做商务对接，宣传物业房屋经纪业务。

（10）专属推荐会。举办专项资产推介会，邀约业主顾客参与，可联动一手盘进行新房销售推广，如车位专场、储藏室专场、尾盘资产专场等。

（11）片区计划。片区是鲜活的，每个项目、每个区域的都是人与人的连接，信息不流通则无法产生需求供应。通过对信息结构的重塑，建立片区连接机制，能够让片区内各关键点掌握资产流动信息，通过信息互通，可以对整个区域做价格控制。

（12）内部邮件。物业企业通过内部邮件形式，对房屋经纪业务宣传推广，制定公司级优惠政策，根据业务租售需求、房源情况、企业内部人员咨询办理房屋居间业务给予公司层面优惠。

（六）引流获客

（1）门店展示咨询。门店是最直观吸引顾客的获客渠道，通过门店引起顾客的关注，视觉注意到房屋经纪业务，到店客户获客成本最低。

（2）跨界活动拓客。跨界是资讯扩展的良好渠道，同行业内信息内容重叠，跨界形成新生态圈。通过参与周边项目活动、商场活动、联谊等开展房屋知识宣传，形成更多潜在客户。

（3）项目推荐。项目单位客服、工程、秩序、绿化人员，无论是哪个岗位，包括外部供应商对于房客源信息的推荐，都可以获得一定的激励。

（4）免费房屋服务。物业开展房屋经纪与便民服务相结合，对于业主或顾客咨询办理房屋相关业务时，可根据业务内容提供免费服务，提高业主满意度，赢得客户良好口碑，对品牌进行传播。

（5）泛经纪人。独立房屋经纪人获取房屋资产信息较为宽泛，对于高端盘与特殊资产信息全面，可通过泛经纪人收集信息扩充店内资源。

（6）房源发布。线上线下房源信息发布，若客户有需求会咨询房源信息。

（7）客源收集。项目门岗对于参观园区房屋资产人员登记，以获取客源信息，同时向客户介绍环境布局及设计，物业服务等。

（8）定制优惠套餐。对于房产交易税费计算与房产过户分类，需要经过专项培训才会熟悉，对业主宣传专项知识时，应了解资产继承等知识。可通过套餐形式制定出租售业务分类价格标准，让客户一目了然。

（9）免费设计服务。结合物业美居业务，对于新入住业主，对于通过物业房屋经纪业务买卖租赁房屋的顾客可免费出具家装设计。

（10）建立购买牵引需求。业主对于房屋有自己明确的租售需求，对于无需求客户应进行需求引导，如换房需求、升级居住需求、特殊环境需求等。

（11）门店首单免费。门店开业时，第一位办理业务的顾客给予免费办理，不收取任何费用，可为业务引流。

（七）业务运营阶段

（1）价格标准。物业企业在房屋经纪业务上发展处于起步阶段，价格优惠是一个吸引客户方法。通过市场地域行业收费标准进行对标，制定低于均值的收佣标准。

（2）房源标准。物业房屋经纪应打造自己居间业务品牌，做到真实、源头可溯，掌握房屋全部资料。通过房屋信息系统和项目单位提供的房屋历史资料，展示房屋真实资料信息。

（3）服务标准。物业房屋经纪提供双重服务，即项目管家及项目门店经纪人提供优质的资产服务。

（4）服务引入。在客户办理居间服务交易过程中可服务植入，如信贷服务、资产抵押、美居业务、家居拎包、家居设计、到家保洁等。

（八）业务流程

1. 房屋出售

（1）房屋经纪人获得业主出售信息。

（2）对信息进行登记，对位置、楼层、面积、价格、格局、朝向、装修、配套等信息进行登记，根据时间点上报门店店长，或门店交易系统。

（3）查看业主的身份证、房屋权属证书原件，进行复印后询问业主可否进行独家代理，简明独家代理后承诺客户提炼房屋卖点、增加推广渠道。在一个时间周期内进行门店推广、内部网络、短视频网络推广、渠道推广等，签署独家代理资产出售委托协议会比其他未签订资产更快速成交。

（4）对房屋产权人、贷款情况、卖房动机、可预约看房时间、其他附加条件等与业主沟通。

（5）业主钥匙托管，接收业主钥匙后，为业主开具钥匙委托书并注明时间，待业主收回托管钥匙时需再次签署钥匙归还书，根据门店钥匙管理使用规定带参观。

（6）经业主同意后，到需要出租房进行现场查看，对房屋拍摄，制作线上所需宣传文件。

（7）门店与物业相结合通过各种宣传形式推荐房屋信息。

（8）带看房客户需求购买项目资产时，房屋经纪人首先自我介绍，身份信息，介绍服务承诺，选择匹配度高的房源并向客户介绍，客户认可后带参观，参观过程中采集顾客需求信息，做需求判定。带看前了解客户需求，与客户确认看房人数，接待时间、地点，提示客户携带证件，如看房过程顺利可签约。带看过程中要求房屋经纪人熟悉周边环境，在过程中做介绍，对配套设置学区、医院等情况进行介绍，要求熟悉园区环境，准确不绕路，直接带到所要看房屋地点，并提前准备好鞋套、雨伞、矿泉水，与客户沟通心理预期价位、付款方式、贷款情况判断成交需求。

（9）如顾客对房屋满意，可预约业主与客户时间到达门店进行详细沟通，为客户进行税费计算。

（10）买方确认购买后，预约三方到门店洽谈。

（11）房屋交易双方在物业房屋经纪门店签订三方居间服务协议。

（12）房屋经纪人按合同约定支付相关款项。

（13）财务协助客户收取佣金。

（14）引领付费方至客服中心前台办理物业手续，到业主房内清单交割 / 物业费交割。

（15）房屋经纪人留存佣金收据，签约收款完结。

（16）房屋经纪人收齐买卖双方权证过户办理相关资料，产权证、身份证、户口本、结婚证、征信等，预约房屋交易中心时间，双方到场办理房屋产权过户手续。

（17）一次性 / 分期付款买卖流程，房屋经纪人协助双方备齐资料，陪同买卖双方到房屋所在地产权交易中心办理二手房转让过户手续，买卖双方支付税费及交易手续费，领取新产权证。

（18）贷款购房的买卖程序，买方贷款购房，签订居间服务协议前由房屋经纪人预审贷款资格，为购房人根据地区政策计算相关贷款利率费用，签订合作协议后办理网签手续，双方备齐资料，签署贷款各类文件，报贷款机构审批，贷款额度审批通过后，贷款机构发放贷款后到房屋所在地产权交易中心办理二手房转让过户手续。

（19）房屋经纪人带领业主到物业客服中心填报新业主资料，居间服务工作完结。

（20）建立业主档案，交易相关文件，双方的身份证明材料、房屋权属资料、居间服务协议等，按照档案管理制度归档，对于后续服务进行跟进，如家装、户内保洁、后续租赁等。

2. 房屋出租

（1）房屋经纪人获得业主出售信息。

（2）对信息进行登记，根据时间点上报门店店长，或门店交易系统。

（3）出租房源委托，业主出具房屋所有权证明材料，房屋经纪人查验后进行房屋登记。

（4）经业主同意后，到需要出租房进行现场查看，对房屋进行拍摄，制作线上所需宣传文件。

（5）门店与物业相结合通过各种宣传形式推荐房屋信息。

（6）业主做钥匙托管，接收业主钥匙后，为业主开具钥匙委托书并注明时间，待业主收回托管钥匙时需再次签署钥匙归还书，根据门店钥匙管理使用规定带参观。

（7）带客户看房，选择匹配度高的房源，进行介绍和系统展示，如客户满意后带客户实地看房过程中宣传房屋特点，促成租赁。

（8）求租客户对房屋满意后，房屋经纪人出示相关证明，身份证、护照、查验无误后与承租方签订租赁协议。

（9）房屋经纪人带领承租客户到出租房屋根据房屋清单点交物品后，承租人确认无误后签字。

（10）业主方签订租赁协议后，房屋经纪人通知财务部门收取居间服务费。

（11）财务开具佣金收据给付款人。

（12）按房屋经纪人对房屋租赁协议留存归档，签约收款完结。

（13）对于后续服务进行跟进，房租到期提醒、保洁服务、后续租赁服务等。

（九）贷款服务

（1）查询买方征信，房屋经纪人将买方身份证复印件、结婚证，通过金融机构查询征信报告，根据征信报告情况查看贷款政策。

（2）房屋预评估：房屋经纪人将房屋情况告知金融机构，金融机构对房产进行评估，确定可贷款金额后办理二手房网签手续。

（3）确定贷款金额后，与买卖双方签订贷款服务合作协议。

（4）财务人员核对合同后收取贷款费用

（5）缴费后财务开具服务费收据给客户。

（6）房屋经纪人将贷款金融机构审核资料放款等进步反馈给客户，直至客户贷款成功。

五、业务管控流程

（1）信息归集。房屋经纪门店对发生交易数据按照时间编制日报、周报，经过门店店长审核数据无误后，发送至城市级经营业务负责人与总部职能房屋经纪业务负责人进行数据统计。

（2）复盘。房屋经纪门店根据工作内容进行每日例会、每周例会。城市级经营人员与总部经营人员根据发生数据与业务进展情况做分析，与店长进行周例会，对门店业务进行提升。

（3）客群分析。房屋经纪门店对项目业主做客群分析，对收集项目业主资产需求划出重点并跟进客户。

（4）指标完成率。根据工作任务进行分解，对相关指标进行制定，对各项业务指标制定完成率标准。

（5）项目奖励机制。物业项目开展房屋经纪业务，公司鼓励全体同人参与业务发展对于房屋经纪业务提供信息每一位同人给予奖励。

（6）房源。获取项目园区业主出售房屋信息的，该套房源交给物业门店进行房屋买卖交易，该房源成交后，给予房源信息奖励××元。

（7）客源。提供购买园区房屋信息的，该套房源购买人信息或直接介绍购买园区房屋，交易成功后，给予客源信息奖励××元。

（8）奖励发放时间。物业房屋经纪门店完成该笔转账交易后，当天给予信息提供人进行激励发放，如遇节假日或交易时间较晚，应该第二日给予激励发放。第一次发放激励，使用现金发放，由项目总经理召开会议，对房屋经济业务率先达成交易的人员进行现场奖金发放。

六、项目单位工作内容

1. 信息获取

员工通过业主走访、入户维修、园区巡视、保洁服务等形式与业主建立良好沟通渠道，提高业主对园区满意度，对业主出租出售信息进行获取。

2. 门岗

门岗做好园区进出入管理工作，非物业品牌房屋经纪人在带客户到园区参观入园前，对人员做信息登记，信息登记内容包括联系方式、到访房号。

3. 房屋经纪人

房屋经纪人收到外部客户参观园区房屋信息后，主动与业主取得联系，介绍物业房屋经纪业务，业主也可选择物业品牌房屋居间服务。

4. 对接机制

（1）业务对接。物业工作人员获取房客源信息后，到物业前台进行备案登记，登记表注明备案时间、物业项目设立房产经纪公司对接人，统一由对接人进行工作业务对接。

（2）财务对接。城市区域财务部设立房屋经纪业务对接人，由财务人员对接房屋经纪业务，办理银行贷款等工作时需与业务人员一同前往。

（3）人力对接。门店店长对店内经纪人做月度考核，根据考核标准及工作完成情况，进行月度绩效编写，人员成绩需经城市区域房屋经纪业务负责人审核后交于城市区域人力资源部门作为绩效。

七、业务指标

（1）收房率达到100%。客户交于房屋经纪门店资产，要求全部接收。

（2）获客率达到80%。门店业主居间服务信息数 ÷ 项目业主办理居间服务总数 ×100%。

（3）房屋托管率达到80%。门店接收数 ÷ 业主房屋托管总数 ×100%。

（4）满意度达到100%。居间业务满意度评价全部好评。

（5）成单率达到40%。居间服务成单数 ÷ 提供居家服务总数 ×100%。

（6）业主知晓率达到80%。居间业务问卷调查知晓数 ÷ 业主总数 ×100%。

（7）控盘率达到40%。居间服务成交户数 ÷ 业主居间服务总数 ×100%。

八、售后服务

房屋居间业务完结后，很少再提供其他服务。物业不同于其他行业，需要长期为业主提供服务，在居间服务完成后应定期进行业主回访，当业主的亲友需要居间服务时会进行业务推介。根据属地政策交易时间，业主可能第二次出租出售房屋的，也应及时联络，为新业主提供家居服务，如局部改造、家政保洁等。

九、平台服务

打造"社区交易链＋服务链"的业主一站式资产管家居间服务平台，完成房产生态业务搭建，通过物业全链条资源整合延伸房屋经纪业务。

中心城市项目开展试点，若成功，可将体系推广复制到其他城市项目单位。其他城市开展门店时，可抽调开店小组成员，进行培训与开店筹备，形成开店小组，利用服务体系落地房屋经纪门店业务。

十、岗位职责

（一）总部房屋经纪负责人

（1）健全公司门店统一高效的组织体系和工作体系。

（2）全面负责各区域店面的运营管控工作。

（3）负责收集学习有关房地产营销的方针、政策及法规规定等。

（4）调查房地产项目开发与二手房市场销售状况，预测和把握区域房地产运营竞争走势，结合本公司二手房店面运营情况，提出相应的营销策略。

（5）店面的扩张与管理，并提出店面装修设计及合理化建议。

（6）提出对所辖区域内人员的培养、选拔及任免意见。

（7）总结分析客户需求，对公司运营提出意见及合理化建议。

（8）公司直属部门的对接及协调工作。

（9）与第三方公司，地产公司、外部资产方、资产处置公司、金融公司进行业务对接。

（二）门店经理

（1）制定门店目标任务，并带领团队完成公司业绩目标及员工考核指标。

（2）协助上级领导健全公司组织体系和工作体系。

（3）负责公司各项管理制度的补充建立和实施，并定期进行评审，确保制度的充分性、适宜性和有效性。

（4）负责店面的运营管理工作。

（5）拟定二手房销售政策，制定通用及适用于不同店面的销售与客户服务管理制度。

（6）制订团队建设及阶段性员工培训计划、培训实施方案等。

（7）确保店面管理与客户服务管理制度在所辖区域的贯彻和执行。

（8）及时、准确向上级领导提供销售信息及各类报表，资料和信息处理须按照公司要求及时、准确完成。

（9）负责审核区域的提成比例，审定人员薪酬的发放。

（10）负责与财务部核对销售佣金账款。

（11）及时发现所辖区域店面的隐患行为，做出正确的判断及处理，必要时向上级主管领导汇报。

（12）对店面的扩张与管理，提出店面装修设计意见。

（13）熟悉掌握周边竞争情况，制定有效的应对措施。

（14）店面日常管理，熟悉二手房店面的管理运作及现场突发事件的处理。

（15）指导店面经纪人进行房源、客户的跟进工作。

（16）对经纪人每日工作内容和完成情况的量化管理。

（17）熟悉掌握员工的成交情况，组织店面人员及时复盘交流经验，加强业务素养，提高业务水平。

（18）对店面经纪人工作安排及监督，提出考评及调配建议。

（19）审核销售合同，特殊条款报上级领导和法律顾问审核，及时转交归档。

（20）做好房源及成交等信息管理审核工作。

（21）签订协议，管理客户档案。

（三）房产经纪人

（1）遵守公司及门店的各项规章管理制度，严于律己。

（2）对项目周边的市场进行调研，充分了解周边的详细情况。

（3）充分了解和熟悉市场资源，注重相互交流，拓展市场，做好迎接客户的各项准备工作。

（4）认真登记来电、来访客户，形成来电来访登记表，并做好每一位客户的答疑工作。

（5）熟练各项工作操作流程，按质按量完成各项工作任务。

（6）认真参加公司组织的培训，并开展自我学习，提高自己的专业能力，增强业务水平。

（7）与客户保持良好的关系，做好售后服务，保持良好的礼仪规范，树立公司及门店形象。

（8）做好每一单客户的各项相关业务工作，将客户资料整理备份，确保工作内容完整、有序。

（9）认真负责的催缴客户余款，保证公司的资金回笼。

（10）完成每月销售目标业绩。

（四）项目客服

（1）项目单位客服得到相关业主房屋、车位出租出售时，应立即将信息与工作人员进行信息对接。

（2）房屋经纪人核实信息后录入到房屋信息库中。

（3）客服管家如将客户信息泄露其他相关业务第三方或无关人员，应开除处理。

（4）提供信息促成交易的客服工作人员给予信息奖励××元。

（五）项目秩序门岗

（1）项目单位秩序部收集到相关业主房屋、车位出租出售信息时，将信息与房屋经纪工作人员进行信息对接。

（2）房屋经纪人核实信息后录入房屋信息库。

（3）秩序部如将客户信息泄露其他相关业务第三方或无关人员，做开除处理。

（4）秩序岗位工作人员，在其他中介或机构人员带看房屋进入项目前，做好门岗外来人员登记。

（5）提供信息促成交易的秩序部工作人员给予信息奖励××元。

（六）信息获取

（1）项目人员通过业主沟通了解业主的租售需求。

（2）详细了解询问业主，表示物业服务的专业和细心。

（3）对园区房屋价格给予业主报价，并做合理建议和售房引导，说明物业房屋经纪业务人员有客户希望购买该园区房产。

（4）登记业主需求后，信息反馈到房屋经纪业务对接人。

（5）房屋经纪门店收到信息后，对接人沟通业主时间，并预约房屋经纪人一同上门了解房源情况，拍摄照片视频进行信息采集。

（6）向业主介绍物业房屋经纪人，说明房屋经纪业务未来由该业务人员进行对接。

十一、薪酬福利

建立房屋经纪门店经纪人考核指标，根据不同等级进行考核，给予高于地区同行业 10% 以上的薪资吸引最优秀的人才加入，通过最优秀的人才提供高质量满意服务，利用专业经验优势创造出行业新生态价值，同时为员工搭建晋升空间。

（一）区域经理

计算方法：固定底薪＋绩效＋餐补＋通信＋纯利润提成。试用期三个月，每月至少成交一单。提成按照实际金额减去店内税费 15% 后计算。例：收益为 1 万元，从 8500 元开始计算。

提成比例：

区域销售额完成率低于 40%，扣除当月全部绩效奖金。

20% ≤ 区域销售额 < 60%，比例为纯利润的 5%；

60% ≤ 区域销售额 ≤ 100%，比例为纯利润的 8%；

区域销售额 >100%，比例为纯利润的 10%。

例如，出租房屋收取一月佣金 5000 元，提取佣金为：5000 × 85% × 5%＝212.5（元）

阶梯提成价格按区域公司当地同行业基数进行调整。

（二）门店经理

计算方法：固定底薪＋绩效＋餐补＋通信＋店面总成交提成。试用期三个月，每月至少成交一单，提成按照实际金额先减去店内税费 15% 后计算。

例：收益为 1 万元，从 8500 元开始计算。

提成比例：

区域销售额完成率低于 40%，扣除当月全部绩效奖金。

门店销售额 <60%，比例为纯利润的 6%；

60% ≤ 门店销售额 ≤ 100%，比例为纯利润的 10%；

门店销售额 >100%，比例为纯利润的 15%。

（三）经纪人

计算方法：底薪＋绩效＋餐补＋通信＋提成。

试用期 3 个月，如试用期未开单，自动解约。每月至少成交一单，提成按照实际金额先减去店内税费 15% 后计算，如收益为 1 万元，从 8500 元开始计算。

提成比例：

个人销售额 <9000 元，比例为纯利润的 10%；

9000 元 ≤ 个人销售额 <16000 元；比例为纯利润的 20%；

16000 元 ≤ 个人销售额 <35000 元；比例为纯利润的 25%；

35000 元 ≤ 个人销售额 <60000 元，比例为纯利润的 35%；

个人销售额 >6 万元，比例为纯利润的 40%。

（四）项目奖励

（1）提供房源出租信息并成交 ×× 元 / 单。

（2）提供客源提供出租信息并成交 ×× 元 / 单。

（3）提供房源促成房屋出售奖励，如每单销售额 10 万元以下奖励 3%，10 万元以上奖励 4%。

（4）提供客源促成房屋出售奖励，如每单销售额 10 万元以下奖励 3%，10 万元以上奖励 4%。

（5）提供车位出租信息并成交，×× 元 / 单。

（6）促成车位出售奖励，每单销售额 5%。

（五）计算标准

（1）业绩和纯利润按月度结算，仅包括房屋 / 车位出售和租赁业务。以中心城市区域财务部确认为准。

（2）佣金提成按照全额累计制计算。

（3）区域经理销售提成 = 纯利润 × 提点。

（4）门店经理和房产经纪人销售提成计算基数为业绩扣除 15% 门店税费后金额；销售提成 = 业绩 ×85% × 纯利润。

如收取一月佣金 16000 元，提取该佣金 16000×85%×20%=2720（元）。

制定阶梯薪资标准有利于业务进步，能够让新人看到晋升标准，能够让老员工提高专业程度。经纪人按照能力等级与绩效分为 9 级，如表 13-1 所示。

表 13-1　等级与绩效

级别	名称	保底工资（元）	指标
A1	经纪人	3500	无经验
A2		3600	工作第四个月起薪
A3		3800	①行业经验 1 年 ②更新房源信息
A4	高级经纪人	3850	①硕士学历 ②根据客户基本需求对照需求信息表单匹配作业
A5		4200	①每天次浏览房源信息 ②推荐多套房源供客户选择
A6		4600	①新增房源熟悉 ②掌握 10 套优质房源

级别	名称	保底工资（元）	指标
A7	资深经纪人	5100	①实地资产勘查 ②专业的话术 ③协助客户做出肯定选择
A8		5500	①优质房源制作快速需求匹配表 ②推荐最符合客户条件的房源
A9		6000	①真诚推荐优质房源 ②促使客户产生看房欲望 ③让客户正确认识房产价值 ④正确引导客户的购买

十二、业务权责

（一）总部职能经营部

（1）编写房屋经纪门店权责。

（2）发起请示成立城市级房屋经纪公司。

（3）房屋经纪门店整套 VI 设计。

（4）确定门店人员编制、薪资、门店财务收款方式。

（5）对接城市公司进行业务落地前期筹备工作宣讲。

（二）区域城市公司

（1）城市公司经营部调研城市房屋经纪基础数据（包括房屋价格、经纪人薪资、周边市场交易数据、地区交易数据）。

（2）房屋经纪门店选址。

（3）确定门店位置。

（4）制定门店设计装修方案。

（5）招聘房屋经纪业务人员，确定薪资佣金方案。

（6）确定门店考核任务。

（7）办理房屋经纪公司营业执照。

（8）收集城市项目单位业主房屋信息。

十三、检查标准

（一）开店前 30 天检查流程

（1）检查城市公司门店筹备情况。

（2）落实房屋经纪门店或场地选址。

（3）检查门店装修进度。

（4）检查执照办理进度。

（5）检查项目人员培训情况。

（6）制作印刷房屋经纪门店相关文件。

（7）制作店内标识，沙盘、展板、宣传品等。

（8）房屋业务人员招聘情况。

（二）开店前一周检查

（1）检查门店人员到岗情况。

（2）房屋经纪人员培训。

（3）门店装修进展。

（4）检查门店各项管理制度。

（5）店内 VI 标识制作进展。

（6）人员服装采买。

（7）店内筹开设备进场。

（8）门店人员熟悉项目单位。

（9）进行门店开业前路演。

（10）经纪人熟悉项目园区环境。

（11）经纪人熟悉项目周边街道信息。

（12）收集项目园区内业主房屋、车位相关信息。

（13）经济人证书到公司进行登记备案。

（三）开店后检查

（1）房屋经纪人证件悬挂于店内。

（2）进行店内运营设备、办公用品准备完毕。

（3）项目单位宣传房屋经纪门店。

（4）门店人员收集整理完毕项目业主房屋租售信息。

（5）人员培训完毕。

（6）经纪人证书复印件张贴于店内。

（7）与业主之间建立良好关系在园区内进行房屋经纪业务介绍。

（8）门店开业邀请业主参加品牌发布会，提供专业房屋居间服务。

十四、带看操作标准

为规物业房屋经纪人员带看服务过程中的作业细节，提高带看质量与工作效率，提高对客户服务方面的周到性、细致性、专业性及优质性，应根据以下标准进行操作。

（一）带看前注意事项

（1）向买方介绍房源信息以及卖方的基本情况，描述真实，不夸大及隐瞒房屋及业主信息。

（2）与卖方确认带看房屋目前的各项状态，详细了解房主的具体情况。

（3）与业主沟通，约定带看时间，并将买方情况向业主作简单介绍。

（4）提醒业主作好到访前准备，买方有无相关喜好并告知业主，营造良好的气氛，便于买方购买。

（5）提醒业主准备相关买卖文件资料，带看顺利可进行签约。

（6）带看前确认房屋出售价格、面积，无变化。

（7）与业主约定具体时间，如初次带看，应先进行自我介绍。

（8）带看前物品的准备：文件夹，手机、米尺、笔、鞋套，矿泉水、雨伞、面巾纸、园区资料。

（9）提前与业主沟通：

1）我及2位同事于9点到达，带客户去看您的房屋，从专业市场的角度全力推销您的房屋，您表现自然即可，以免引起客户对意图的猜想，借机压价，其他事项还有无需要注意的您请交代。

2）业主是我认识好久的朋友，跟我关系非常好，您一会儿就专心看房子，有任何问题都可以直接问业主。

3）针对房源踏勘解选择带看路线，选择能够突出房屋优点、园区环境优美、周边配套优点的路线。

（二）带看中注意事项

（1）守时，按照约定时间提前10分钟到达约定地点，按预定路线带客户参观，带看路途中获取客户信息并讲述房屋的特点。

（2）开车带看，房屋经纪人驾驶车辆，为客户开车门，与客户一起坐在车后排座，近距离能更好沟通客户需求。

（3）带看时经纪人提前踏勘路线，引领客户看房。

（4）带看过程中与客户保持距离，并走在客户左前方，引领客户前行，提示台阶等地面情况，如遇下雨或夏日光照充足为客户撑伞。进入电梯时，电梯门打开并扶门，客户进入电梯后自己再进入，出电梯亦如此。

（5）带看过程中对周边环境及园区设备设施做介绍：①小区情况介绍；②物业服务介绍；③是否学区；④医疗情况；⑤交通情况；⑥升值潜力。

（6）根据客户需求的不同，将上述状况着重对客户进行讲解和介绍。

（7）进入业主房屋前，应礼貌的询问业主是否方便进入，待获得业主的允许后，将鞋套给客户带好后方可带领客户进入业主屋内。

（8）在参观屋内设施时，房屋经纪人不可随意走动，应在业主的引领下，带买方客户参观，由业主介绍房屋情况。

（9）带看过程经纪人介绍：①房屋朝向；②房屋开盘时间；③房屋结构；④户型结构；⑤采光状况；⑥屋内设施；⑦车位、花园、地下仓储等状况；⑧赠送面积情况。

（10）带看时间。毛坯房的带看不超过10分钟，毛坯房可直观看到房屋内各管路走向，房屋结构、采光等，应在客户参观后尽快结束。对于一些结构设计，可以给客户提供一些装修方面的建议。业主家内带看停留时间长会打扰业主。对于业主家内有老人、小孩的，应避免打扰，客户了解基本屋内情况后，尽量缩短带看时间。

（11）如客户在带看过程中，表示出购买意向，应带离客户参观，回经纪门店后进行沟通，不可直接在谈判条件不成熟的情况下，在业主家内进行磋商和谈判。

（12）在带看过程中，对于房屋的介绍，本着实事求是的原则进行介绍，不随意夸大，不作任何无法兑现的承诺，了解客户购房意愿，端正工作态度和专业工作作风。

（13）带看过程中如遇两组以上客户同时带看同一房屋注意事项：①按到达房屋先后顺序，与客户沟通带看先后顺序。②一组客户在房屋内进行带看，其他组客户须在屋外等候。③尽量在全面参观后缩短看房时间，避免屋外其他客户等候时间过长。

（14）传递紧张气氛，造成促销局面：①多组带看房屋，客户会造成房屋紧张压力，形成对该房屋的聚焦。②与客户沟通，该房屋其他客户也在考虑，基本确定购买价格，还希望与业主商量。

（15）多人看房如一家人看房或朋友一同前往，应提前询问顾客几人到访，同时告知业主看房人数，根据看房人数多少邀请其他经纪人陪同，以防服务不周。

（16）客户带看结束后，征询客户意见是否到门店进行洽谈，解答客户问题，如客户时间不足，礼貌告别，并问询是否需要送至周边地点。

（17）价格确认，通过询问付款方式，计算贷款税费，了解顾客心理预期价位。

（18）客户出价与业主报价相差 10% 内，需要房屋经纪人在中间斡旋，争取双方拉进差距。

（19）针对出价差距较大在 20% 左右时，要向客户委婉拒绝，表明业主对出价无法接受，可以带看其他房产。

（20）如客户对带看房产不满意，经纪人可将客户带回店，介绍匹配其他房源。

（21）带看后将客户意见及时反馈给业主，并做客户跟进，保持信息的准确性和沟通的及时性。

（22）客户跟进，顾客真实需求与对房产的意见、顾客有无疑虑。通过对带看前、带看中、带看后的作业流程设计，在实际工作中提升经纪人的服务质量，提升经纪人专业能力，提升顾客的满意度，提升控盘率。

（23）培训，房屋经纪人收集带看中案例进行复盘，通过讲解案例，团队进行问题分析，加强经纪人间的协作，提升房源、客源的匹配质量。

十五、房客源匹配操作方案

提高房屋经纪人对房客源整合匹配的科学性，可提升房客源匹配质量与工作效率，提高对客户服务方面的专业性、细致性以及有效性，达到有效带看、高匹配率缩短交易时间。

根据开展房屋经纪过程中房客源信息匹配业务的特点，要全面了解客户、业主的真实需求，根据对客户的了解，针对客户的需求为其匹配房源。

1. 买卖需求匹配表

表 13-2　买卖需求匹配

序号	客户需求	客户要求	评分标准	评分
1	预算价格	低于项目园区价	低预算减一分	−1
		高于项目园区价	高预算加一分	2
		符合价格	记一分	1

续表

序号	客户需求	客户要求	评分标准	评分
2	楼层	房源满足客户要求	楼层高低 ± 差 2 层记一分，超过不得分	1
3	面积	符合面积要求	面积 ±10% 内记一分	1
4	购买位置	符合楼栋要求	记一分	1
5	户型	同样户型	记一分	1
6	装修	符合要求	记一分	1
7	朝向	符合朝向要求	记一分	1
8	年代	年代 ±5 年	记一分	1
		超过年限	减一分	−1
9	购买用途	投资	记二分	2
		刚需	记一分	1
		升级	记二分	2
10	车位	车位需求	记一分	1
11	居住人数		记一分	1
12	学区	学区	记一分	1
		非学区	不计分	0
13	工作地点	距离 60 分钟内	记一分	1
		距离 30 分钟内	记二分	2
		超过 60 分钟	减一分	−1
14	家人工作（上学）地点	距离 60 分钟内	不计分	0
		距离 30 分钟内	记一分	1
15	交通工具	公共交通	不计分	0
		自驾	记一分	1
16	购买期限	1 月内	记一分	1
		3 月内	不计分	0
17	婚姻情况	已婚	记一分	1
		未婚	不计分	0
18	性格爱好	喜户外对应园区环境	园区环境优美	1
		喜居家对应园区环境	园区公共空间小	0
19	付款方式	全款	记一分	1
		分期	不记分	0

序号	客户需求	客户要求	评分标准	评分
20	收入情况	稳定	记一分	1
21	现居住情况	一套	置换住房记一分	1
		一套以上	记二分	2
22	购买决策人	决策人参观	记一分	1
		决策人未参观	不计分	0
23	购买能力	创业	记一分	1
		稳定工作	不计分	0

根据记录标准，分数高匹配率强，则可将分数改为标注项进行操作。

2. 租赁需求匹配表

表 13-3   租赁需求匹配

序号	客户需求	客户要求	评分标准	评分
1	预算	低于项目园区价	低预算减一分	−1
		符合价格	记一分	1
2	楼层	房源满足客户要求	楼层高低 ± 差 2 层记一分，超过不得分	1
3	面积	符合面积要求	面积 ±10% 内记一分	1
4	租赁位置	符合楼栋要求	记一分	1
5	居室需求	符合要求 1 居或 2 居	记一分	1
6	户型	符合要求	记一分	1
7	装修	要求装修	记一分	1
8	朝向	符合朝向要求	记一分	1
9	租房用途	自住	记一分	1
		宠物居住	减一分	−1
		存放物品	记一分	1
10	居住人数	5 人内	记一分	1
		大于 5 人	不得分	0
11	车位	车位需求	记一分	1
12	运动	有会所	记一分	1
13	学区	学区要求	记五分	5
		无学区要求	不计分	0

续表

序号	客户需求	客户要求	评分标准	评分
14	工作地点	距离 60 分钟内	记一分	1
		距离 30 分钟内	记二分	2
		超过 60 分钟	减一分	-1
15	医疗	医院距离 10 分钟内	记五分	5
		医院距离 30 分钟内	不计分	1
		自驾	记一分	1
16	租赁期限	1 年以下	不计分	0
		2 年以上	记一分	1
17	付款方式	年付	记一分	1
		季付	不记分	0
18	收入情况	稳定	记一分	1
19	现居住情况	改善，增加功能或面积	不计分	0
		需求更换	记一分	1
20	租赁决策人	决策人参观	记一分	1
		决策人未参观	不计分	0

掌握客户最关心的要素，根据标准要素结合客户需求推荐适合的房源。

匹配客户需求方法：

（1）根据价格匹配，项目房屋价格范围客户购买差 ±10%。

（2）根据客户要求，对园区内楼宇进行匹配。

（3）根据居室需求，如一居室、两居室、三居室、四居室、复式等。

（4）根据周边要求，如学校、医院、商业、出行便捷。

（5）根据房源特点匹配客户。

表 13-4　业主信息表

序号	业主信息	客源匹配	优势项
1	业主姓名		☐
2	楼层	顶楼或一层	☐
3	面积	符合面积要求	☐
4	电话		☐
5	户型	规整户型	☐

续表

序号	业主信息	客源匹配	优势项
6	朝向	是否朝南	□
7	年代	时间多久	□
8	产权性质	商、住	□
9	产权证号 / 产权下发日期	记录下发时间	□
10	物业费、车位费、取暖费	确定费用	□
11	出售价格、价格底线	价值线	□
12	婚姻状况	关联方	□
13	急迫程度	业主要求时间	□
14	有无抵押贷款、有无营业税个税	抵押机构	□
15	看房时间方便	钥匙托管	□
16	装修程度	毛坯、精装	□
17	房屋何时腾出	明确时间	□
18	户口是否迁出等	新户口迁入	□
19	房屋卖点	学区、楼层、朝向	□
20	决策人	决策人意见	□

信息匹配注意事项：

（1）准确告知客户所推荐房产卖点。

（2）准确了解客户的需求特点。

（3）倾听客户隐藏需求。

（4）客户需求全面了解后匹配房源。

（5）不急于推荐不合适的房源。

（6）了解市场行情，对价格影响因素进行说明。

（7）信息表匹配程度高。

（8）客观描述避免产生误解。

（9）不急于成交。

（10）客源不匹配持续推荐。

第十四章 社区食堂

摆脱同质化的竞争，提高单店营收，是社区食堂优势。

一、社区食堂优势

依据传统物业服务，开拓新型餐饮业务赛道，满足项目业主日常餐饮需求。通过温馨社区食堂的打造，扩大项目影响力，吸引更多受众群体，其核心优势在于便利。

楼下餐饮店概念在于快速、便捷，能在第一时间想到社区食堂。通过社区项目逐步开展越来越多的社区食堂从而形成品牌，能够起到品牌连锁化的效应，信任程度增加。

物业社区食堂与餐饮对比。以投资100万元为例，如表14-1所示。

表14-1 对比 单位：万元

序号	项目	社区食堂		餐饮门店	
1	房租	5	物业前期规划食堂用房	15	地理位置决定房租价格
2	水电燃气	3	民用水民用电，节约成本	5	商用水电价格高
3	人工	15	服务人员面对客群稳定	20	人员要求较高
4	装修	15	装修明亮舒适，体现物企品牌特色	15	设计装修符合消费层次
5	厨具	10	以大众菜系为主	10	设计品类较多
6	调料	5	调料相对固定	5	丰富菜品，调料多
7	原材料	25	菜品量决定原材料一次采购量集中价降低	25	原材料涉及品类多
8	营销	1	业主知晓，园区宣传	10	提高知名度、转化率，营销费用高
	合计	79		100	

通过横向比较，能够看出，物业开办业主食堂使用房屋的优势在于，房屋设计功能较为宽敞，设计业主动线为流动式，能满足一定量业主同时就餐，房屋租金低或无房租，节约成本。

优劣势对比如表 14-2 所示

表 14-2　优劣势对比

优势	劣势
①社区内店面节约租金 ②需紧急调配人员时，物业项目可进行支援 ③地下空间多，库存量大，供应链价格相对较低 ④人口基数大，潜在客群稳定 ⑤及时便利解决业主快速就餐需求 ⑥水电气价格低 ⑦快速送餐优势 ⑧充值消费信任度高 ⑨营销成本低 ⑩更好的服务	①社区食堂满足简单餐食需求，难以满足定制化餐食需求 ②客群增加难度大 ③客单价低 ④一对一服务时间短

项目轮休人员、工程人员、保洁人员均可进行送餐服务，按照每单提取佣金。营造美食节日，如内蒙古美食节、四川美食节等。并开设主食与熟食外卖，提高营业额。食堂人员最好能够记住项目园区内大部分业主就餐喜好。店内播放音乐，如巴洛克风格的主题背景音乐，旨在打破店内宁静氛围，注重强烈情感的表现，增加业主就餐愉悦情感。店内悬挂电视机，一边看电视一边就餐。

二、社区食堂竞争力

笔者经常到楼下拿快递，以至于快递员能够说出笔者的名字，同时问我，同事的快递是否一起带上去。一方面是快递员的记忆力好；另一方面是熟悉的地址与面孔，节约了双方的时间，增加了物流效率。

社区食堂既是如此，社区食堂工作人员能够对园区业主做到广泛认知，如每个人都喜欢吃什么、讨厌吃什么、几点来，将成为物业企业无法超越的竞争力。

（一）融入

笔者曾经住过一家海边度假酒店。餐厅坐落在一层，当坐下吃早餐的时候，能够看外面的大海。酒店一层的厅堂只有立柱，没有围墙，小鸟可以从酒店中间飞过。在业主食堂的设计中，可以采用亲近自然的设计，无论是采用绿植墙，还是播放鸟鸣的声音，建立一个生趣盎然的生态系统就餐环境，让业主食堂变成一处风景，使业主留恋此地。

（二）储值卡

一些商场餐饮在顾客就餐时会使用储值卡，需先购买储值卡并充值后才能在餐饮区域消费。虽然便于销售流水的管控，但顾客需要经过缴费、办卡、持卡选餐、退卡、查询余额等步骤，在就餐设计上违背了就餐的初衷。

餐饮企业办理储值卡，是为了在短时间能回收大量资金，一般储值卡都需存入较多金额，同时给予一定折扣或赠送相应金额。但缺点在于，顾客仅能够在一家餐饮店消费，口味不变。顾客更多考虑的是能否在卡内余额消费完结前餐饮企业还存在，提心吊胆的快速消费储值卡中的余额，直到消费完才松了一口气。这样的产品设计，损失的不仅是金额，更使社会信任成本攀升。业主食堂进行储值卡设计时一定要考虑周全。

三、菜单

从一个读图时代发展到现在的短视频时代，经过了纸媒到融媒体的阶段。物业企业采取短视频或直播的形式，通过线上平台或物业企业运营号，对菜品烹调过程全程播放，引起业主的注意。另外，在制作过程中为业主提供教学视频，增加内容传播的同时给业主体验社区食堂带来的感官体验。

1. 营养

健康的搭配，是现代人所追寻的。社区食堂可为业主准备轻食餐，在营养搭配上提供详细数据，如卡路里、营养成分、膳食纤维、维生素、饱和脂肪酸、蛋白质、脂肪、能量、碳水化合物，这些名词并不能更好地吸引业主，可以菜品搭配的形式呈现，作为预制品售卖可为需求人群提供快速解决的方案。

2. 速冻食品

人们在超市快速购买食品时，首选是速冻食品，因其快速烹饪且储存时间长的优势，得到了大家的认可。社区食堂增加速冻食品销售，不仅在业主需要时能够买到，同时增加产品销售额。

3. 预制菜

预制菜由来已久，生产商家从以前的几千家增至约六万家，消费者市长占比迅速提升，一线城市达到40%，受到年轻人的青睐。业主食堂推出预制菜品，可通过购买数据，调整出成菜品。

四、社区食堂私域流量

公域流量在获取时，人群不精准，运营困难，且拉新促活成本高。社区食堂建立私域流量池，可提升业主体验满足业主需求，增加消费竞争力。私域流量池是业主重要入口，物业企业可使用微信小程序，官方 App、线上商城等方式与业主形成强连接，通过各种活动与美食节吸引业主，扩展更多业主朋友进入私域流量社区食堂内。另外，通过在线购买，预定获取业主更多数据。

（一）业主导入

（1）进群优惠券。

（2）邀请好礼。

（3）新业主注册礼。

（4）建立互信：①私域会员体系优惠政策（积分政策）；②会员标签喜好查阅；③美食节活动；④节日，生日好礼；⑤差异化活动；⑥单元级游戏，社区游戏；⑦换购；⑧业主家宴。

（5）沉淀池：①消费价值分级服务；②促销活动；③专人专享好礼。

（二）私域流量业主运营

私域流量门店是业主与企业之间的桥梁，人员在就餐或餐饮服务时有更多机会能够表达自己，通过饮食建立业主长期信任，加速转化为购买力。通过公众号、社群、业主圈等线上工具运营，利用 H5、海报、视频等宣传工具营销。当然，要获取业主的胃口、得到好口碑，需要企业在使用数字化工具时对业主有更多产品推荐。

高频购买指业主消费频次分为日频和周频，如主食、熟食等品类，客单价相对较低，此类产品可进行储值卡或优惠券赠送，增加业主复购。低频购买指业主消费频次分为月频和季频。如生鲜品、定期品类等，客单价相对较高，此类产品可利用场景服务、海报、线上分享等增加业主复购。

（三）业主社群运营

业主画像能够帮助社区食堂人员对业主进行快速判断，做到精准营销。制作会员系统，对业主基本属性如性别、年龄、楼宇、单元等做信息收集，形成喜好标签。标签设计应包括购买偏好、菜品偏好、家庭情况等，即使人员变更，也可对业主喜好查看。

食品应满足业主喜好形成良好口碑，推出新品如果得到运营群内活跃用户业主认可，在园区形成一传十、十传楼、楼传区，变成园区皆知的产品。但是食品不同于其他产品，即使赢得口碑也不能一成不变地提供，以免适得其反，也就是俗语"再好吃的东西天天吃也吃不下"。

表 14-3　社群 SOP

时间	周一	周二	周三	周四	周五	周六	周日
事项	5 个推品	5 个推品	5 个推品	5 个推品	5 个推品	5 个推品	5 个推品
活动	主题活动	知识分享	优惠前××名	优惠券	知识分享会	周末福利	一周购买抽奖
10：00 内容推广							
11：00 知识推广							
12：00 好饭分享							
16：00 商品贴士							
17：00 生活技能							
18：00 福利赠送							
22：00 夜间种草	夜间发送美食						

1. 会员形式

（1）业主注册。业主注册既赠送优惠券或免费券，赠品为高频、客单价低的刚需食品，让业主轻松获利，注册流程简化自然入群。

（2）增加黏性。通过内容生产，让业主对会员账号产生兴趣，如节日营销、生日好礼、首单优惠等，增加交互触点。

（3）留存。通过社群 SOP 向业主推送产品，直播产品制作过程具有艺术性、观赏性，能够引起业主食欲。设立领券时段，每日签到赠品；积分商城购买产品；限时秒杀；早点超值套餐，晚餐超值套餐，全楼拼团；主食券、熟食券等消费券。

另外举办业主活动，如业主生日会、主题活动等。通过活动让业主参与互动，感受食堂温度。

2. 业主特征

根据业主购买次数、金额进行消费行为特征划分。每周少于 5 次的业主频次低，针对业主采用消费后赠送优惠券，一个时段内进行使用，增加频次。每周多于 10 次的业主，刚性需求与黏度较高，对食堂喜好程度高，赠送满减优惠券，配送到家服务。

五、食堂计算公式

（一）食堂定编

社区业主食堂服务人员多少决定了食堂利润多少，合理计算人员比例食堂员工数 =（期初员工数 + 期末员工数）÷2。

（二）食堂定价

（1）餐饮价格决定了社区食堂业主的接受程度。

餐饮价格 = 食材成本 + 利润 + 税金 + 经营费用

（2）生料单位成本。餐厅需要将食材加工后制作成可出售食品，加工过程产生的损耗进行计算。

生料单位成本 =（毛料总值 – 下脚料总值）÷ 生料重量

（3）半成品单位成本。半成品产出产品后的计算。

半成品单位成本 =（毛料总值 – 下脚料总值 + 调料总值）÷ 半制品重量

（4）菜品成本。可通过计算菜品成本了解店内产品构成。

菜品成本 = 主料成本 + 配料成本 + 调料成本

（5）综合毛利率。综合利润值。

综合毛利率 = 毛利额 / 总收益 ×100%

（6）菜品价格。店内菜品如何定价，应根据计算公式进行计算。

菜单价格 = 食品成本 ÷ 目标成本率（目标成本 / 销售收入 ×100%）

（7）业主喜爱菜品。业主食堂那些菜得到业主的青睐，非常喜欢的菜品。

菜品青睐度 = 某菜品销售数 ÷ 业主就餐人次 ×100%

（8）永续盘存计算。永续盘存对店内订货与订货数量进行计算。

永续盘存订货法订货数量 = 最高储备量 –（订货量 – 日平均消耗量 × 订货天数）

（9）上座率。店内接待业主人次同可利用的就餐座位之间的比率。

食堂上座率 = 就餐业主人数 ÷ 店内座位数 ×100%

（10）人均消费。店内接待业主，每次销售收益。

人均消费 = 食品销售收入 ÷ 店内接待人次

（11）餐饮计划收入。店内营业额包括餐饮。

餐饮计划收入 = 接待业主人次 × 人均消费额

（12）餐饮毛利率。店内营业收益与运营水平的体现。

毛利率 =（营业收入 − 成本）÷ 营业收入 ×100%。

（13）边际利润率。企业通常在增加销售情况下带来更多利润占比。

边际利润率 =（销售额 − 变动费用）÷ 销售额 ×100%

变动费用指店内产品销售增加产生的其他费用变动。

（14）保本收入计算。店内运营情况下保障最低收益的计算。

餐饮保本收入 = 固定费用 ÷ 边际利润率；固定费用是员工工资、办公费、运营费用、销售费用等

（15）目标营业额。餐厅需要达到预期利润指标。

目标营业额 =（固定费用 + 目标利润）÷ 边际利润率

（16）翻台率。店内餐桌利用率的高低。

翻台率 =（餐桌使用次数 − 餐桌数）÷ 餐桌数 ×100%

六、业主食堂分区

设备配置，包括加工间的台下式洗杯机、消毒柜、碗碟柜、消毒柜、水池、冷热龙头、制冰机、制冰机用滤水器、榨汁机、搅拌机等。

（1）餐台。需要的设备有自助餐炉、布菲炉、陈列保温架、风幕柜等。社区食堂根据业主动线设计，到达食堂后按照线路依次到达取盘区，凉菜区、热菜区、主食区、取汤处、结算区，结算后进入就餐区。

（2）客座区，需要设计两大区域，其中一个区域为老年专区，其他为通用区。老年就餐区，地面要求铺设防滑地砖，桌椅采用适老化座椅，方便老人坐下或站立就餐时能够更加轻松，吸引老年人前来就餐。

（3）产品展示区，就餐区通过货架直观展示米面粮油等。

七、家宴

业主家宴，是指上门为业主提供菜品服务。物业开展此项服务最大优势在于服务在楼下。相比于市场同类型服务提供商，在选品、修改菜品、服务速度上、预定更便捷。

第十五章　智能仓储

2017 年 9 月，原国土资源部印发《关于加强城市地质工作的指导意见》，鼓励合理开发利用城市地下空间，同时鼓励仓储、商业等经营性项目合理开发利用地下空间，按照"谁投资、谁受益"的原则，鼓励社会资本投资地下空间资源的开发利用。

根据中央相关政策，合理利用开发空间资源，对物业园区地下可用空间进行改造，升级成智能仓储，为物业带来增值业务。

中国现阶段大概有 12.6 亿平方米仓储，但大多是储藏间形式，只是物品堆放。随着居民储藏物品的升级，已经无法满足客户存储需求，红酒、茶叶、艺术品等高净值产品对存储环境的需求随之提升，衍生出智能仓储服务。

一、智能仓储定义

迷你仓、自助式仓储或私人仓储，是储存物件的小型仓库。利用项目单位地上或地下闲置空间，建造成智能化恒温恒湿，容积不同储物空间。

智能仓为业主而生，在楼下的智能存储空间，作为出租位，业主可按月、季、年计算租金。

二、智能仓储核心价值

（一）增加存储空间

解决客户家庭存储空间小的问题，为客户增加存储空间。如果能将闲置物品摆放到仓储内，可释放出更大空间用于居住。同时可解决客户保存物品温湿需求，仓内安装空调与除湿机，保障仓内恒温、恒湿，为客户存储物品提供完好的温湿保存条件。

（二）标准化建设

仓储建在园区内方便业主就近存储，可解决外出租赁仓储问题。物业建设智能仓，统一智能仓标准，对 VI 标识体系、门头、灯箱、公告栏等样式进行品牌植入，设计仓储装修标准流程进行流程化，建立安防管控标准。

三、仓储选址

社区仓储服务可利用地下闲置车位、可利用空间，社区内地上架空层、可利用空置房等。

四、智能仓建设

1. 注意事项

物业利用地下空间进行区域封闭，对空间进行测量确定仓储用地，仓储区应避开上下水管路。

2. 图纸设计

根据仓储整体位置出具仓位设计图纸，设计建造仓位。

3. 仓储拼装

改造装修，分隔为若干间小仓库，仓库具备恒温抽湿功能。智能仓储使用合金钢板进行防火涂层处理后做成仓板，拼接工艺可快速安装。仓内安装除湿机、空调、淹水报警器，以及监控、温控、网络设备等。

4. 安防系统

保证每位用户私人 ID 身份进出仓储，耐用防火仓门应达到银行级安防体系，24 小时监控。仓内安装空调，24 小时调整仓内温度，自动控制调节温控在 15℃~25℃。智能烟感、智能防水系统、24 小时视频对讲功能可保障舱内安全。

通过智能设备能够时时监控仓储内所有环境数据。通过控制器保障智能仓中业主所存储的物品能够得到最好的保管。仓储内监控摄像头应无死角覆盖全部位置，对仓内情况进行全记录。无论是工作人员还是客户进入仓储，都能保障全程可控。在客户到达自己租赁的仓门面前，通过指纹锁或密码锁，开启自己租用的仓位，仓储内设有可移动桌台，供客户与工作人员将仓内物品取出查看。若仓门被强行打开或仓门破坏，智能锁被打开后，通过仓内安装的摄像头，自动拍摄开仓照片，便于进行安全处理。智能仓顶部安装有消防管线，如果仓储发生高温情况，火灾报警触发喷淋，保障仓内的明火及时被扑灭，智能仓进行标识张贴，如安全提示等告知。

仓储可提供线上更多功能，在仓内安装摄像头客户可通过网络平台查看仓内物品，仓门被非开启后可自动报警。

5. 建造仓储面积占比

（1）仓储空间占比中型存储单元（2.88~4.65 平方米）的 30%。

（2）小面积存储单元（小于 2.88 平方米）的 25%。

（3）存储空间是大面积存储单元（4.74~8.36 平方米）的 25%。

（4）双层仓储单元需求占存储空间的 14%。

（5）超大仓（超过 8.36 平方米）占存储空间的 6%。

五、智能仓租赁

在智能仓建造阶段，可进行园区业主预租，预租阶段对业主进行定制租售，管家进行需求沟通，根据业主实际需求定制仓体规格。可收取定金作为专属定制智能仓储服务费，解决了仓储建造前期硬件投入高，后期租赁难的问题。当业主将物品存储后，很难将产品移除，后续合同签署顺延，盈利稳定。

企业管家有针对性地与业主沟通，向业主介绍仓储服务、仓储功能，仓储入驻后，开展社区活动、地推活动，互动活动等，增加智能仓储活跃度，挖掘业主存储使用需求。增收部分，除仓储租赁费用以外可以增加仓内配件如仓内隔板、挂钩、货架等配件出售，或延长合同周期赠送产品。

（1）仓储内广告。仓门或仓内墙面广告，可以广告形式进行招商增加仓储收益。

（2）搬运服务。委托第三方进行物品搬运收费服务。

（3）租用流程。客户需通过电话、在线客服咨询、前往仓储所在地点或物业前台。工作人员向客户介绍智能仓信息（禁放物品、仓储规模等），了解客户所需要的空间大小与租期实时价格，剩余数量，费用等信息（携带身份证或有效证件租赁仓位。）

工作人员确认空间大小与客户物品大小匹配后，与客户签订租赁协议。（登记身份证件或有效证件进行签约租赁）签订好租赁协议后，工作人员收取协议规定的租金与押金。工作人员带客户到协议规定大小的空间，物品租赁正式完成。

每个空间都是独立门锁，客户可以自带挂锁，物业提供更多锁具与产品供选购。

1. 营销

（1）老客户续租仓位不加价。

（2）客户介绍租赁仓位给予代金券。

（3）首次租赁仓位给予代金券，二次租赁仓位使用。

（4）首次租仓赠送仓内隔板或红酒货架。

（5）租赁 1 年赠送一个月时间。

2. 智能仓检查

物业通过监控在线查看仓内品质环境情况，项目现场安排人员巡检，保洁人员进仓进行保洁服务，开通线上缴费预定仓储位置、续费等功能。对业主进行售后使用调查，提高满意度的同时，对智能仓进行不断升级。

六、仓储运营工作表

表 15-1　仓储运营

智能仓建设节点				
项目名称				
序号	工作事项	时间节点	负责人	工作重点
1	确认场地消防接入			①项目仓储建设位置加装消防管线，接入方案确定 ②消防经过属地消防安检检查
2	确认仓储入口位置			①仓储入口位置车位确定是否可以使用 ②确定仓储入口开墙打洞位置（出具平面图）
3	确认场地网络、电缆接入			①确定仓储场地内接入网络路径 ②确定仓储电箱，可视对讲，仓内设备运行线路接入
4	数据调研并确认仓储数量			仓储需求调研： ①根据项目需求开展数据调研，建仓面积、建仓个数，仓储租赁价格 ②确认项目建仓场地（选择空腔部分层高 2.5 米区域 200~300 平方米） ③出具 CAD 工程图纸
5	基建供方比价			基础建设供方比选确认： ①出具施工图纸发送中心城市与经营公司进行确认 ②发起合同评审
6	成本核算租金确认			①按照三年、四年、五年进行测算回收仓储成本预估 ②项目调研后确定仓储租赁价格
7	基建供方测算			基建供方，材料供方三家比价通过公司招投标程序（出具施工图纸）
9	进场施工			仓储基础建设施工进场（地面，墙面，布线，监控，网络安装等现场施工监督巡检）
10	设计宣传品			①线上推广链接 ②仓储软文 ③海报设计 ④线下宣传动作

续表

智能仓建设节点				
项目名称				
序号	工作事项	时间节点	负责人	工作重点
11	仓储培训			对项目管家开展仓储产品培训，第一次培训内容： ①仓储政策 ②仓储发展情况 ③建仓情况 ④未来城市建仓发展情况 ⑤仓储功能介绍 ⑥租赁价格，租赁空间面积 ⑦仓储位置，统一项目说辞，培训形式：现场培训，视频培训
12	前期预售			项目单位管家入户对前期调研有意向客户进行前期预售，业主知晓率达到项目人群的100%，收取业主租赁价格20%作为预售款： ①管家进行入户访谈，就仓储产品向业主进行宣讲 ②项目统一说辞，仓储是利用项目闲置区域进行升级改造，为业主提供智能存储空间 ③项目人员点对点业主沟通进行销售（根据业主生活需求针对性地与业主进行推广，例如户外出行，收藏喜好，网店商家等） ④采用饥饿营销策略，进行项目排号，告知业主仓储数量，需预定空间大小位置 ⑤购买享受折扣优惠，开仓后价格提升 ⑥赠送时间（租赁一年赠送1个月） ⑦给予业主优先租赁优惠政策，首次仓储租赁费用可享受较低折扣（5折或赠送时间） ⑧给予业主赠送仓内货架；仓内清洁物品 ⑨预售出租率达到70%，销售动作包括但不限于以上内容

续表

序号	工作事项	时间节点	负责人	工作重点
		智能仓建设节点		
		项目名称		
13	宣传工作			进行线上线下结合宣传： ①H5软文朋友圈推送，仓储开仓前5天，每天1次，开仓后每3天一次 ②对业主进行前期租赁宣传，管家入户访谈达到业主知晓率100% ③项目公告栏海报张贴 ④园区现场活动宣传悦邻仓 ⑤带参观，仓储装修阶段，可带领业主进行现场参观，告知业主仓储地点
14	仓体拼装			基础建设施工完毕，仓体进场拼装，项目单位现场巡检
15	仓储安防系统安装设备安装			①仓体安装门禁系统，客户可通过门禁卡刷卡进出 ②监控系统安装 ③除湿机，空调，网络，安装调试 ④烟感，防水报警等设备
16	张贴仓储须知等相关上墙文件			①安全须知张贴 ②仓体外侧张贴智能仓使用规定 ③仓储路径指引标识 ④安装悦邻仓门头 ⑤仓内保洁
17	仓储验收			施工完毕，第三方到现场进行验收： ①查看安全隐患 ②设备运转情况 ③门禁情况 ④监控无死角 ⑤网络铺设 ⑥标识清晰 ⑦仓门开关系统稳定 ⑧烟感，防水报警等检查

续表

智能仓建设节点				
项目名称				
序号	工作事项	时间节点	负责人	工作重点
18	管家 2 次培训			针对未出租的仓储，做专项二次培训，第二次培训内容： ①仓储功能，租赁价格、租赁空间、仓储位置 ②安全—门禁、监控系统，确保仓内安全 ③方便—园区地下空间，便于业主存储物品 ④私密—全封闭式私人存储空间 ⑤舒适—项目管家为业主提供智能仓专属服务培训形式：现场培训，视频培训
19	开仓			①上午十点项目经理、相关人员到达现场进行开仓前品质检查 ②管家通知业主到达仓储现场 ③物业工作人员邀请业主一同进行揭牌开仓仪式，并宣布仓储正式运行 ④项目管家为租赁仓储的客户赠送钥匙 ⑤合影留念 ⑥带领前往业主租赁仓储位置，开启智能仓门
20	悦邻仓建设完毕宣传	预售阶段每周一次		①业主推荐仓储租赁，享受赠送 1 个月推荐优惠 ②宣传海报进行园区、大堂等宣传栏位置进行张贴 ③项目管家进行朋友圈线上每 3 日 1 次推送 ④积极与业主进行沟通反馈仓储建议 ⑤带参观增加现场智能仓体验
21	签订仓储租赁合同安全告知函，收款			①签订租赁合同时告知租赁人易燃易爆危险物品等禁止存储 ②签订合同后进行收款

智能仓建设节点				
项目名称				
序号	工作事项	时间节点	负责人	工作重点
22	日常运维	每日		①项目秩序员定期巡检并填写巡检记录，每两天巡检一次 ②项目保洁进行仓内通道日常清洁每天清洁一次 ③通过监控查看现场仓储安全情况，实时监控 ④项目工程部保障仓储内设施设备正常运行 ⑤对出现的安全隐患进行排查，发现违规存放危险物品进行阻止，同时及时告知业主禁止存放 ⑥根据公司安全管理规定，发现问题向安全部门进行上报
23		每月		①对业主租赁使用情况进行电话回访，每季度一次 ②研发仓储产品功能，进行升级，增加仓内使用便利配件，保障使用舒适、方便、安全 ③发现的仓储产品质量问题 ④不定期现场巡检 ⑤续租筹备工作，提前续租给予相关优惠
24		每季度		①将检查项目巡检记录并上报经营公司，每周一次 ②对出租率数据进行查看并上报经营公司，每周一次 ③对客户进行售后使用调查提高满意度 ④不定期现场监督检查 ⑤后期业主情况反馈，对使用过程的问题进行整改汇总
25	项目管家进行仓储持续宣传	开仓之后每月持续		制作宣传文，项目进行朋友圈线上宣传，持续宣传智能仓

七、业主租仓协议

根据《中华人民共和国合同法》的规定，严肃仓库管理及储物安全，杜绝可能由于疏忽而产生的不良后果，特拟定此仓储协议。协议当中的"使用方"为正在使用或者使用过仓储服务的任何个人、组织或机构。"提供方"为物业企业公司。使用物业企业服务意味着使用方已同意此协议中的所有条款并承诺遵守这些条款。

1. 物品管理

以下物品为禁止存放类物品：

（1）动物、活物、植物。

（2）易燃、易爆、易渗漏、易挥发、易潮解物品。

（3）有毒有害、有辐射、化学性、突变型危险品。

（4）易腐烂、易霉变、易变质及超限等特殊物品。

（5）国家相关法律明令禁止的毒品、枪支弹药等违禁违纪类物品。

由于使用方存放以上物品而导致的财产损害或人身伤亡，使用方承担赔偿、刑事及其他一切责任。

2. 仓储事项

（1）使用方开仓时需上传本人合法有效身份证件（身份证、港澳通行证、护照等）经提供方审验无误，方可开仓。

（2）起租日期为订单生成日，选择线上支付的使用方需1个小时内支付仓储费，选择线下支付的使用方可于10日内支付仓储费，如果逾期订单自动取消。

（3）使用期租期最短为 × 年，可年付也可季度付费，租期到期前，提供方会提前告知客户续租或退仓等相关事宜，如使用方逾期15天未交费或未退仓，提供方有权对逾期费用累计并进行利息计算，起诉使用人对逾期费用进行清偿。

（4）使用方退仓时，需清除迷你仓内所有物品，恢复仓内原样。若仓体有损害，提供方有权向使用方提出赔偿。

3. 提供方权利与义务

（1）提供方对仓储单元及设置仓储的场所有修缮之义务。因修缮，迁移保险箱或结束仓储业务时，提供方需以书面方式提前20日通知使用方，并协商解决后续事宜。

（2）提供方在营业时间内对使用方提供服务，但下列情况除外：

1）遵循政府部门的指示以及其他不可抗力情况。

2）使用方未按期缴纳仓储使用费等相关费用的。

3）提供方需要对设施设备进行维护、维修或者改造。

4）提供方需严守保密义务，不得随意泄露使用方个人资料和相关用仓信息。

5）提供方不承担使用方所存放物品因自身变质、自然耗损所造成的损失。

6）按照国家相关法律规定，并为了保障甲乙双方及其他客户的利益，在有充分理由怀疑使用方违反本协议之规定在存储仓内存放禁止物品的情况下，提供方有权要求使用方共同开仓验仓，使用方应积极配合，若使用方不积极配合检查，提供方有权在第三方公正的条件下开仓验仓，查证属实，并提供方有权不受理业务并以情节严重程度给予举报。

4. 使用方权利与义务

（1）使用方需按照提供方要求选择提供身份认证的相关资料，以便办理业务时查验身份。

（2）使用方在不违反本协议其他相关规定情况下，享有自主存取物件的权利。

（3）使用方不得在存储仓内存放异味物品、放射性物品、毒品、枪支、易燃易爆品、弹药及其他易腐蚀品等有可能损于自身租用仓及周围租用仓的物品，不得利用存储箱进行窝藏赃物等违法犯罪活动，如使用方违法本规定，由此导致的一切损失和责任均由使用方承担。

（4）为保证甲乙双方及其他客户的利益，在发生紧急情况或提供方检验、修理存储箱及库房设备时，提供方采取有效措施进行处理，使用方应予以配合。

（5）使用方使用期届满愿意续租使用，应按照提供方最新的仓储费用价格进行续租。

（6）因使用方未锁仓、未安全保管钥匙、更换手机号码未及时通知提供方而造成的所有损失和责任，由使用方承担。

（7）在使用期内，使用方因个人原因不再使用仓储服务，可自行转让仓储，但需将转让方信息提交至提供方，如为提交信息而造成提供方、使用方及第三方损失，由使用方承担责任。

5. 不可抗力因素及其他条款

（1）如果本合同任何一方因受不可抗力事件影响而未能履行其在本合同下

的全部或部分义务，该义务的履行在不可抗力事件妨碍其履行期间应予终止，合同双方互不承担任何责任。

（2）受到不可抗力事件影响的一方应在最短的时间内通过书面形式将不可抗力事件的发生通知另一方，并在该不可抗力事件发生后10日内向另一方提供关于此种不可抗力事件及其持续时间的适当证据及合同不能履行或者需要延期履行的书面资料。声称不可抗力事件导致其对本合同的履行在客观上成为不可能或不实际的一方，有责任尽一切合理的努力消除或减轻此等不可抗力事件的影响。

（3）不可抗力事件发生时，双方应立即通过友好协商决定如何执行本合同，不可抗力事件或其影响终止或消除后，双方须立即恢复履行各自在本合同项下的义务。

（4）本合同所称"不可抗力事件"是指影响一方不能合理控制的，无法预料或即时可预料也不可避免且无法克服，并于本合同签订后出现的，使该方对本合同全部或部分的履行在客观上成为不可能或不实际的任何事件。此事件包括但不限于自然灾害如水灾、火灾、旱灾、台风、地震及其社会事件如战争、动乱、罢工、政府行为或法律规定等。

（5）合同争议的解决方式：本合同在履行过程中所发生的争议，由双方当事人协商解决，协商或调解不成的，可向提供方所在地人民法院起诉。

（6）使用方有违约或违法行为，提供方不成的任何责任。

6. 保险协议

（1）为尽力保证使用方物品安全，提供方附赠为每个仓储单元5000元基础责任险，保险公司将在5000元赔偿范围内赔偿因火灾、爆炸、水管意外爆裂等意外事故造成的财产损失，最终赔偿金额以保险公司最终认定为准，提供方不另承担任何赔偿责任。

（2）若使用方放置的存储物品财产价值超过5000元，使用方应自主购买财产保险，提供方有合作的保险公司推荐给使用方，联系方式请咨询客服人员。若使用方选择不购买保险，视为使用方主动放弃对于财产超过5000元部分的赔偿保障。

（3）若使用方的物品因任何第三方的行为和原因受损，提供方不承担直接责任，提供方需协助使用方追究相关第三方责任。

八、巡检记录

表 15-2 巡检记录表

巡检记录表，每日巡检一次				
检查事项	是	否	时间	备注
仓储大门是否完好				
仓储门锁是否完好				
门头标识是否清晰				
灯箱是否开启				
仓门口摄像头正常工作				
仓门门禁系统使用正常				
仓门可视对讲工作正常				
仓门开启正常				
仓内是否清洁				
仓门是否关闭				
仓内照明完好				
仓内空调是否正常开启				
仓内温度是否正常				
仓内除湿机是否正常开启				
仓内湿度是否正常				
仓内摄像头工作正常				
仓内照明开关是否完好				
仓内电线是否完好				
仓内网络运行正常				

九、客户协议

表 15-3 客户协议

租赁方信息	
租赁人：×××	手机：
登记证件类型：□身份证□护照□有限证件	固定电话：
证件号：	邮箱：
仓位地址：	通信地址：

续表

信息登记	
租赁负责人：	支付方式：
服务电话：	使用期限：
仓位编号：	月费用：
仓储大小：	总费用：
备注：	
适用方已阅读并同意执行《客户安全管理协议》全部条款	
出租方地址；	服务电话：
出租方（签字盖章）：　　　　　　　　　　　使用方（签字盖章）：	
××××年××月×日　　　　　　　　　××××年××月×日 注：签订之日起生效	

十、仓储配置清单

表 15-4　仓储配置清单

智能仓储配置			
名称	数量	单价	备注
空调			保持仓储恒温
除湿机			控制仓内湿度
仓大门			双开金属防火门保障仓储安全
可视对讲			通过可视对讲远程开门
大门密码锁			保障进仓安全
灭火器			现场安全扑救
梯子			存放茶品
监控			监控仓内进出人员
可移动桌			便于茶人仓格内取出茶品现场查看
地砖			按平方米计算
淹水报警器			仓进水后对水位进行检测

续表

智能仓储配置			
名称	数量	单价	备注
消防铺设			1套消防管线
仓板			立方米
仓储智能锁			密码锁
照明			节能灯
网络			移动网络铺设 Wi-Fi
装修			基础地面墙面
防水			保障长期使用
地坪漆			地面平整干净可清洁程度高
吊顶			防盗网铺设
摄像头			仓内无死角覆盖
布线			仓体开关门、摄像头用电
喷淋			消防喷淋装置
标识			仓内快速疏散路线
仓体制造			拼装工艺
电箱			仓内电控
门头			智能仓储标识
插座			仓内电源使用
感应开关			感应开启照明
应急灯			消防使用
应急疏散标识			电源切断使用
温湿度计			监控仓内环境

十一、现代仓储

通过闲置空间利用建设智能仓储，不仅可以为业主提供存储功能，更可以打造全新应用场景，为业主提供阅读空间、自习空间、冥想等功能植入。

地下通常给人的感觉是光线昏暗，空气不流通，潮湿、漏水，总之问题很多。对地下空间进行升级创新设计，赋予地下空间全新功能的区域尝试，设计理念为温馨舒适，可带来非同凡响的效果。

（1）仓储阅读，在地下空间内建立独立空间，摆放绿色植物，将面积稍大区域摆放沙发、桌椅，书架形成小范围洽谈区，为业主提供阅读空间，小憩空间。

（2）自习空间。自习空间有着巨大的潜力，园区生活的业主不乏各年龄层业主，对于学生考公务员、考证书、工作提升的人需要自习的环境。明亮的灯光、独立写字台、空间隔板、舒适的座椅，能创造出自习室。可建设开放式自习室，让业主能够在安静地方自习，按照时段进行预约使用。

（3）独立冥想。地下空间内，空间相对独立安静，受外界的干扰少。应进行地面地板铺设，采购瑜伽垫，室内安装无死角监控，安装空气净化器，为业主提供一个幽静的冥想之地。业主可进行时间预约，为业主提供心灵静养的场所。

无论是阅读、自习还是冥想，都能形成使用黏性，对于空间的依赖性变得极强。随着预约时段或人数的增加，可以开辟更多使用空间。

第十六章　到家业务

　　每个人都希望家中舒适优美，干净整洁，在这样的环境中心情舒畅。当阳光透过树荫洒进房间，照在地面的光与家居柔和的映入眼帘，安在其中。

　　到家业务作为物业公司多种经营业务，以提供入户保洁为索引，增加业主触点，为业主带来全家养护清洁服务，可提高满意度评价，增加经营收益。

一、到家服务业务模式

（一）第三方服务

　　以物业公司到家品牌形象开展业主入户服务，到家服务联合第三方供应商提供保洁服务，其中，供方提供服务人员、服务工具、员工培训、服务售后；物业到家服务提供服务标准、服务规范、销售平台、服务检查、服务宣传、服务营销，以物业到家品牌形象向业主提供家庭保洁类服务。

（二）主要经营品类

　　（1）日常保洁，业主预约入户房间保洁服务。

　　（2）开荒保洁，新房入住前全屋开荒保洁。

　　（3）家电清洗（油烟机清洗，空调清洗，热水器清洗，冰箱清洗，洗衣机清洗等）。

　　（4）玻璃清洗，户内、外擦窗服务。

　　（5）家具清洗保养，木质家具，布艺家具，皮艺家具不同材质清洗养护。

　　（6）木地板养护，木地板打蜡，抛光，清洁，维修服务。

　　（7）石材服务，大理石结晶，石材修补，石材翻新、地面推光。

　　（8）空气治理，空气检测，空气甲醛治理。

　　（9）布艺清洗，窗帘清洗，地摊清洗。

　　（10）全屋除螨，空气除螨、卧室除螨。

（三）各级业务管理职责

　1. 经营业务总经理

　　（1）负责确定到家服务发展策略。

　　（2）负责到家服务管理标准的审核。

　　（3）负责建立供方良好协同发展机制。

2. 到家业务负责人

（1）到家服务调研与市场分析，研发到家业务的运营模式，建立产品和服务标准、业务管理标准、业务落地实施标准，优化业务流程。

（2）履行到家业务管理职责，负责到家业务体系管控、业务考核评价、项目帮扶。

（3）持续完善和迭代到家业务标准，稽核检查项目单位到家业务管理及现场执行情况。

3. 城市公司到家业务负责人

（1）城市公司到家业务执行总部制定的到家业务战略、标准、方案，负责辖区内到家业务落地、团队组建和管理，承担业绩指标主体责任。

（2）负责项目到家业务活动的策划，推动项目单位到家业务落地。

（3）负责城市级到家业务供应商的招商工作，作好城市市场对标、分析、项目需求调研，扩展供应商资源。

（4）考察供方资质，维护公司战略供方并实施管理。

（5）负责入驻供应商的后期配套工作，为供应商提供培训、服务产品上架、订单处理、售后处理等对接工作。

4. 项目单位

（1）推动项目到家业务落地，达成项目到家业务目标。

（2）根据项目情况确定生活服务的内容，组织实施到家服务业务内容。

（3）到家业务信息发放方案，告知全体业主；项目业主知晓率达到100%。

（4）为到家业务开展提供必要的场地和资源支持。

（5）到家业务开展首次入户需管家陪同介绍业务。

二、供应商合作

供应商与物业公司有相同的愿景，对于达成目标彼此相互认可，通过供应商共同发展为双方奠定稳固共赢基础。

（一）供方合作标准

（1）取得工商行政管理部门颁发的家政公司营业执照。

（2）经营性质为自营性质，固定服务人员不得低于10人，并为员工提供行业保险。

（3）有正规门店或经营场地，培训场地。

（4）配备专职专业培训讲师。

（5）经营年限3年以上。

（6）使用物业企业制定的服务标准开展业务。

（7）根据物业入户人员要求统一服务工具，工服，工作牌等。

（8）无业务相关法律纠纷。

（9）合作公司未发生过安全隐患。

（10）企业为开展业务购买了理赔保险。

（二）供方考察

2 名（含）以上人员对到家供应商做公司实地考察。

（1）考察内容。供方经营场地，经营场地环境干净整洁；培训场地，培训场地根据不同场景搭建培训间对环境模拟训练。

（2）经营资质。有培训教材，具备日常保洁培训，家电清洗培训，养护培训操作等。

1）供方服务人员证件，身份证、健康证、健康证需在有效期范围内。供方营业执照、服务人员劳动合同、服务人员保险、保洁业务意外险。

2）合作情况。供方开展业务过程资料；供方为其他公司提供服务展示资料。

3）供应商评分。

表 16-1 供方考察

考察内容	考察环节	标准要求	评分
经营场地	营业执照注册地址	经营场地一致	5
	经营场地面积	达到 50 平方米以上	5
	经营场地标识	公司背景墙，接待台，工位	5
	经营场地环境	干净整洁	5
	经营人员	不少于 3 人	5
经营资质	公司营业执照	有存续	5
	经营期限	1 年以上	5
	营业执照经营范围	家庭服务、家政服务、保洁服务等	5
员工档案	劳动合同	3 名以上管理人员	5
	服务人员劳务合同	10 名以上	5
	员工档案	员工信息表，员工身份证，健康证复印件，员工照片	5
	保险缴纳凭证	服务人员保险	5

续表

考察内容	考察环节	标准要求	评分
培训场地	培训场地	培训场地与其他场地分开	5
	培训场地内划分不同场景培训间	家庭环境模拟	5
	培训教具齐全	多种服务场景教具	5
	培训教材	根据教材进行授课	5
入围标准	总分80分，根据标准进行分数扣减65分以上合格		

（3）评分标准

1）营业执照注册地址：经营场地与营业执照是否存在异地经营，一致加5分，不一致减5分。

2）经营场地面积：经营面积大于等于50平方米加5分，小于50平方米加3分。

3）经营场地标识：公司标识清晰，背景墙、前台、工位齐全加5分，少一项减1分。

4）经营场地环境：环境整洁无杂物堆放加5分，地面、墙面污浊、物品乱放一项不合格减1分。

5）经营人员：经营人员3人以上加5分，不满3人减5分。

6）公司营业执照：营业执照在经营时间范围内加5分，营业执照超时扣5分。

7）经营期限：公司成立时间超过1年加5分，低于一年，公司注册资金100万元以上或办公面积200平方米以上可不扣分，规模小减3分。

8）营业执照经营范围：营业执照范围内符合家政服务类加5分，经营范围不满足扣5分。

9）劳动合同：公司与管理人员签订劳动合同加5分，无劳动合同减5分。

10）服务人员劳务合同：公司与服务人员签订劳动合同加5分，无劳动合同减5分。

11）员工档案：完整员工档案加5分，员工信息登记表，身份证复印件、健康证，信息不完整减5分。

12）保险缴纳凭证：为员工进行保险缴纳加5分，未缴纳减5分。

13）培训场地：培训场地与经营场地分开加5分，无培训场地减5分。

14）培训场地内划分不同场景培训间：家庭模拟培训、公区模拟培训、写字楼模拟培训进行场景区加 5 分，无场景化根据现场培训情况减 3 分。

15）培训教具齐全：培训清洗剂、使用工具，自动化设备等教具齐全加 5 分，根据缺少项每项减 1 分。

16）培训教材是否齐全。

（三）供应商检查

（1）供方名称。

（2）服务项目。

（3）服务地点。

（4）服务时间。

（5）服务面积。

（6）业主对服务的体验感受：①预约或下单流程是否即时？②下单后多久内确认服务信息？③服务是否准时上门？④服务工具是否齐全？⑤是否着工装工服上门？⑥首次上门管家是否陪同，工作人员是否出示工作牌？⑦服务过程是否达到预期？⑧服务过程是否拍照？⑨服务结果是否满意？⑩服务结束是否订单业主签字？

（四）供方服务抽检

（1）与供方建立合作关系后，在产品服务开始前，由城市公司到家负责人以匿名用户服务体验供方服务。

（2）体验过程重点关注是否提前电话确认服务时间、着装情况，工具完备、服务过程是否专业，服务结果是否满意，服务结束后确认签字。

（3）服务体验过程中，如有任何不符合到家服务标准，要求供方进行业务整改；服务整改合格后做项目产品推广销售。

（4）合作方留存资料：①供方营业执照；②法人身份证扫描件；③供方考察报告；④合同期内缴纳服务质量保障押金，保障服务过程高质量呈现给业主。

三、服务标准

城市公司到家业务负责向供方输出物业品牌及到家服务标准，通过培训，保证供方按物业到家标准文件执行规定动作。

（1）物业组织供方人员开展标准培训，培训过程拍摄视频，对培训效果进行评定检查。

（2）到家业务人员工服由供方公司准备，到家业务使用工具由供方自行准备。

（3）入户保洁所用工具：吸尘吸水机、多功能擦地机、玻璃套装工具、机械杆、梯子、折叠水桶、掸子、铲刀、刮子、涂水器等。

（4）入户保洁所用药剂：全能清洗水、玻璃清洗剂、瓷砖清洗剂、陶瓷清洗剂、去胶剂、除渍剂、酸性清洁剂、洁厕剂、不锈钢清洗剂、不锈钢光亮剂、家私蜡等。

（5）入户保洁具体部位施工。

1）清洗玻璃：先用毛巾擦拭玻璃框，再用涂水器沾上稀释后的玻璃水溶液，均匀地从上到下涂抹到玻璃上，然后用刮子从上到下刮干净，再用干毛巾擦净框户上留下的水痕，包含窗槽、窗框、窗台、纱窗清洁，去尘去污，玻璃明亮无污渍窗槽窗框无明显污渍，玻璃、窗框、纱窗擦洗后的玻璃晶莹、透光。

2）卫生间保洁：顶棚，墙面，橱柜内，家电表面，窗户，地面，淋浴房玻璃，马桶，面盆水垢用湿毛巾沾上清洁剂从上到下全方位的擦拭，着重处理开荒保洁后留下的死角，洁具及不锈钢管件等，然后用干毛巾全方位地擦拭一遍，效果无杂物、无污渍、洁具触摸光滑、有光泽、无异味。

3）清洗厨房：顶棚，墙面，橱柜内，家电表面，窗户，台面，盆台，地面油污清洁用湿毛巾再一次全方位地擦拭一遍，看重地面的边角，厨具及各种不锈钢管件，然后用干毛巾重复一次，用不锈钢养护液擦拭各种不锈钢管件，效果无污渍、瓷砖表面洁净，手摸光滑有光泽。

4）卧室及大厅保洁：全屋360度从上至下无死角高温杀菌的深度清洁，用掸子清除墙面上的尘土，擦拭开关盒排风口、空调口、灯槽吸尘，墙面，卫生间，厨房顶棚，柜子内部，家具，家电表面，窗户，地面清洁，效果墙壁手摸光滑、无尘土，开关盒、排风口、空调出风口等无尘土、无污渍，灯具洁净。

5）门及框的保洁：毛巾叠成方块，从上到下擦拭，去掉胶水点等污渍，擦拭门框、门角等易被忽略的地方，全面擦拭后，喷上家私蜡，效果手摸光滑、无污渍、沿口处无尘土，无死角，有光泽。

6）地面清洗：看重处理开荒保洁遗留下的漆点、胶点等污渍，然后用清洗机对地面进行清洗。地角线保洁：用湿毛巾全面擦拭，看重处理没有做掉的漆点，再用千毛巾擦拭后分材质而喷上家私蜡，效果无尘土、无污渍、地板光滑有光泽，石材光亮。

四、运营管控

以线上触点作为项目推广窗口，以线下服务做服务内核、到家特色服务，推动线上线下服务优势互补，提升客户体验，增加满意度。

（一）营销管理

项目到家产品售价经过地区调研不高于市场平均价。城市公司到家业务与项目单位组织召开项目拉通会，对到家业务做植入宣贯。城市公司到家业务部牵头制定每周推荐服务产品，通过服务亮点及服务优势推荐产品卖点。每周产品宣传业主触达率100%，每月营销活动业主触达率100%。根据生活场景、节日场景组织项目对到家不同产品做策划宣传推广产品。

（1）生活场景推荐服务。满足业主日常基本保洁需求，新交付项目推广开荒保洁，入住项目推广日常保洁，家电清洗。

（2）季节场景推荐。春季擦玻璃服务，换季空调清洗服务，夏季冰箱清洗、热水器清洗服务，秋季除尘除螨服务，实木家具养护、春节大扫除服务。

（3）调研需求推荐。调查项目业主实际需求，推荐对应服务。

（二）过程管控

（1）服务人员上门前到物业前台拿取服务工具箱，由前台通知物业管家，陪同引导服务人员到达业主户内，并检查工服及工牌情况，供方服务人员作业标准按照到家服务标准执行，售后服务由城市公司到家业务部负责处理。

（2）用户服务满意度保障：①由于供方服务人员单方面原因造成爽约，在业主同意后更换其他保洁人员，也可做退款操作。②服务人员在服务过程中造成业主物品损坏或财产损失，由保险公司进行理赔。③业主对服务结果不满意，可要求供方无条件返工，或更换保洁人员重新服务，二次服务仍不满意可退款处理。④计时服务，服务结束后不满工时，或因服务人员故意拖延时间，为业主补偿相应的服务时间。⑤行业险保障，物品损坏或人员受伤等在保险理赔范围的情况，由城市公司到家业务部负责人联系供方进行理赔，城市公司负责跟进理赔进度，并将最终理赔结果告知业主。⑥公司到家业务部为到家业务提供双重保障，签约战略供方为到家服务订单缴纳家财险。

（3）业主回访：①城市公司到家业务负责人进行业主电话回访抽查，每周回访1次，回访数为周订单数的10%。②对于回访不满意的服务于业主沟通处理办法。

（三）费用结算

城市公司到家业务部与供方指定人员依据双方订立的合同内容、结算周期进行对账，确认供方每个结算期内产生的实际订单、退款、促销费、赠送等；扣除订单返利、违约赔偿等各类费用，供方根据对账明细履行结算。

（1）结算方式：按月度结算。

（2）物业留存供方订单信息、订单信息打印盖章扫描后存档，供方开具结算金额发票扫描，发票查验信息截图存档。

（3）供方年审：供方履行合约满 11 个月后，集团经营部对供方进行年审，年审通过方可续约。

（4）用户满意度：公司总部在供方订单中随机抽查业主进行电话回访，满意度达 90% 以上。

（5）服务配合度：公司到家业务部与城市公司沟通，供方是否按照公司要求做到服务标准输出，标准包括服务标准、工服工具、服务话术三个维度。

（6）售后处理满意度：公司经营业务部从业主订单中调取用户信息评论，给予差评的信息进行二次回访，二次售后满意度需达 100%。

（7）合同解约：合约期公司经营业务部或城市公司到家业务部发现供方有合同约定条款中的违约、违规行为，集团、城市公司有权按照合同约定解除合作关系。

五、清洗工艺流程

（一）流程标准表

表 16-2　流程标准

步骤	服务流程	工作内容	检核
1	预约上门时间	按照约定时间达到业主户内	提前预约
2	入门前准备	穿统一工服、佩戴工牌、穿好鞋套、手套	5S 着装要求
3	确认	与业主确认清洁项目	电子确认单
4	查验	对需要清洗设备进行查验，运转良好，询问业主同意，进行拆卸清洗	断电
5	准备工作	打开工具箱，拿出垫机布、保护清洗机械免于磕碰避免污渍渗到地面	垫布长 2 米、宽 1.5 米、厚 3 毫米
6	拆机	打开工具箱，使用工具进行拆机	工具齐备
7	清洗	使用针对服务项清洁产品，清洗设备	清洁剂足量

续表

步骤	服务流程	工作内容	检核
8	清洗主机	清洗机身使用 × 号清洁剂	清洁剂编号
9	清洗附件	拆除附件，按照拆除顺序标记，附件清洁上油	区别清洁
10	消毒	臭氧蒸汽机对清洗主机进行消毒	消毒 15 分钟
11	安装附件	清洁完毕安装附件	附件清洁
12	清洁作业现场	清洁任务完成后，对现场进行清洁，查看地面墙面有无其他污渍	清洁布
13	业主验收	服务评价	线上电子回单
合计			

（二）工艺流程步骤

（1）预约上门时间：①根据业主下单时间与业主确认到达时间。②定期上门的，上门前与业主确认时间。

（2）入门前准备。到家业务员穿着统一工服、查看工牌是否戴正、穿鞋套、手套、口罩，女性长发需带发网不可披头散发，鞋底不可有泥水，如下雨需擦干雨水后方可入户。

（3）确认。联系业主核实订单信息，根据订单详情准备上门所需清扫设备、清洗工具、清洗药剂，进入业主户内查看需清洁项后不可再次返回拿取工具。

（4）查验。对需要清洁的电器设备，如电冰箱、洗衣机、电视、空调等进行测试，运转是否正常，外观是否完整，查看问题，与业主当面进行沟通确认。

（5）准备工作。①打开工具箱，拿出垫机布、所需工具整齐摆放在垫机布上。②切断业主需清洗设备电源。③准备盛水工具，询问业主取水地点。④准备清洁剂，告知业主专业清洁剂不会损坏设备，不会对环境造成污染。⑤将需要清洁设备放在垫机布上，保护家电免于磕碰，避免污渍渗到地面起到防护作用。

（6）拆机。使用携带工具对电器设备进行拆卸，拆卸附件进行顺序码放。

（7）清洗。①针对不同电器设备使用清洁剂，均匀喷洒设备内。②使用清洁刷刷洗设备内外。③使用冲水设备冲洗干净设备内外。

（8）清洗主机。

（9）清洗附件。拆除附件，按照拆除顺序标记，附件需要清洗的应进行药剂浸泡，需要上油的为附件上油。

（10）消毒。对电气设备使用臭氧蒸汽机进行消毒。

（11）安装附件。电器设备安装回位，开机测试电器设备正常运行。

（12）清洁作业现场。①使用清洁布擦拭家电设备，保证水渍擦拭干净无污渍。②整理收纳工具箱，将工具、垫布放入工具箱，将污水倾倒，擦拭有无误地面，墙面保证服务现场干净整洁。

（13）业主验收。①服务完成，请业主验收。②家电设备清洁完毕后拍照，上传到线上平台上传销单照片（查验照片、设备摆放照片、清洗后照片）。③请业主在线上平台对服务项目进行确认，现场销单。④离开，主动询问顾客家中是否有垃圾需要携带。

第十七章 旅游业务

近现代旅游业诞生于19世纪,世界第一家旅行社由托马斯·库克(Thomas Cook)创设。1841年7月5日托马斯·库克组织了世界上第一次旅游活动,他租了一列火车,组织了500多人从英国中部地区的莱斯特送往拉巴夫堡的行程。由于旅游行程设计和安排的专业性,成为了当时世界上具有良好知名度的旅行社。

1923年,中国上海商业储蓄银行创始人陈光甫成立我国第一家服务中国民众的旅行社——上海商业储蓄银行旅行部,也是后来"中国旅行社"的前身。1999年,携程、艺龙成立,线上旅游业务开启。

旅行社的本质是把旅游资源与旅游消费需求人员进行匹配,起到中间人的作用,通过路线与各资源方进行利益获取。随着线上旅游的发展,资源方将产品与服务移植到线上平台,人们可以从更加透明的渠道购买需求的旅游服务。因此旅游资源的价格失去了竞争优势,需求方也从跟团旅游产品逐步转向复杂化与定制化的产品,需求变得多种多样。而且原来在旅行团中最为优势的交通、餐饮、住宿、景点门票、导游服务等都已不再成为市场竞争优势,取而代之的是个性化、独特的复杂产品,线上攻略成为旅客自由行的参考。线路信息、景点信息、交通信息、食宿信息等均可在旅行形成前就确定,对传统旅行社门店造成了冲击。

一、差异化竞争

没有差异化的商品与服务最终毛利将趋向于零。

物业旅游如何做到差异化?物业开展旅游业务的优势是管家。管家比旅游接待人员更加了解业主的需求,物业打造新型旅行产品会更加突出休闲化、个性化、定制化的特色。如亲子游、老年康养、游学旅游、房车旅游、露营游、乡村游、静修旅行、探洞旅游、潜水登山、动漫之旅等。

物业公司开展旅游业务所需对接的第三方包括航空公司、票务公司,酒店,景点供应商,旅行社,批发商,分销商等,由于旅游业务需协同单位较分散,很多物业公司也成立了文旅公司,作为业务开展的方向。

二、旅行业务结构

（一）目的

旅游业务开展是为了能够合理、高效解决旅游业务中遇到的运营问题，通过明权责确定工作任务，配置必需的业务人员，管家协同机制达到业务发展的目的。

（二）组织

旅行社行业属于典型的劳动密集型产业，从业人数众多。旅行社业务只有建立在大量的人力基础上才能保障开展业务落地。旅行社的内部组织层级多，分工细，如管理人员、行政人员、财务人员、签证人员、门店销售部人员、导游管理人员、商旅人员、导游团队、线上产品人员、司机管理人员等。物业开展旅游业务在人员安排上不需要按照旅行社人员配置标准。

1. 计调人员

计调人员调配公司旅游资源，物业人力集中在计调不同旅游目的地工作任务中，旅游资源可选择性高，涉及的旅游产品种类多。计调人员需要一专多能，物业旅游业务计调业务人员需安排各种旅游活动，需要为业主安排餐饮、住宿酒店、出行车辆、旅游线路中的各项活动等事宜，是团队旅行中的总调度、总设计师。应根据物业企业开展业务规模情况确定旅游业务人员构成，根据数据进行旅游业务设计、出行计划。总指挥负责旅游线路的人员协调工作，调配人员到达业务岗位负责旅游线路中的行程和具体工作安排，如车辆接送、餐饮时间、就餐地点、房间安排等。

2. 旅游综合业务人员

制定公司旅游规线路的行程和具体安排，对接旅行社，管家的培训。

3. 项目管家

陪同业主出行，管家要求对旅游出行线路的行程及具体安排熟悉，能够随时为业主解答问询。管家在旅游过程中充当领队的角色，与以往对待业主业务有所不同，旅游过程中可能出现的问题也要做全方位的考虑，与业主进行更多的沟通问询，及时了解业主反馈的信息，做出判断。

（三）资源对接

旅行业务最重要的是客源。物业优势在于方便获取业主并转化为旅游客源。旅行业务是资源互补型业务，与酒店、餐饮、交通等相互连接产生价值，收益来自服务旅行过程中的各种旅游服务，如证照代办、导游讲解服务、酒店安排服务、车辆安排服务、行李托运等。在服务过程中，物业企业做到规范化和标准化，能够让业主享受到个性化服务，身心得到愉悦。物业在旅行过程中与业主建立互信，则物业服务的满意度会提升。同样，若旅行过程本身充满了不确定性与风险，业主对服务不满，则再次赢得业主的信任可能需要较长时间。

1. 旅游合同

旅游合同内容包括旅行社的名称及其经营范围、地址、联系电话、旅游行程介绍、出发地、途经地、目的地、旅游成团的最低人数，旅游行程中交通、住宿、餐饮服务安排及其标准，旅行社统一安排的游览项目的具体内容及时间，旅游者自由活动的时间和旅游者应交纳的旅游费用及交纳方式，需要旅游者另行付费的游览项目及价格。

解除或者变更合同的条件，提前投保旅行社责任保险等。

2. 业主需求

在一定周期内，旅游线路会得到大部分人的认可，如网红打卡地。而季节性旅游、传播式旅游、业主旅游需求对于物业设计产品线路至关重要，应根据业主出行意愿、消费水平、平时的兴趣爱好，做好前期调研，从方向性进行引导，满足业主旅游需求，设计出有针对性的特色旅游线路。旅游线路设计还需要与旅行中介机构进行对接，确定出行方式、车辆、餐饮、酒店、当地接待能力、导游服务水平等，任何环节都不能出现错误。

3. 旅行时间

高考之后、中考之前，学生假期，节假日等，按照时间顺序，在假期到来前60天做行动规划，如出海、劳动采摘、访学等针对不同年龄层设计不同线路。例如，针对老年人要在舒适度高、体力许可的前提下设计线路，注重自然和历史形成的原始风貌，舒适、方便、安全，切忌将观赏内容安排得过于紧张；针对年轻人，在相对的时间内，游览较多的风景名胜，增加旅游乐趣性，景点尽量富于变化，避免单调重复。

4. 业务对接

建立物业旅游产品业务渠道，将通用产品做长远规划设计，与旅游供应商、旅游公司进行业务谈判，降低成本。

（1）航空公司。航空公司建立包机业务，确定飞行时间，飞行计划，停留时间，确定飞机可承载人数，根据承载对旅游业务进行推广。与民航部门联系，填写包机申请书，如包用机型、使用日期。签订包机合同，包机可以为业主提供专属尊享服务，为业主带来定制化享受。

（2）私人飞机。为业主定制高端旅游服务时可通过私人飞机提供出行服务。

（3）酒店。与酒店谈判，锁定一定数量的房间，当然购买的房间数越多，折扣越大。随着线上旅游平台的建立，酒店住宿的普及，大量锁定酒店房屋可以将成本降低，与酒店建立良好合作关系。

（4）餐饮店。让业主在旅行途中能够品尝到特色当地美食，兼顾家乡味道。在旅行过程中可选择不同餐饮提供商家，预订包房，预留餐厅能看到风景的位置，为业主提供精心设计的旅程。

（5）票务。与票务机构建立合作关系，包括交通、旅游景点、演出、特设景观等。

（6）车辆。与租用旅游车辆公司进行洽谈，对于租用车辆可固定期限或长期包车。

（7）地接。属地地接社对接，注意沟通服务细节，提供产品标准，如旅游时长，旅游景点，住宿及餐饮标准，地接旅行社根据标准进行报价。

（8）保险。在物业提供旅游业务过程中，如果出现旅游者人身财产损失的需要进行赔偿，购买责任险能够为企业分担风险。境外旅游救援保险，旅行者在境外发生需要救援或医疗的，应提前购买境外救援保险。

（9）安全性。在设计旅游线路的过程中，安全性是首要考虑的旅行因素。

三、产品升级

任何旅游线路都存在问题，需要通过旅行中的服务及问题检验旅游线路，不断迭代升级旅游中的服务，听取业主意见。

建立业主微信群，通过微信群发布相关消息。如旅游地区天气蚊虫较多，请业主准备长袖衣裤，为业主着想，做到服务前置，并在旅游前提醒业主。

（一）业务运营

1. 线上推广

（1）公司微信公众号发送活动软文、设计 H5，旅游海报内容标题清晰醒目，注明旅游地点，价格，出行时间，联系方式。

（2）管家微信推送内容，每日 3 次，第一次推送时间为上午 10：00；第二次推送为中午 13：00；第三次推送为晚 19：00。

（3）业主短信息推送，每天一次业主短信息推送。

（4）业主可扫码进群实时咨询旅游相关事宜，公司职能经营部对咨询解答。

2. 线下推广

（1）项目园区每个宣传栏粘贴海报 1 张，物管中心前台摆放展架 1 个，

（2）前台放置旅游宣传手册宣传页，便于业主取阅。

（3）电梯厅摆放宣传展架。

（4）地库楼宇进门处摆放宣传展架。

（5）旅游宣传册由总部进行方案设计，设计发送至城市公司按照标准规格自行印制。

（6）活动前一月，周末两天在园区主要活动场地进行地推活动。

（7）地推活动要求摆放宣传展架，放置不少于 2 张桌子，摆放宣传页，现场设置小礼品，咨询业主进行免费发放。

（二）业主咨询

（1）总部统一对旅游产品进行培训。

（2）要求各项目管家熟悉产品路线、行程，了解本期旅游特点：①出行各项手续由管家跟进办理；②全程专属司机、导游，专属管家随团提供服务；③入住酒店楼层房间性价比高；④行程安排舒缓，适合全体业主需求。

（3）各城市每团 20~30 位名额，不足 20 人不成团，成团人数不超过 30 人，保障业主能够在异地享受到贴心的服务；人数超过 30 人时，需增加第二名管家

（4）出发地北京、上海、××，×× 地区出团，物业每人补贴一定金额，便于业主集中到一地成团，往返 ×× 地所有费用由业主自行承担，物业可提供机票、酒店及车辆接送服务代订。

（三）业主报名

（1）管家或业主可扫码进群进行咨询，由物业客服进行解答。

（2）确定报名的业主由管家记录业主姓名、护照、联系方式。

（3）业主可到物业前台进行费用缴纳，或直接在线扫码缴费。

（4）缴纳费用的业主，管家上门核对业主信息并签订旅游合约。

（5）出行、房间等信息，按照设计要求给予业主告知。

（6）帮助业主提交办理签证所需材料，并引导业主办理需自行前往办理的手续。

（四）上报业主报名情况及信息

每期旅游推广时间：1 个月。

发团时间：× 月 ×× 日。

截止报名时间；×月××日。

推广期间各管家将报名情况反馈至城市公司经营部，由城市公司经营部汇总信息后发送至职能经营部。

表 17-1 行程表

信息明细				
第 × 期 ×× 项目旅行团				
团人数				
服务等级：豪华团、标准团				
用餐要求：穆斯林、素食主义、身体不便、儿童餐椅等				
业主特殊需求：轮椅、定时事件、房间布置等				
业主旅行地区语言水平；				
第一日；	出发抵达城市			
	交通（交通工具）			
	住宿（酒店、飞机上、游轮上、汽车上）			
第二日	景点安排			
	自由时间			
	集合地点			
	车辆情况			

（五）注意事项

对怀有 5 个月以上身孕的业主，以及 75 岁以上无家人陪伴出行的业主，出于安全考虑，请管家耐心对其说明情况并进行劝阻。

（六）激励方式

每单奖励推广个人 ×× 元，成单率最高的管家公司提供带薪随团免费度假机会。

（七）出行

（1）物业为业主提供舒适轻松的旅行服务。

（2）业主在旅行时，不需要为出行的各个环节操心。物业企业通过前期调研，设计旅游线路，接洽地区接待，预订车辆以及酒店会花费大量的时间和精力。提醒业主应注意的旅游目的地相关法律、法规风俗习惯宗教禁忌，把旅游过程中的各种问题提前解决。因业主造成旅游者滞留，旅行社应采取相应的安置措施，因此增加的食宿费用由旅游者承担，增加的返程费用，由旅行社与旅游者分担。

表 17-2 出行信息

序号	业主姓名	性别	房号	证件号码	国籍	房间要求
						单人间、双人间、家庭房、加床、无障碍、吸烟等

（八）客诉

物业建立客户投诉机制，业主可通过对旅行过程领队、管家的表现给予一定评价，包括服务过程是否满意或遭受不公正待遇，过程中受到侵害等。

（1）业主回访。建立业主出行档案，利用每个节假日对业主进行问候，定期举办旅行人员联谊会，在活动过程中宣传旅行线路、产品，给业主发送旅行新品线路，宣传老客户优惠，老带新优惠。

（2）变更。旅行中可能发生各种复杂的问题，如天气原因、航班原因、景点关闭、业主临时有事等，应对变化做出预判，做预案工作。

（九）旅游工作清单

表 17-3 旅游工作清单

模块	工作任务	具体操作	责任人	时间	配合部门	要求
调研	规划线路	根据时间（假期、寒暑假、农闲）做旅游规划	经营人员	60 天		旅游地点分类，国际旅游国内旅游
	确定方向	确定旅游方向，如学生暑假制定访学，休息游等	经营人员	60 天		确定 5 个旅游方案

模块	工作任务	具体操作	责任人	时间	配合部门	要求
调研	业务对接	沟通旅行服务机构，对热门路线，特色路线咨询，沟通可行方案	经营人员	60天		确定可承接
	设计问题	根据旅游分类与机构咨询编写问卷内容，询问出行时间，出行地点，出行价位，给予业主开放式问题最后留出希望提交地点	经营人员	59天		问题控制在10个以内
	问卷发放	根据周期时间（假期、寒暑假、农闲）编制调研问卷，问卷对国内国际旅游线路进行问询	管家—经营人员	59天	项目单位	问卷覆盖率达80%
	问卷收集	通过问卷收集查看数据，查看业主喜好出行地点	经营人员	54天		问卷数据存储，后续进行业主回访
线路设计	旅游地点摸排	对旅游地，当地法律、人文、宗教信仰、生活习惯、国家属性、国家现状做咨询工作	经营人员	56天		分析3条线路
	交通	确定出行交通工具，旅游线路飞机、高铁、游轮，时间周期与旅行周期安排合理	经营人员	56天		交通性价比高
	确定地点	通过咨询数据研判，确定出行线路	经营人员	55天		不受地区因素影响可前往
定价	基础定价	旅游线路定价包含住宿价格、餐饮价格、交通价格、游览价格、物业工作人员支出、变动成本	经营人员	52天	财务部	盈利5%

续表

模块	工作任务	具体操作	责任人	时间	配合部门	要求
定价	低价定价	物业陪同人员费用由公司承担，作为业务奖励	经营人员	52天	项目单位	负盈利5%
	竞争	市场竞争优势，产品类同增加补贴，吸引业主报名参与，形成大量客群信任基础后，推行盈利线路	经营人员	52天		汇率3‰以上
	汇率	人民币升值带来的跨境旅游消费增长，人民币区域货币兑换利率，可作为产品卖点	经营人员			窗口期较短
安全性	性质	出行国家地区局势是否稳定，是否有其他旅行人员前往	经营人员	54天		地区稳定
	交通	机场、铁路等交通设施完好	经营人员	52天		基础交通设施完好
	气候	气候条件有利于出行，极端天气少，避开雨季、封山季、台风季等自然灾害周期	经营人员	52天		安全天气窗口期达到15天以上
	禁忌	地区出行禁忌，人文禁忌，拍摄禁忌，着装要求	经营人员	52天		按照要求前往
	路线景点	途经地区或景点是否存在安全隐患，设施，自然风光安全等级高	经营人员	51天		风险系数低
	保险	前往地区或游览项目可购买保险	经营人员	50天		承保

续表

模块	工作任务	具体操作	责任人	时间	配合部门	要求
宣传	海报	海报设计，根据旅行地点进行信息编辑，将重点信息进行突出，设计电子海报多渠道进行线上发送，印刷海报，在园区公告栏、地库等宣传位置进行张贴	项目单位	49天	设计部	海报设计突出特点
	培训	对项目人员做旅游培训，如目的地、价格、陪同服务、周期等	经营人员	45天		能够解答旅行问题
	咨询	业主通过扫描二维码咨询管家咨询，到物业前台，拨打电话进行旅游咨询	管家—经营人员	40天		详细问题转接
旅游合同	签订旅游合同	业主到物业前台签订旅游合同	管家	40天		保存合同联
		管家持旅游合同到业主户内签订旅游合同	管家	40天		
		线上阅读浏览合同内容，线上签约	经营人员	32天		
代办	签证	帮助业主办理旅游地区签证	经营人员	30天		办理周期预留1周
	限制人员	是否为限制人员，能够出访地区，乘坐交通工具	管家	45天		确定无限制
缴费	收取费用	业主可通过在线缴纳旅游费	管家	45天		开具票据
		管家入户收取旅游费用	管家	45天		
		业主前台缴纳旅游费用	管家	45天		

续表

模块	工作任务	具体操作	责任人	时间	配合部门	要求
出行前	建群	缴费后建立旅行群，业主拉进群内	管家—经营人员	45 天		业务人员—管家—项目总负责人入群
	通知	对出行地、天气、行程、交通工具进行通知	管家	3 天		出行前 3 天
	2 次通知	前往地区所需携带物品与业主进行确认		2 天		出行前 2 天，逐一确认
	3 次通知	打印出行须知，携带物品，入户送予清单		1 天		入户率 100%
	4 次通知	所需携带护照，签证、身份证件，医疗证件等		1 天		确保要件准备完好
	药品准备	出行前准备急救包，可携带药品逐一清点，按照 3 人份携带	管家			2 人检查
	防护礼包	为业主购买外出防护用品，雨具、防晒、防护手套、防蚊虫、照明等基础用品包以备业主忘带	管家			按出行人数准备
	货币	①当地货币兑换量②信用卡结算风险③对现金风险逐一说明	经营人员			说明携带现金数量限制
	携带	出境或到达地区，禁止携带物品，水果，宗教传播类物品，违禁物品，违禁信息，特殊要求	管家			国家明令进出境产品清单

续表

模块	工作任务	具体操作	责任人	时间	配合部门	要求
出行前	交通工具	①接待车辆信息确认，与出行车辆进行沟通，车辆情况，油量，车内空调、座套干净、话筒等设备完好 ②预备方案，预备车辆信息联系方式，提醒司机注意穿着整洁	经营人员			出行前2天确定出行无误
出行	出行前提醒	①出行前做最后提醒，携带用品及注意事项 ②出行时间，出行地点，集合地点，车辆信息，标识信息等	管家			出行前6~8小时
	集合地点	到达集合地点，上车前与每一位业主沟通所携带行李及需准备物品，上车前确认带齐	管家			提前30分钟到达，醒目物业企业标识作为引导欢迎牌
	陪同	旅行业主全部上车后，管家介绍出行情况，全程陪同	管家			公布联络方式，为避免仓储与突发情况提前1小时到达机场
	到达	车辆到达机场或交通工具处，等待业主逐一下车，到达等候处，检查禁止携带物品	管家			发放出行包
	申报	携带物品需提前申报	管家			提前1小时

续表

模块	工作任务	具体操作	责任人	时间	配合部门	要求
出行	手续	办理登机登船等手续，帮助业主托运行李	管家			旅行人员在登记处换登机牌，行李托运
	安检	引领业主到达安检处，等待每一位业主通过安检陪同人员最后通过	管家			等待旅行人员全部通过
	登机	到达登机口，提醒旅行人员带好随身物品，马上登机，等待所有旅行人员通过机票查验后最后通过	管家			
	下机	飞机到达后，先行下机，举起引导旗等待旅行人员全部集合后一同出机场大厅	管家			
	等候行李	引导旅行人员到达，行李等候处，等待行李全部拿取完毕后集合人员	管家			人员位置集中
	登车	①引导旅行人员到达等候交通工具处②安排行李码放，业主登车	管家			等车后欢迎大家来到旅游地点，告知前往酒店
	酒店沟通	与酒店进行沟通，旅行人员到达，准备房卡，行李车	管家			提前2小时
	酒店到达	①到达下榻酒店后，等待旅行人员拿取行李②一同前往酒店大堂，按业主人员安排酒店房间	管家			发放房卡，并告知业主集合时间、集合地点

模块	工作任务	具体操作	责任人	时间	配合部门	要求
出行	入住	①到达房间后逐一旅行业主询问，房间有无问题，位置、景色、房号、楼层等 ②告知酒店用早餐用餐地点及健身等服务	管家			入住后20分钟
	记录	①对业主人员进行分类，老人、小朋友，需特殊照顾人员 ②提醒护照签证等安全放置	管家			问询需要提供帮助
餐饮	问询	①用餐前询问旅行业主对餐饮的饮食习惯、禁忌、过敏情况 ②准备餐具情况，儿童座椅、儿童餐具等	管家			餐前1小时
	就座	①引导旅行业主就座 ②介绍今天菜品	管家			菜品可能引起的刺激性反应
	需求解决	开餐后前往业主餐桌询问有无用餐需求	管家			用餐过程中2次
途中	项目介绍	①对免费项目收费项目进行介绍 ②征询意见，需要改变形成或时间	管家			提前3小时
	指导购物	①哪些产品可以购买，哪些产品不要购买 ②注意自身安全	管家			到达前1小时
	指导装备	前往景观需注意细节、雨具、水杯、防蚊虫，高海拔等	管家			提前一天告知

续表

模块	工作任务	具体操作	责任人	时间	配合部门	要求
途中	地方要求	旅游地对人员要求，吸烟、进食、着装	管家			提前一天告知
	时间安排	自由活动时间，集合地点，联络方式，突发情况紧急处理	管家			制作卡片发送
	自由活动	活动前为旅行业主提供瓶装水、提醒携带所需物品	管家			到达前1小时
返回	入境手续	入境时帮助旅行人员办理入境申报手续，有无需要申报物品、收税产品等	管家			提前一天申报
升级	意见反馈	①收集业主旅行过程中遇到的问题，以及建议，对产品与进行服务升级②旅游产品推介老业主增加复购率	经营人员			返回后1周

四、旅游贷款业务

物业公司通过与银行或金融机构进行合作，为业主提供旅游消费贷款，物业通过与业主签订旅游合约，确定业主出行。

银行或金融机构审核业主，对业主相关资质进行查验，查验通过后机构进行放款。

（1）年龄：对贷款年龄银行或机构都有一定限制。

（2）征信：查询征信记录，有一定还款能力。

（3）合约：确实存在需履行合约。

第十八章　金融保险服务

物业公司在园区管理上拥有大量客户资源，这也是物业的服务基础。通常情况下，因为物业公司营业范围的限制，无法直接发售、金融产品，通过第三方进行合作将金融理财、保险等产品进行植入，能够为业主提供集中、安全的金融平台，帮助业主防范风险。

每个人都会进行不同程度投资理财，园区业主也不例外，无论是购买二级市场产品，还是债券、贵金属等价值投资，应根据自身对风险的管控及投资回报率的期望，选择不同的投资工具，使自己的财富达到保值增值的目的。投资理财是金融服务范围中的一部分，通过产品的切入能够获取业主对金融产品知识的了解，推动金融发展，防范金融风险。

一、金融理财服务

针对物业项目所在区域，选择距离最近的银行开展园区内金融服务工作。

银行与物业建立合作关系，为园区配备资质全面的专业金融咨询顾问级人员，可在银行或物业园区设立咨询站点。

利用银行金融平台，为园区居民提供资产规划与配置、资产传承、金融理财知识普及、理财产品资讯、产品推荐的服务，与银行建立业主购买标准。对于购买理财产品的业主，可享受免费各项服务，如专家预约、专项健康体检、贵宾登机、签证办理、免费接送机等尊享服务。

（一）业主金融服务

1. 打造社区金融圈

在社区开展金融服务推广活动，在社区内为业主搭建进行金融服务宣传平台，包括社区杂志、社区宣传单、社区电梯宣传广告、社区业主活动等，建立业主金融服务圈，拉进业主与物业三方关系。

银行与业主建立良好互信关系后，为业主提供园区物业费委托扣款、社区专属银行卡服务，得到业主认可。如定时扣款缴纳物业费，可降低物业收费成本，可与社区周边超市、餐饮、美容美发等服务性机构合作，为业主定制专属优惠活动等各类个性化专属服务。

根据社区业主和物业现场条件，定期为社区居民举办理财沙龙，联合银行优质金融人员优势，集中金融专家为业主答疑解惑，切实为业主提供贴心的金融理财服务。

定期举办食品安全讲座和体验沙龙、健康养生讲座、居家养老讲座、子女教育讲座、出国旅游沙龙等知识讲座，为社区提供儿童玩具、便民爱心设施，逐步让业主与银行形成互信。

2. 反诈

银行工作人员到社区现场开展反假货币、反非法集资、防诈骗等方面的金融犯罪宣传宣讲。在社区醒目位置张贴反诈宣传海报，为社区居民举办金融案件讲座，宣传反诈与社区活动相结合，有奖知识竞猜等，引领业主参观银行日常工作，争取全社区零案发。

3. 信贷服务

通过银行为业主提供信贷服务，让园区业主足不出户即可享受贷款服务，省去业主在授信上的奔波。

以住房抵押和信用担保为基础的多种灵活快捷的小额信贷服务，如住房按揭贷款、个人综合消费贷款、个人信用贷款、个人购车贷款、小企业贷款等。对于业主按揭存量客户，银行优先提供以所按揭房屋为标的的综合消费贷款，提升园区业主个人资产价值。

（1）房抵贷产品。家庭消费融资产品"房抵贷"，通过房产抵押（住宅、商铺、写字楼均可），盘活不动产。银行为业主家庭生活提供全方位金融信贷支持及再融资解决方案，一次授信、多次循环使用，授信期限最长 30 年，单笔提款最长 20 年，贷款最高可达房屋评估价的 90%，满足业主购车、装修、教育、医疗、旅游、日常消费、大额耐用消费品、文化艺术收藏品、奢侈消费品等家庭生活用途，提供一站式"消费金融服务"。

银行利用自身优势为社区业主定制各类专业综合理财服务方案，如理财产品、业主贷、个人经营贷等，提升社区及业主个人客户的综合融资能力，提升物业项目品牌价值。

（2）二手房直通车业务。二手房直通车是通过银行房屋资产服务平台，提供二手房交易全程一站式服务。

为业主发布房源信息，双方达成成交意向后协助双方签署房产买卖合同，办理银行按揭贷款手续，经过评估、审核、批贷手续后，银行专业人员协助双方办理过户。在买卖过程中，为业主提供资金监管，使交易更安全，资金存储在银行进行监管比存储第三方金融机构让业主更放心。

4. 数字人民币普及

数字人民币相较于纸质货币在支付过程中效率高、成本低。数字人民币作为新的技术产物，与比特币或虚拟货币不同。数字人民币是中国人民银行发行的数字形式的法定货币，拥有国家信用背书。

通过银行在社区进行数字人民币知识宣传，指导社区业主先行下载数字人民币 App 使用，由银行工作人员在项目园区内进行支付培训，购买周边商户产品时使用数字人民币支付，搭建业主数字人民币体验使用场景，扩大普及人群。

（二）物业公司金融

金融市场产品体系健全，产品丰富。物业公司拥有大量客户群体，希望能够找到切入点，对金融市场进行探索。金融企业迎合市场与客户需求，从而设计符合市场投资规律的金融产品。

1. 消费金融产品

通过物业线上平台发布小额贷款、消费金融产品贷款、小微企业供应链融资产品，建立数字人民币支付渠道。

2. 财富管理产品

如养老金理财、结构性存款财富管理产品、信托。

（三）物业担保

物业企业通过与金融机构共同举办营销活动提高品牌知名度和影响力，增强客户黏性，增加内容营销金融产品，以故事进行产品推广。通过讲述理财与贷款事件让业主了解财富增长保值的通道。社交营销适用于客户裂变，客户信任产品投资回报，也会带动身边的人投入到购买产品中。

对于业主投资咨询，可借助线下活动与金融课堂的方式，增加业主产品认知。物业公司与银行、金融机构进行联合，为业主进行贷款担保，根据业主与物业之间形成的黏性，通过业主积分制，或者业主与物业之间形成的信用关系为业主进行信用担保贷款。

业主预缴物业费积分方法，如表 18-1 所示。

表 18-1　预存物业费积分计算

时间	金额	积分	备注
月度	×1 元	×1×0.3 分	
季度	×2 元	×2×0.5 分	金额 × 百分比
半年度	×3 元	×3×0.8 分	

续表

时间	金额	积分	备注
年度	×4元	×4×2分	2倍积分
2年	×5	×5×3分	3倍积分

注：10万积分担保5万；15万积分担保5.5万；20万积分担保6万；25万积分担保6.5万；30万积分担保10万；40万积分担保20万；50万积分担保25万；60万积分担保48万；70万积分担保63万。企业根据区域不同开展业务不同可进行适当调整。

二、保险

中国保险行业协会数据显示：在2020年上半年，我国互联网保险保费收入达到1766亿元，同比增长9%，这一现象说明互联网保险已经逐渐受到了主流市场的认可。2020年5月，《关于推进财产保险业务线上化发展的指导意见》指出，车险、农险、意外险、短期健康险、家财险等业务领域线上化率达到80%以上，其他领域线上化水平显著提高。鼓励财险公司加快线下服务的数字化转型，推动线上线下融合发展。同时要求各财险公司拓宽线上化服务领域，包括创新线上产品服务，延伸线上服务链条，建设线上生态圈。

（一）物业企业联合销售保险优势

（1）客户黏性；保险人员与客户之间沟通少，内容不足，主要围绕保险产品进行沟通，预约较难，频次较低，并且先购买产品，后享受服务。物业人员与业主之间关系密切，频次高于保险人员，可沟通话题广泛。

任何一个行业都有自己的专业知识，保险设计复杂，需要了解广泛的知识，对于新产品新知识。从业人员起点相同，保险设计人员虽为保险内容、保险条款、保险赔率进行复杂设计，但保险销售员并不能完全理解保险设计内涵。

（2）人力成本，保险行业平均人力成本占总成本的30%，并且存在误导性营销，物业企业与保险联合营销，打造双重优势团队，利用专业知识培训与业主沟通相结合，通过物业企业人员物业线上平台共同销售，可解决行业痛点。

（3）专业性，保险是一个内涵知识巨大的专业性领域。对于保险，有人认为自己不需要购买保险，有人不知道什么样的保险适合自己。保险的核心作用是将风险进行分散，保障现在与未来的利益，留存相关人物的纪念。

物业公司与保险公司建立合作关系为业主提供保险产品，通过物业建立产品展示销售平台，业主自行选择购买。一方面，增加物业公司对保险行业知识的了解，为园区业主带来人身、安全、资产等多重保障；另一方面，业主在购买任何保险或咨询都能够在最短时间内进行知识的补充。

保险产品贴近业主的生活，基于内容的方式会更容易打动客户，达到推广的目的。

（二）联合推广

物业公司与保险公司根据园区业主情况制定保险险种侧重推广方案。可采取赠送保险的形式，给予业主先行保障，通过物业购买保险赠予业主或保险公司通过物业项目平台将保险赠送给业主。

嵌入生活场景的保险营销。业主需求碎片化，但保险公司根据业主对产品定位也可以更细化，物业通过线上渠道帮助保险公司进行保险科普，提升业主对于保险的认知。

保险险种繁多，无外乎人与物，但在购买保险金额、保险理赔内容、理赔清算、同等保险保障机制等问题上。我们经常碰到的是，保险条款冗长，对于普通人很难全部读完且全部知晓。物业在中间起建立桥梁的作用，帮助业主从行业知识中简单获取适合保险内容。

保险公司专业保险人员定期在物业园区提供保险咨询，建立长期咨询平台。业主购买保险时，物业公司与保险公司共同为业主提供服务。无论业主购买任何一家保险，合作保险公司都会为业主进行购买，或渠道提供业主咨询保险，合作保险公司为业主提供保险类咨询，专业的保险理赔，购买等专业知识。

1. 具体实施

（1）物业企业与保险企业针对项目人群做客群定位，根据定位选择适合项目保险种类进行产品赠送或客户购买。

（2）物业企业在园区进行宣传推广，通过管家平台，园区宣传栏，物业前台等以赠送的形式进行保险产品发放。

（3）对于领取保险产品的客户，需进行保单签字生效。

（4）管家给予业主进行预约确认业主咨询时间，进行保险签字。

（5）保险人员由项目管家陪同进入园区为业主提供面签。

（6）为业主进行分析，对情况进行了解后做出保险规划。

（7）现场面签或与业主进行再次预约，为业主讲解保险知识，对业主保险购买需求、购买能力、符合购买保险条款要求进行评估。

（8）确认业主保险需求。

（9）保险工作人员设计保险方案，通常设计 2 种或以上的保险方案，向业主详细说明每种保险的保障方案。

（10）方案设计应按发生频次进行制定，有的保险发生频次不高，但发生一次就需要进行防范，应对保险风险、保险金额、保险费率、保险期限进行组合设计。

（11）方案解析，预约业主设计多个方案并进行详细解析，使用通俗易懂的话语为业主说明购买保险后能得到的保障，对核心问题进行精确地讲解，将保险责任、收益情况详细告知购买人。

（12）以专业性视角解答业主提出的疑问。要求物业管家尽量详细地与保险工作人员进行对接，介绍业主相关情况，以便保险人员能够更好地了解保险购买人。

（13）在保险人员指导下帮助业主进行保单的确定与签署，体现业主真实投保的意愿。

（14）三步完成保险签约：①业主通过选择保险计划。②填写签字保险合同。③支付保险金，完成保险的购买。

2. 家庭财产保险

家庭财产保险也称为家财险，是对于个人或家庭进行投保的一种保险，家庭财产保险的投保范围一般是个人家庭整体空间中包含的家居、衣物、乐器、电器设备等，如果受到了如火灾、雷电、洪水等影响可进行保险赔偿。

家财险是保险中被接受程度最高的一种保险，能够避免家庭财产遭受不必要的损失，被保险人索赔时，只需向保险公司提供保险单、对家庭损失的部分进行清点，即可根据清单进行理赔。

保险产品也可以根据业主购买需求，增加机动车保险、自行车保险、房屋保险、装修保险、家用电器等专项保险，对于财产价值较高的产品，进行保险的购买。

3. 出租保险

房屋出租，对室内的水暖气、漏水、漏电、漏气等进行保险，如出现相关问题时，能够对房屋、出租人进行保障。

4. 重疾险

重疾险已包含众多重大疾病的六类重疾，通常可能需要进行复杂的手段进行药物治疗或重大手术。在投保前，可对疾病以及购买保险所约定的内容进行需求购买。

5. 意外险

意外险是在购买后一段周期内，如发生意外伤害、意外事件时，得到一种保障的险种。

意外保险分为幼儿意外保险、银发意外保险等，物业可根据业主家庭情况，进行保险险种的推荐。

6. 旅游保险

旅游保险分为境内境外保险，境外按照单一国家或多国家进行区分，在业主出行时一旦发生需要紧急医疗救援、托运行李、证件遗失、银行卡盗刷、个人财产盗窃、医药使用、医院救援、救援飞机等需要时进行保障。

旅游保险分为户外运动意外保险，可对业主多重极限运动进行保险，如登山、攀岩、徒步、滑雪、潜水、漂流、骑行、露营、拓展等，24 小时医疗救援，意外伤害，住院津贴等。

7. 宠物保险

随着养宠物的人越来越多，人们开始关注宠物保险。为业主提供宠物险服务，保险对象是宠物，当宠物发生意外伤害、就医服务、宠物疾病、针剂疫苗等时，可提供保障。

8. 年金

年金是一种人身保险，可以一次或按期交纳。年金会在未来的一个时间进行返还。在缴纳时也可根据年金的不同种类根据时间缴纳。可保障业主在年老时能获得抵御长周期市场金融波动的收益。

第十九章　项目管理

多种经营项目管理，指将每一个经营单元、经营业务作为项目开展，通过项目预算、项目计划、项目实施地点、项目回报四个环节为经营业务进行落地开展。

一、项目开展方法

在一个项目中确定业主想要什么或者需要什么，如何引导。

表 19-1　项目

确定事项	整合职责	目标
怎么做，谁来做	确定人员组建团队，人员有无更合适选择	确定工作职责
如何实现	资源配置	目标路径
驱动因素，谁从中受益	项目／公司／个人	分工
估算效能	计算全面	投入产出比
谁来负责	唯一负责人，对整体项目负责	满足各方面协同需要
项目后评估	计划一致	业务升级
改进计划	服务细节设计	工作手册

建立项目启动会，并请相关人员进行参会，讨论项目目标与周期，确保所有人有清晰的目标，会议中明确时间节点与负责人，制订计划。

（1）建立专业标准，管理模板，表格，操作手册，检查情况，风险情况。

（2）对标行业标准，对同行业业务进展、发展内容详细介绍，对企业对标。

（3）在一些地方的项目实际落地过程中，方法可能已经像常识一样，操作娴熟，但在另一些地方可能不起作用，这需要认真了解，收集符合企业或实际数据，及时解决问题。

（4）项目操作如同酿酒，每个环节操作分工明确。应建立工作计划，确定项目总体职责。

（5）明确项目为单元激励政策。根据关键业绩指标（KPI）编写工作任务清单，确保在时间点内完成工作，发现偏差及时调整并把偏差降到最低。

（6）研究分析后给出具体问题时间表。

（7）向项目所有关联人员进行业务推进计划告知。

（8）目标战术实行，合并事项请求，快速推进。

（9）二次推进改进会议。

（10）周期报告会，周报告会，可以进行叠加思维。

（11）员工访谈，让员工了解所需要达到的目标，并了解近期工作状态，需要何种支持，工作计划。

（12）客户访谈，对业务落地，业主的接受情况进行了解。

二、警惕失败

在经营过程中，如果失败，应做归因分析。了解失败的原因后会更接近成功。

（1）关系失败，在开展经营活动中，盲目崇拜信任关系层级，导致链条戛然而止。

（2）信息获取，对风险或信息接受信息过滤不清晰。

（3）团队凝聚力，你的愿望是不是整个团队所期望的？

（4）盲目自信，凭借一己之力的经验主义。

（5）错误的市场分析。

（6）权利复辟，为了自己保住岗位，对权力过于迷恋，发出矛盾指令，一言堂，不放权利，下面的人事事请示汇报，进度缓慢。

（7）追求奖励。

（8）打压供应链，全供应层级无利可图从而进行结盟。

（9）成本收益小，为了完成任务而完成，创造的收益很小。

（10）用人不当，没有及时纠偏，试图证明自己。

（11）合适的人没有参与。

（12）没有整体计划，走一步看一步。

（13）客户第二，领导第一，完成业务项目，仅为了领导喜好，带来的后果是业主并不需要的产品或服务，同质化高，称为鸡肋性产品。

（14）战略规划失败，一开始没有得到管理层认同，频繁更换关键人员，导致衔接出现问题。

（15）战术打法落后。

三、领导者行为

不是让领导给出解决办法，而是给领导选择题。

高管对每天收到的文件批复并不是同意或否定，而是需要共同创造价值。制定愿景与目标。只关心结果的管理者，往往可能只是关心自己的位置能够长久的存在，并没有与公司战略相结合。

项目全体人员是否明确愿景目标，目标是否有评估指标，是否指导员工，给予的不是答案而是方法。公司愿景是否鼓舞人心，是否做到共情。高管更多的聆听，而不是发表个人演讲，通过不断的学习能够从中补充新的思维与解决方案，解决新问题。

公司愿景与员工愿景统一，工作满意度提升，离职率降低。同理，物业企业客服人员项目管理人员才能与业主保持长期融洽关系，如果频繁更换接触业主人员，业主很难在短期产生信任，客户满意度自然下降。

员工认为自己的愿景观远超过公司需要做到的规划，企业战略也就无从落地。物业企业经营业务是多样性的，需要更多的市场信息与跨行业信息相结合，才能衍生出符合项目特点，符合业主需求情况。

物业企业作为服务于园区业主的提供商，应花长时间做好服务设计。IBM早期依靠售卖整机产品，后来意识到并不是依靠销售产品盈利而是为客户提供解决方案。

四、业务经营模式

千店千面是因为客户的需求，落地经营业务同样需要不同的执行人。

对于执行层面，执行人同样是千人千面。统一标准很容易，统一人很难。管理的本质不是控制人，不是协同打破壁垒，不是绝对决策，需要激活每个人心中的向往，激发内心的渴望，释放自身的潜能，为目标而奋斗。

总部应建立专业性指导，主动服务于各业务单元，起到战略引领作用。产品创新通过落地业务不断迭代打磨经营业务。成功的管理也是有效的管理，但因为组织自身情况不同，环境不同，过程中遇到问题也不同，应针对企业本身的情况制定自己的管理模式，逐步形成符合自身企业的有效管理形式。

申通快递经营模式：

（1）自组织，通过加盟方式划定区域范围，一个范围的订单属于一个该区域，这样能够有效地自我组织。

（2）自激励，派件不收费，收件收费，这样网点会努力收取快件。

（3）自约束，没有更多总部管理，快件出了问题，解决不好，则解除网点资格。公司先行赔付的钱由网点承担，出现投诉就处罚，服务意识满意度自然增加。

（4）自协同，快件中转、运输、分拨、收件都由网点进行洽谈，保障快速转接，形成了自己的协同网。

在物业企业经营中，学习申通管理内容，把项目单位作为经营单元进行借鉴。

（1）自组织，醒目单位由各业务单元人员组成，聘请专业经营人员对管家、工程等进行自组织，开展经营工作是整个项目的目标。

（2）自激励，通过制定项目激励政策，能够为全体员工带来收入增加，调动整体参与积极性。

（3）自约束，提供产品或服务，如果产品或服务不能让业主满意，那么无从谈起人员增收。应努力使项目人员内驱力变强，同时业主满意度提升。

（4）自协同，项目单位协同其他项目进行资源配置，协同总部或区域进行产品服务快速植入落地，协同供应商议价与赋能。

（5）整体形成，以项目为单位的自管理经营模式。

（6）通过创新创造未见的经营之路。

五、业务营销

1. 品牌活动

内容生产需要眼球经济，能够引起业主注意，就能带来流量。品牌应根据自身价值、愿景对产品做文化输出。业主接受程度依赖于主观认知，需要同时达到契合点，产生强烈购买需求。如果输出不能达成相同认知，对产品的喜好程度降低则不能实现预期效果。

2. 新品营销

在新品上市营销阶段，通过相似性需求打动业主，新产品与业主消费喜好或周期喜好相吻合。产品行业竞争性强，新产品相似程度高，营销卖点类同，物业企业在了解产品后应结合业主特点营销。

3. 直播营销

在最短时间内唤起业主的情绪，物业提供直播营销优势在于，物业设置前置仓，可在业主购买产品后短时间内送达，比其他任何渠道都要迅速。

4. 节日营销

当节日来临时，资源集中供应造成客户对产品的宣传应接不暇。中国传统节日市场供应产品而言相似性高，通过包装取代性价比，客户被动接受，这样的活动给消费者的内心造成强制，并不能被客户所接受。应根据固定节日制订长线营销计划，提前 3 个月时间部署，从文化与气氛融入到业主宣传中，根据节点推进，提早准备。

5. 公益活动

物业举办公益活动，通过邀约业主参与能够扩大传播途径，结合活动推出相吻合产品。任何一家公益组织都存在相关合作生态链条，通过合作执行增加社会影响力，提升产品服务推广速度。

6. 环保事业

关爱自然生态，平衡内心与环境，与自然和解，传达对大自然的关爱。可吸引业主参与环保事业，与品牌业主共同完成环保动作，达到品牌目的。

7. 品牌联合

品牌商家的产品定位或服务功能与业主形成认同，面对同样需求客群时，更能够体现物业提供产品的优越性，让业主满意。与品牌联合分享跨行业信息，分析市场导向，释放合作信号。

8. 选择效应

Discocery 是一家总部位于南非的健康保险公司，与超市进行合作，为拥有健康保险的会员提供健康食品。这是一种选择效应，那些对健康食品特别感兴趣的人，他们首先是健康的，因为他们有健康的意识，是探索业务的理想客户。

就像汽车保险公司，在驾车人过程中，检测驾车人良好习惯，从而避免发生行驶中的问题，降低事故。根据行车安全记录，降低保险收费。物业产品与服务与业主发生选择时，有针对性地挖掘客户需求，能够节约寻找客户所花费的时间。

9. 供应商协同发展

物业公司与供应商在发展目标及愿景有共同认识，通过双方合作达成目标，真正做到优势互补。

（1）战略互信。在公司合作业务过程中，对企业战略做深层沟通，双方能够了解战略发展方向，并保持在自身赛道良好发展。

（2）运营辅助。在业务开展运营过程中，双方企业所需资源要通过执行者进行配置，协同发展。

（3）对接机制。建立沟通渠道，将信息相互对接并分享，能够保持高效互联互通。

（4）提供服务。企业相互提供人员到对方企业做运营交流，熟悉对方企业流程标准。

（5）绿色通道。通过流程再造，将产品或服务快速直达业主手中，简化流程，提高价值传播速度。

六、业务红线管理

物业经营人员在开展业务过程中会与供应商建立连接，容易形成利益链，通过权力垄断内部市场。

采用双线管理制度，多线管理测评机制，建立项目单位、城市公司、总部职能评价系统，供应商评价反馈机制，通过综合考评共同评价，让红线管理植入每一层级。

七、信任与价值

一名医生在看诊，要求病人检查贫血五项，用以排除或确认贫血问题。患者拿到检查结果可能不太好，这时，医生对患者说，你不要担心，检查结果不好不代表是你身体的问题，可能是因为送检过程中样本出现问题或者检测室的人操作不当所造成的数据值不好，下周再检测一次。

医生能够将患者的问题说成是检查出了错误，在这种情形下，患者紧张的心情得到了安慰，轻松了很多。这名医生也许承担了检查的问题、也许承担了患者的问题、也许承担了送检过程问题，其实都是在保护患者，体现了作为一名医生的价值，更是在创造价值。如何能够在本职工作中，为客户去思考，为不该承担的问题承担责任，不仅是一种责任，更是在解决问题的思路上开创了新的方向。只要能够把问题解决，为客户降低焦虑，得到稳定就是创造价值。

八、会议管理

物业经营需要对数据做分析，找出其中原因，会议自然不少。

1. 时间评估

会议前评估，对该会议需要准备文件材料及所花费时间进行评估。

2. 进展评估

会议后评估，会议为实现短期或长期目标作出哪些实质性进展，提供了哪种服务，如何快速精准地回应业主需求与服务。

3. 具体问题评估

会议中评估，对业务开展期间需完成的具体事项工作、进行中的事项、推进事项、具象化，判断哪些事不受控外部因素。

4. 错误评估

对问题进行定义，问题是否是需要解决的，哪些方法使用了，但没有呈现出希望的效果。

表 19-2　会议表

问题	方案
数据分析	额外数据（相关性数据导致问题发生）
沟通协同	交叉方案制订
产品迭代	推广新品方案
人员跟进	可承担超强压力工作
问题阐述	认知偏差抵消
关联性	会议安排内容与问题关联程度高
创造性思维	在信息框架基础上思考解决方案

第二十章 物业增长第二曲线

随着物业边际成本逐步升高,在无技术壁垒情况下,服务趋同,利润逐步降低,业主与企业间矛盾有增加趋势,如物业费缴纳与拖欠物业费之间存在业主告物业,物业起诉业主的矛盾,这带来了社会化问题,如何将社会问题转化为生产要素,实现物业企业第二曲线增长?需要回归到物业本质工作中即提升服务。物业费作为物业企业营收核心来源,物业费提价对于任何一家物业企业来说,其困难不言而喻,经历过物业费提价的企业更感触颇深。

任何一家物业企业都希望能够找到提升物业费的办法,很多提价成功。随着国家的进步与发展,货币升值,消费水平提高,但物业费不能逐年递增。

企业在增加服务过程中,提高服务人员要求,服务水平的提升与设备设施投入,智慧化改造提供增值服务,可以作为物业费提升的条件,但业主认可度低,提升价格困难。

任何一名业主都希望得到高质量的服务,当接受到服务时,人们会将高品质的服务作为内心的锚定,建立一个服务阈值,以每一次高质量服务为基准。如果低于阈值,会认为提供的服务没有以前好,或者较差,如果高于阈值,认为本次服务有提升,或感到满意。但随着感受阈值的增加,服务所需要的投入,服务成本逐步增加。作为服务提供方,要求人员具备极高的领悟能力与服务提供能力,需要不断提升服务品质,这就无形中要求员工不断提升自己,或招聘更高级的物业人员与所需求高品质服务进行匹配,企业也需要付出更多培训与成本,物业收费却没有增加。

一、如何实现物业费增收

(一)到家保洁

社会化发展的深入,办公场所住宅面积逐步增加,人们对于家庭与环境的洁净程度从未有过如此高的需求。

物业项目根据业主调研,收集项目业主需要保洁数据、时间周期、保洁项目、保洁专项服务等,通过精细化测算,对项目整体园区保洁数据做需求分析,计算所需保洁面积与小时。

根据所需要服务数据对需要增加保洁人员做成本分摊,费用计入增加的物业费中，原有物业费上涨后，包含定期户内保洁时间或服务次数、服务面积、专项服务等。

（二）工程维修

住宅户内与办公场所内的工程维修涉及工程领域相对技术难度不高，需要使用复杂工具，专业技术程度低。户内维修是保障日常生活及办公正常运转不受影响，需要连续性强，出现问题频次相对较低。应开展项目工程维修案件统计，收集维修频次、维修工具、维修点位等数据。

（三）管家服务

物业管家服务是在传统物业服务基础上的服务提升，以管家为基础建立服务纽带，帮助业主解决相关问题。通常一名管家需要为多名业主提供服务，物业企业通过增加管家式服务或管家服务内容的增加，提升物业费。

每名业主都希望得到含金量更高的服务，将各项业务合并，作为物业费的一部分，实现物业费增收。

物业企业除在传统园区保洁、园区绿化、园区工程维修基础上深耕项目，可将服务延伸发展，通过精细化服务解决业主与物业间存在的矛盾，提升物业服务价值，提高服务价格。

（四）培训就业

通过整体物业收费增加服务人员植入，业主希望从业人员提供高质量户内服务。对于企业用工成本增加，需要从就业源头解决问题。可建立培训学校，与地区政府或地方组织建立合作关系，对培养专项人才进行补贴。在教学培训中植入企业文化，为物业发展做人才储备，建立完整标准化服务培训体系。

二、物业大社区

物业企业通过管理一个项目单位向周边辐射，把相邻的几个项目做联合发展组成大社区，通过大社区辐射周边区域，通过大社区的建立，导入产品与服务，让社区业主能够享受到最便捷优质的产品服务，最终形成以城市为生态循环链条的大社区。

单一项目做社区团购/社区零售时，业主数量与需求产品数量少，无法优化供应链，通过连接更多社区形成更大区域人群流量时，通过集中配送，建设以社区为单位前置仓，供应链优势凸显，物业企业在经营产品服务的同时能够形成资源优势、距离优势，在最短时间内将需求产品服务配送到业主手中。同时产品从端到点的供应，通过产品溯源实现业主放心的直供产品。

三、物业平台

物业企业建立线上平台，通过平台将物业服务园区内的工程人员、到家保洁人员、管家服务人员推广到线上，相邻项目在遇到需要解决的社区问题时可通过线上购买服务的方式预约到访或线上咨询解决遇到难题。

物业企业服务人员可以通过线上抢单的模式，帮助相邻社区解决工程维修/户内保洁等问题。

服务人员跨项目跨社区提供服务，带动服务业人员使用碎片化时间为更多客户提供服务。